中国互联网金融安全发展报告 2018

——基于风险防控的金融科技与监管科技

黄　震　主编

中国互联网金融安全课题组　编

北京市地方金融监督管理局　中央财经大学金融法研究所

北京金融安全产业园　北京市互联网金融行业协会

联合策划

中国金融出版社

责任编辑：曹亚豪
责任校对：刘　明
责任印制：程　颖

图书在版编目（CIP）数据

中国互联网金融安全发展报告.2018：基于风险防控的金融科技与监管科技/黄震主编；中国互联网金融安全课题组编.—北京：中国金融出版社，2018.11

ISBN 978 - 7 - 5049 - 9876 - 7

Ⅰ.①中…　Ⅱ.①黄…　②中…　Ⅲ.①互联网络—应用—金融风险—安全管理—研究报告—中国—2018　Ⅳ.①F832.1

中国版本图书馆 CIP 数据核字（2018）第 272022 号

中国互联网金融安全发展报告.2018

Zhongguo Hulianwang Jinrong Anquan Fazhan Baogao. 2018

出版
发行　　中国金融出版社

社址　北京市丰台区益泽路 2 号
市场开发部　（010)63266347，63805472，63439533（传真）
网上书店　http://www.chinafph.com
　　　　　　（010)63286832，63365686（传真）
读者服务部　（010)66070833，62568380
邮编　100071
经销　新华书店
印刷　北京市松源印刷有限公司
尺寸　169 毫米 × 239 毫米
印张　21.5
字数　316 千
版次　2018 年 11 月第 1 版
印次　2018 年 11 月第 1 次印刷
定价　68.00 元
ISBN 978 - 7 - 5049 - 9876 - 7
如出现印装错误本社负责调换　联系电话(010)63263947

本书编委会

主任委员　霍学文

编　　委　（按姓氏拼音首字母排序）

课题组成员

学术顾问　谢　平　邢早忠

主　　编　黄　震

成　　员　杨　兵　　薛伟程　　李英祥　　张夏明　　李金蔓

　　　　　　吕　蓓　　占　青　　刘仪曼　　苏润霖　　李　彤

　　　　　　张　蔚　　刘晋晋　　迟玉煜　　郭洁飞　　张长清

　　　　　　孟昭莉　　程志云　　梁　宇　　胡安子　　周和平

　　　　　　许定乾　　赵迎秀　　张　欢　　崔　巍　　李贵生

　　　　　　朱曦济　　李星毅　　王　栋

序

2018 年，国际国内形势错综复杂，金融风险挑战依然突出，特别是互联网金融等领域风险加快暴露，P2P 网络借贷"爆雷"等事件时有发生。这是外部环境冲击、市场秩序混乱、信用体系缺失叠加的后果，也反映了行业风险控制能力薄弱、监管科技滞后的现实问题。

在此背景下，金融科技行业发展正在经历从爆发生长到回归理性、从开拓市场到防范风险的过程。这有利于金融科技夯实技术基础，增强核心优势。监管科技在 2018 年加速崛起，从基于微观审慎的合规管理向基于宏观审慎的系统性风险防控和金融安全底层基础设施建设扩展。金融科技与监管科技共同服务于风险防控，两者良性互动，相互融合。从中央到地方都在整合有关的金融科技资源和金融监管资源，探索协同、联动机制。金融科技具有金融属性，凡是金融活动必须纳入监管。金融监管是金融发展的重要基础，监管科技作为金融监管与市场合规的有益创新，有利于金融业，特别是金融科技等新兴业态，建立以自律监管为核心，以信息披露、产品登记、资金托管为主要内容的包容审慎的监管框架，巩固和强化国家金融治理体系和治理能力。

《中国互联网金融安全发展报告 2018》聚焦基于风险防范的金融科技与监管科技，通过系统的研究与梳理，集中展示我国金融科技和监管科技在防范金融风险过程中的一些做法和成果，揭示了金融科技快速发展中面临的风险和挑战，强调了严守安全底线对于金融科技健康发展的重要意义，提出了通过发展监管科技提升风险防控能力的可行途径。这些研究将对我国互联网金融风险整治、建立长效监管机制、引导金融科技规范发展、发挥金融

1

风险防范功能等工作提供有益参考借鉴。

习近平总书记强调，金融安全是国家安全的重要组成部分。防范金融风险不仅对于维护金融市场秩序、保护金融消费者合法权益有着重要的作用，而且对于社会稳定和国家安全也具有基石性的作用。"稳金融"是"六稳"的目标之一，只有防范好金融风险，才能满足"稳金融"的要求，才能在复杂多变的国际国内形势中保持定力，赢得主动，为决胜全面小康等奠定坚实基础。当前，国家金融改革开放深入推进，国家金融监管框架更加完善。各地方金融监督管理局陆续挂牌，属地金融监管和风险处置责任进一步强化，对发挥金融科技和监管科技的作用提供了组织保障和制度基础，也对地方金融监管工作提出更高要求。希望本书的出版，有助于我们更加深入学习贯彻习近平总书记关于维护金融安全、防控金融风险的重要思想，更好地用于指导地方金融监管和风险处置实践，打好防范化解重大风险攻坚战，不断推动金融业高质量发展。

北京市金融监管局党组书记、局长
2018 年 12 月 28 日

目　录

第一章　面向防范金融风险主战场

一、风险社会悄然到来

（一）风险笼罩下的全球风险社会

1. 风险与风险社会

风险是不确定的具有破坏性的因素。20 世纪 80 年代，德国著名社会学家乌尔里希·贝克在其《风险社会》一书中首次系统地提出了风险社会理论。在贝克看来，风险社会是现代化不可避免的产物，在现代化的进程中，现代技术不断迭代升级，人类生产力出现指数式增长，人类物质财富实现大幅积累，同时，财富的社会生产也将带来风险的社会生产。在生产力大幅增长的同时，社会制造了大量的"潜在副作用"，并通过日积月累形成系统化的交织和联系，使得危险和潜在威胁的积聚达到前所未有的程度，最终将人类社会推向一种无法逃避的风险命运和危险情景——风险社会。在此之前的 18 世纪，黑格尔也曾预示了风险社会的产生。黑格尔在其《精神现象学》的前言中写道："我们不难看到，我们这个时代是一个新时期的降生和过渡的时代。人的精神已经跟他旧日的生活和观念世界决裂，正使旧日的一切葬于过去而着手进行他的自我改造。现存世界里充满了那种粗略和无聊，以及对某种未知的东西的那种模模糊糊的若有所感，这些都在预示着什么别的东西正在到来。"黑格尔所预示的正在到来的"东西"可能就是我们开始进入了人类自我制造风险的风险社会时代，风险无所不在，无处不有。风险社会不是某个具体社会和国家发展的历史阶段，而是对目前人类所处时代特征的形象描绘。①

---

① 杨雪冬等. 风险社会与秩序重建［M］. 北京：社会科学文献出版社，2006.

贝克在1986年提出"风险社会"的理论框架之后，又于1992年提出了"世界风险社会"的概念。他认为风险社会从总体上看将是一种世界性或者全球性的风险社会。[①] 事实上，全球社会就是由现代性风险的系统生产、聚集和扩散所形成的一种事态。在全球风险社会下，人类自身运用智慧、科技、文明在取得利益的同时也带来风险，而此种风险将不再局限于特定的地域或团体，而是呈现出一种"全球化"且不可抗拒的趋势，是"一种新型的社会和政治动力的非阶级化的全球性危险"。[②] 在当今新一轮科技革命与产业革命的背景下，科技的快速发展、产品的日新月异、信息通信的全球扩张、互联网的高速发展等都显示出世界正处于向一种更加现代化、智能化的新社会发展阶段，在这个阶段以科技为核心的全球"现代化风险"比以往更加突出，同时"现代化风险"的异变与"自然风险"产生的交织与缠绕也使得当前社会的风险因素比以往更为复杂多变。在当今社会随科技进步的同时，风险逐步弥散在世界各个角落，而且影响时间更为久远。如席卷全球的2008年国际金融危机、欧洲主权债务危机等。"现代性风险图景"的接踵而至，昭示着现代社会的基本结构和演进逻辑已经发生改变，世界所有国家和民族已经被纳入一个休戚与共、相互依存的风险共同体，游荡在全球各个角落的风险和频繁发生的各种公共危机验证了这样一个社会现实：我们正生活在一个"危机四伏"的社会和时代——全球风险社会已然来临。

2. 当代全球风险社会下的危机

现代全球风险随着现代化文明的大规模生产而系统产生，并随着现代文化的扩张而全球化。[③] 人类社会当前的形势恰如约翰·麦克黑尔所言："我们可能正处于人类最为关键的一个时期。我们正处于世界转型的过程中，这个关键的阶段关系到整个人类生存状况的一次伟大变革。"在当今全球社会之中，全球生态危机、极端气候事件、全球经济危机及各种极端

---

① 乌尔里希·贝克. 世界风险社会 [M]. 吴英姿，孙淑敏译. 南京：南京大学出版社，2005.

② 乌尔里希·贝克. 风险社会 [M]. 何博闻译. 上海：译林出版社，2004.

③ 王丽. 全球风险社会下的公共危机治理：一种文化视域的阐释 [M]. 北京：社会科学文献出版社，2014.

恐怖主义活动如影随形，频频发生的流行性疾病、食品安全事件、工业污染时时侵害人类的生命；核泄漏与核辐射、石油泄漏、大量无处倾倒的有毒工业垃圾和堆积如山的生活垃圾正在严重破坏着水、大气、土壤等人类赖以生存的宝贵环境，各类现代性危机正笼罩着这个世界的每一个角落。

当前的全球风险社会下的危机主要可以划分为政治危机、经济危机、社会公共危机与生态危机四种。政治危机是现代风险社会的普遍反映，随着经济社会的快速发展和全球化的加速，我们所赖以生活、工作的环境和经济社会结构变得越来越敏感和脆弱，一个很小的冲击都可能引发系统的紊乱和破坏。政治危机的发生不是全部由人所导致的，其有一定的客观性，但是人可能会加速或激化政治危机的产生。① 当前的政治危机包括政变、战争、民族冲突、种族冲突、政治动乱等政治失序现象。曾经发生的两次世界大战、苏联解体等均是典型的政治危机事件。

经济危机是指在一国经济或世界经济范围内出现的持续性的经济衰退或停滞不前的状态，在风险全球化的背景下，以金融风险为典型的经济危机呈现出跨国界、跨领域、跨业态的特点，一个领域金融危机的爆发往往会搅动整个世界的经济体系。自 1978 年以来，在世界范围层面全面金融危机发生了两次。第一次是 1998 年的亚洲金融危机。1997 年 7 月，泰国宣布放弃固定汇率制，实行浮动汇率制，从而引发了一场遍及整个东南亚的金融风暴。东南亚金融风暴进而演变为亚洲金融危机，导致香港恒生指数大跌、韩国爆发金融风暴、日本一系列银行和证券公司相继破产。第二次是 2008 年发生的国际金融危机。该次金融危机导致投资银行雷曼兄弟破产、美林银行贱卖、摩根士丹利寻求合并等事件。该次由美国次贷风暴掀起的金融危机浪潮一波高过一波，最终使得美国金融体系摇摇欲坠，逐渐传向全世界。

社会公共危机是指由于某种突发事件的出现打乱了正常的社会秩序，对民众的基本生存状态造成或即将造成较为严重的不利后果，从而使社会的安全运行与健康发展难以为继的风险。全球风险社会下的社会公共危机作为一种现代性公共危机，是一种创造性毁灭，是工业社会的自信主导工

---

① 高民政，于潇. 防范和应对政治危机探讨［J］. 上海市经济管理干部学院学报，2006（2）.

业社会中的人民和制度的思想行动下的产物，是现代社会制度对其自身的影响和威胁视而不见的结果①。此种社会公共危机在构成上由自然风险引起所占的比重越来越小，"人化风险"逐步走向主导，诸多危机的形成皆是人为因素造成的，如群体性暴力冲突事件、食品安全事件等。

生态危机是指由于人类盲目和过度的生产活动所引起的生态环境的严重破坏和生存环境受到严重威胁的境状。生态危机一旦形成，则在较长的期限内难以恢复，生态危机包括草原退化、水土流失、沙漠扩大、水源枯竭、环境污染、环境质量恶化、气候异常、生态平衡失调等现象。

3. 当代全球风险社会下的特征

（1）高科技所带来风险的普遍性

当前的风险社会是以科技因子为驱动的全球风险社会，现代社会风险的规模和复杂性明显地随着科技的发展而不断增长。在推动社会进步、提高生产力的过程中，人类借用高新技术来实现对自然和社会生产工具的改造，使得各种风险形态被源源不断地生产出来，致使现代风险的表现形式不断趋于多样化，涉及环境、政治、社会、经济等众多领域。当前全球的新一轮信息科技革命中兴起的高新技术，如人工智能、大数据、云计算、区块链、5G、生物识别等，在社会各个领域更新改造人类生产工具的同时，所带来的隐性风险也在不断显现。以致人类在开发新技术的同时也在重视其可能带来的技术风险。

（2）社会风险的人为特性

在风险社会中，现代风险产生的原因呈现出更加依赖于人为决策而非自然的特性。现代风险与传统风险不同，现代风险是以工业方式被生产的，其危险源不再是人类对自然无知而是熟悉，不再是因为对自然缺乏控制而是控制得太完善；不是因为那些脱离了人能把握的东西而产生的，而是由人类在不断决策中所建立起来的工业时代的规范和体系所产生的。这种规范和体系是人为构建出的社会性结构，而人类社会正是由人为构建出的社会性经济结构、政治结构以及其他结构组成的有机整体，但存在的社会结构与

---

① 乌尔里希·贝克. 再造政治：自反性现代化理论初探［A］//周宪，许钧主编. 自反性现代化［M］. 北京：商务印书馆，2001.

结构之间的错位与错序以及结构内部的错位与错序的结构性风险可能逐步导致整个社会结构的序变,人为地制造了社会的内生风险。

(3) 社会风险的平等性

风险社会风险分配的结果具有平等性和民主性。风险的分配逻辑随着"超重"的工业社会的出现逐渐显现,并逐渐取代财富分配逻辑成为风险社会中居于主导地位的分配逻辑。风险不会因为阶级的不平等而具有选择性。虽然风险的分配依然依附于阶级模式之上,即风险将在下层聚集,贫穷更容易招致不幸的大量风险,但是现代化风险的扩散具有一种"飞去来器效应"(Boomerang Effect),制造风险并从中赚取财富的人,最终也会受到风险的回击。在风险社会中,施害者和受害者迟早会合二为一,下层风险终将向上层流动。总体来说,风险社会具有一种内在平等化的倾向,风险将向社会中的每个个体席卷而来。

(4) 社会风险的全球性

风险虽自古已有,但当今全球化的社会风险的产生与以往社会风险明显不同,其产生于现代化进程的方方面面。从工业化、生产力的指数式增长、科学技术的创新和进步,到人类知识生产过程和决策行为,风险在全球人类生产生活的各个领域编织了一张无形的大网。现代化风险的产生、扩散、交织与全球化过程及人类的现代生产生活和发展方式紧密地连接在了一起,贸易、经济、科技的全球化带来了风险的全球化,当前的全球风险社会是一种风险共享、责任共担、命运互联的社会。伴随现代社会的发展,风险已经渗透到人类社会的各个方面,深刻地影响着社会成员对自然价值、社会价值以及自身价值的判断。在当下的信息时代,移动互联网、智能手机等技术设备的广泛应用,使得风险一旦产生便将以前所未有的速度向全球扩散,并不断在传播过程中被放大。

(二) 中国风险社会

我国是全球人口第一、世界第二大经济体,全球风险社会的风险因子自然早已渗透到我国的各个领域中。恰逢我国处于时空压缩的发展期与新一轮经济转型过渡期,我国风险社会既有着一般风险社会的特征,也有着自身风险生成与运行的独特逻辑。时空压缩的发展期体现在西方发达国家经过上百年发展逐步迭代的机械化、电气化、信息化、网络化、智能化革命，而我国在近几十年内迅速完成并有赶超之势。新一轮经济转型的过渡期体现在，我国的经济正经历从高速增长阶段转向高质量发展阶段、从工业化中后期转向后工业化时期、从中等收入经济体转向高收入经济体的攻关期，转变发展方式、优化经济结构、转换增长动力是经济发展的主要特征。在跨越式发展期与过渡周期中，原有的发展方式、经济结构、增长动力等平衡关系被打破，周期性问题和结构性问题相互交错，环境变化和体制变革相互影响，国内矛盾和外部冲击相互作用，存量风险和增量风险相互叠加，对当今社会价值冲击所造成的价值风险更具不确定性，我国已进入中国式的"风险社会"。

1. 叠加共振的多重风险

在风险社会、科技革命、经济转型的大时代背景下，当前我国的风险呈现出由四重风险叠加共振形成的"多风险"状态，主要为自然生态风险、社会公共安全风险、政治风险、经济风险。

第一重，自然生态风险。高自然生态风险是风险社会的重要特征，是风险现代性的重要表征，是在市场经济条件下因对资本的追逐而作用于自然生态的必然产物。在社会转型的特殊背景和全球化的推进下，我国当前面临的自然生态风险呈现出点多面广的特点。在资源短缺风险上，人均水资源拥有量仅为世界平均水平的四分之一，石油的对外依存度接近百分之七十。在生态环境污染风险中，大气污染、水污染、土壤污染、水土流失、自然灾害、荒漠化、生态系统退化等问题大量涌现，各类生态环境污染风险的涌现使得当前中国社会陷入自然生态风险多重叠加的危机，并且存在自然生态风险进一步释放的可能。①

第二重，社会公共安全风险。社会公共安全风险是指所有可能危害群众生命财产安全，或影响社会运行秩序，或导致社会危机的风险。在当前我国"风险社会"的背景下，现代文化所特有的激进的、扩张的社会化生

---

① 赵萍，徐艳玲. 全球化视域下我国自然生态风险的困境及出路 [J]. 中州学刊，2014 (2).

产方式在推动社会发展的同时，现代性社会风险也不断产生，这种现代性社会风险的特点是人造风险，具有不断扩散的、人为的不确定性，进而导致现有社会结构、社会制度以及社会关系更加复杂、分化。我国的社会公共安全问题仍处于风险高发期，如在食品药品安全领域中因制假贩假而导致的生命、健康问题，因工程安全与生产质量而致使楼房倒塌的事故问题，因社会个体情绪过激致使公共财产、生命受到损害的社会治安形势复杂问题，群体突发事件应对过激问题等。①

第三重，政治风险。政治风险是指国内外任何形式的政治事件或决策引发的本国企业经营能力受到损失的可能。政治层面爆发的现代社会风险，不取决于事故和灾难发生的地点，而取决于政府机构和政治决策。自改革开放以来，我国已经历了四十年的改革发展历程。在这四十年发展过程中，中国共产党作为执政党不断地尝试完善中国特色市场经济体制和政治体制。我国经历了从以往的计划经济体制逐渐向社会主义市场经济体制转变的经济转轨期，因此在执政党主导下的中国特色市场经济体制和政治体制的完善和变化成为影响我们生活、工作、经济市场的最不确定性因素，政治决策通过经济市场将不确定的风险传导到全社会，构成了社会中新的风险源。② 在当下外部环境动荡不安的背景下，我国恰逢改革的攻坚期与深水区，使得在当前经济体制不断完善的过程中，政治风险所可能带来的风险表现得更加突出。

第四重，经济风险。我国当前正处于以创新驱动发展为主旨的新一轮的经济转型阶段。这一轮经济转型是以全球经济环境深刻变化、外部需求扩张放慢，国内经济增长速度、结构、动力明显变化，面临产能过剩、杠杆率高和重大经济结构性失衡等多重挑战为背景，是向更高级形态、更复杂分工、更合理结构演变的"惊险一跃"，是一次广度、深度都超过以往的新一轮经济转型。在这个过程中，存在各类风险易发高发并集中释放的可能。2010 年以来，我国经济增速明显回落，以国民生产总值为例，增速

---

① 饶彩霞. 我国公共安全体系风险与对策研究［J］. 江南社会学院学报，2013，15（2）：17.

② 褚兴. 政治风险文献综述［J］. 时代金融，2015（33）.

从 2010 年的 10.6% 下降到 2016 年的 6.7%，降幅接近 40%，企业利润、财政收入增速也随之大幅回落，地方政府性债务、国有企业高负债、房地产和金融系统聚集的潜在风险逐步显现。① 而且在当前的风险社会与技术变革双重叠加的背景下，科技革命逐渐反哺推动金融革命，移动互联网、人工智能、区块链、大数据等技术的出现，带来了民营金融公司、互联网金融公司及金融科技公司的出现，这些在促进国家经济发展的同时，也给国家的金融监管带来了难题。金融风险在创新与监管的夹缝中逐渐产生，守住不发生系统性金融风险的底线已经成为当今时代的主题。

2. 金融风险是风险治理的重中之重

习近平总书记在 2017 年 4 月中央政治局的集体学习中提到："金融安全是国家安全的重要组成部分，是经济平稳健康发展的重要基础。金融活，经济活；金融稳，经济稳。"伴随着全球一体化的发展，信息技术的迭代更替，资金流动的持续延伸，使得金融在社会生活中处处可见。当前任何国家的经济基础、科学技术、国家安全、军事战争均与金融息息相关，金融全球化成为当今世界推动经济全球化的最活跃的因素，但在推动经济发展全球化的同时也带来了金融风险的全球化，金融领域已成为一国最关键、最敏感和最脆弱的领域②。

第一，金融风险关系着国家稳定。在中华人民共和国成立前的解放战争时期，国民党失败的原因有很多，其中之一便是由于"金圆券"的滥发而导致金融市场紊乱，致使出现恶性通货膨胀，逐渐失去民心。目前阿根廷、土耳其等国家出现的恶性通货膨胀、本国货币兑美元汇率的变化等均是具有联动效应的金融风险，使得整个国家陷入衰退甚至局部混乱之中。由此可以看出，金融风险对于国家稳定的重要性。

第二，金融安全关系到每个居民的生活。随着我国居民收入的提升，"资产配置"的理念逐渐深入人心，理财产品进入千家万户，普惠金融服务不断下沉，金融与百姓生活息息相关。在金融服务供给方面，金融创新

---

① 国务院发展研究中心"经济转型期的风险防范与应对"课题组. 打好防范化解重大风险攻坚战：思路与对策［J］. 新经济研究，2018（5）.

② 万喆. 金融安全的全维度［J］. 中国金融，2017（10）.

不断呈现，又与科技创新不断结合，放大了金融的集聚效应。居民金融服务供给高增长的同时，非法金融活动也呈扩大趋势。以我国为例，证券市场上的违规行为、民间金融的"非法集资"，给金融消费者的财产安全带来挑战，一旦发生金融风险，投资者的生活水平将急剧下降。防范金融风险、维护金融安全，就是在守护老百姓的"钱袋子"。

第三，金融安全关系到各个产业。金融不仅是现代经济的核心、实体经济的血液，而且随着国内外金融业的飞速发展，大量资金跨行业、跨市场、跨国境迅速流动，金融业对一国乃至全球经济影响的力度、传导的速度都进一步提升①，金融风险一旦爆发，风险将跨行业、跨区域迅速传导，全面影响实体产业的发展。

（三）点多面广的金融风险

我国金融领域尚处在风险易发期、高发期，在国内外多重因素压力下，风险点多面广，呈现出隐蔽性、复杂性、突发性、传染性、危害性特点，结构失衡问题突出，违法违规乱象丛生，潜在风险和隐患不断积累，脆弱性明显上升②。金融风险从宏观到微观均有不同的表现。必须立足于中国实践，从实际出发，全方位、多角度剖析和辨识当前我们所面临的风险，才能使得监管部门处理好新时期的金融风险。

1. 宏观金融风险

在经济转轨的大背景下，我国金融已经走出了一条渐进式改革之路。金融改革使国家对金融的发展保持了足够的控制力，但也带来金融资源错配、金融失衡累积等问题。当前宏观层面的金融风险主要体现为金融领域的高杠杆率风险与流动性风险。

高杠杆是宏观金融脆弱性的总根源，其在实体部门中表现为过度负债，在金融领域中表现为信用过快扩张。其中在实体部门层面，一方面，国有"僵尸企业"的高负债以及地方政府平台以"明股实债"等方式产生的高

---

① 新华社. 维护金融安全就是在守护老百姓的钱袋子［EB/OL］.［2018 - 10 - 24］. http://www.cebnet.com.cn/20170502/102387984.html.

② 周小川. 守住不发生系统性金融风险的底线［J］. 中国金融家，2017（12）.

杠杆长期得不到有效解决；另一方面，民营企业因资金面宽松时期过度放大杠杆而在资金面紧张时面临极大的风险，如过度股票质押使得大量的民营上市公司触及质押平仓线。根据国际清算银行（BIS）的统计，我国债务总额与 GDP 的比值从 2008 年的 144.7% 增长到 2017 年第三季度末的256.8%，这一数字不仅高于新兴市场国家 191.9% 的整体水平，也超过了发达国家 246.0% 的宏观杠杆率。在此种高杠杆率的环境中，地方政府和国有企业高杠杆率的结构性风险与经济增速逐渐下行的风险叠加很可能引发债务偿还风险。

面对我国当前实施整体降杠杆的政策背景，对先前不断进行过度负债或者期限错配的地方政府、企业、家庭来说，可能将爆发自身的"明斯基时刻"。[①] 当前引发"明斯基时刻"的隐患主要有：第一，地方"僵尸企业"仍然是地方银行贷款、就业等的重要群体，一旦"僵尸企业"进入全面破产清算阶段，势必爆发大规模债务违约。第二，在近几年的金融监管风暴之前，一直处于监管灰色地带的商业银行表外业务作为资金空转的主要方式使得行业内资产债务规模迅速膨胀。资产规模的急剧扩张必然伴随着各种不断攀升的金融风险，其中就包含着信用风险、期限错配风险。一旦银行理财等产品的刚性兑付被打破，金融风险将随之快速蔓延，影子银行及其关联资产的"明斯基时刻"随之而来，整个金融系统将遭受巨大冲击。第三，大量企业在资金面宽松时过度放大杠杆而在资金面紧张时公司流动性危机就会显现出来。无论是上市公司股票过度质押问题还是中小企业面临的经营困难，都对处于软着陆时期的经济带来的负面效应有所放大。

2. 行业金融风险

当前各行各业都在孕育着新的风险，但防范化解金融风险最主要的目标依然是化解金融行业的金融风险。金融行业风险的突出表现为：金融机构因乱搞同业经营、乱加杠杆、乱做表外业务、进行违法违规套利而形成的风险；金融控股集团跨领域跨行业参股金融机构，实行综合经营深入发

---

① "明斯基时刻"（Minsky Moment）是指美国经济学家海曼·明斯基（Hyman Minsky）所描述的时刻，即资产价值崩溃的时刻。明斯基的观点主要是经济长时期稳定可能会导致债务增加、杠杆比率上升，进而从内部滋生爆发金融危机和陷入漫长去杠杆化周期的风险。

展战略，不断推出跨市场、跨行业、跨领域的交叉性金融产品，给金融行业带来金融与产业风险交叉传染的风险；互联网金融企业的"互联网＋金融"架构所缔造的双重叠加风险。

以银行为例，随着实体经济利润率的逐步降低以及利率市场化进程的逐步推进，传统银行陷入存贷息差下滑、利润萎缩的窘境。一部分中小商业银行为增加利润则寻求通过同业存单、同业理财等业务方式进行表外扩张，在资金投向端通过银信、银证、银基、银保合作等模式绕开监管，将银行资金投向债券、非标、股权和其他资管产品，由此催生了一大批影子银行。而这些影子银行所带来的是期限错配、流动性转换、信用转换、高杠杆、多层嵌套、刚性兑付的风险。不再审慎经营的金融机构在行为上通过杠杆的方式不断做大规模并博取收益，逐步导致了金融体系内部的失衡和脆弱性不断增加，风险由金融机构向非金融机构蔓延。

在金融严监管的 2018 年，中国人民银行等部门发布了《关于规范金融机构资产管理业务的指导意见》，为解决资产管理业务的多层嵌套、杠杆不清、监管套利、刚性兑付等问题，设定了统一的标准规制，避免资金脱实向虚，减少风险的跨行业、跨市场、跨区域传递。

在金融控股公司中，风险的呈现更为明显。从国际金融发展历史来看，金融业综合经营是大势所趋，金融控股公司此种形式的出现和发展是历史的必然。作为一种应运而生的微观金融组织形式，金融控股公司本身并不必然增大金融体系风险。但在相关法律法规不健全、有效监管体制尚未确立的情况下，缺乏规范监管的金融控股公司的野蛮生长必将加大金融体系风险。

当前我国在金融控股公司领域中予以重点监管和治理整顿的对象是民营金融控股公司和互联网金融控股公司。目前此类金融控股公司主要存在两方面的问题。宏观方面，法律缺失与监管不足不利于金融控股公司持续稳定发展。我国金融控股公司的设立、运行、治理及监管等缺乏应有的法律依据，不利于金融控股公司的长期、稳健发展，也容易使以套利为目的的金控平台乘虚而入。微观方面，金融控股公司普遍存在杠杆率较高、机构体量大和结构复杂、易引发系统性金融风险的问题；存在自身公司治理机制不完善、法人治理结构不健全的问题；经营过程中出现异化甚至掏空主业的问题，如保险公司做成资产投资公司，实业做成金融控股公司。① 而在新一代信息技术革命的大背景下，互联网的放大效应将使得单一机构产生的金融风险迅速通过资产负债关联、产品交叉持有以及投资行为改变等多种方式传染到其他机构乃至整个金融体系，给整个金融系统带来风险。

2018 年 4 月，中国人民银行等部门发布了《关于加强非金融企业投资金融机构监管的指导意见》。该意见通过规范非金融企业投资金融机构的资金来源，强化了对股东资质、股权结构、投资资金、公司治理和关联交易的监管，加强了对非金融企业和金融机构的穿透监管，弥补了之前的监管空白，推动了部门之间的监管协调和信息共享，健全了风险隔离机制，防范风险跨机构跨业态传递。

新兴的互联网金融也是风险的高发地。互联网金融作为一个跨界新兴产物，它的基础要素是新兴的各种技术，如区块链、大数据、云计算等，这决定了互联网金融将不同于过去的传统金融模式。在这种模式下，互联网金融的底层技术在赋予它范围广、成本低、效率高等优点的同时，产生了一些监管的空白领域，互联网金融难以监管、风险性大的缺点也就应运而生。② 当前互联网金融行业的风险主要是由金融风险与互联网风险双重叠加而形成的，并且此种叠加是乘数的叠加模式，具有更大的放大效应，此种叠加源于互联网的颗粒化本质，每一个互联网的个体都是一个节点，每一个金融风险都可能通过这个节点再去放大衍化。

在互联网金融领域，金融行业的传统风险没有消失，信用风险、流动性风险、法律合规风险、操作风险等传统金融风险依然存在，而新的风险却显现出来。以网贷平台为例，当前平台对投融资双方的资质审查不严格，准入门槛要求低，信息披露制度普遍不够完善，而且一些互联网金融平台为了吸引投资人纷纷推出一些高收益、高流动性的产品，逐渐积累了流动性风险。中国有近千家 P2P 平台在 2017—2018 年陆续发生了跑路、倒闭或者停业等现象。平台的内控建设、信息安全建设、资金保障建设难以

---

① 连平. 法律缺失和监管不足下金融控股公司风险丛生 [EB/OL]. [2018 - 10 - 18]. http: //finance. sina. com. cn/zl/bank/2018 - 07 - 09/zl - ihezpzwt8677963. shtml.

② 黄震. 互联网金融风险整治的逻辑 [J]. 中国党政干部论坛，2016 (11)：72.

合规，给予了平台经营者"暗箱操作"的空间，致使平台资金极易被平台经营者滥用，引发金融风险。

在互联网风险层面，互联网金融具有一些新的风险特征，风险更加多样，技术风险比较突出。金融与互联网技术结合后，一些带有互联网特色的技术风险也随之而来，比如终端安全风险、平台安全风险、网络安全风险等。终端安全风险主要指进行互联网金融交易的电脑、移动设备等存在漏洞而带来的风险；平台安全风险则是指互联网金融平台存在的安全威胁；网络安全风险是指互联网金融交易依托的数据传输网络带来的隐患。技术风险带来的最大问题是信息安全问题。技术的不成熟会导致信息泄露、丢失、被截取、被篡改，影响信息的保密性、完整性、可用性。[①]

3. 区域金融风险

区域金融风险是介于宏观系统性金融风险和微观个体金融机构风险之间的中观风险。在特定经济区域中，不同区域经济会由于其发展的阶段、模式、经济结构及外部环境等因素而产生区域性金融的脆弱性。而这种脆弱性会随着时间不断积累，导致区域内金融体系的系统性失衡，在特定的形势下，区域性的风险可能引发风险的传染和扩散，带来更大区域的系统性风险。[②] 区域性金融风险作为宏观风险与微观风险的连接点是我们防范金融风险过程中所必须关注的领域。2005 年以前，我国的区域性金融风险主要表现为金融市场风险、各种类金融机构丛生、地方银行的资产质量恶化、企业转制欠债等方面。2005 年后，我国的区域性金融风险表现为地方融资平台所隐含的风险以及对新型融资平台监管的缺位。

地方融资平台是区域金融重要的潜在风险点。地方商业银行（包括合作社、信用社等）的恶性竞争和无序发展是中国地方政府融资平台债务当前面临的主要风险；地方商业银行所有者与经营者融为一体，风险爆发时会直接导致挤兑，从而影响社会安定。[③] 平台的特殊政府背景将可能导致融资平台

---

① 谢平. 互联网金融风险和防范的几点思考［N］. 金融时报，2016 - 05 - 09（1）.

② 王擎，刘军，金致雯. 区域性金融风险与区域经济增长的相关性分析［J］. 改革，2018（5）.

③ 许安拓. 地方融资平台风险：总量可控局地凸显［J］. 中央财经大学学报，2011（10）.

的信用风险向地方政府转移，进而将地方财政风险进一步向金融风险转化。

金融科技的发展及应用也使得地方金融风险凸显。当前在我国监管体系中，地方政府存在有责无权、有职无能的现实情况，且监管职能分散、监管边界不清和多头监管并存，使得一些金融活动游离于金融监管之外。而一些以金融科技为噱头的民间融资、小贷公司、担保公司等创新型金融机构更加倾向于在监管较为松散的地区运营，利用监管漏洞进行监管套利，形成金融科技企业在纵向上向监管相对薄弱的省级以下区域倾斜，在横向上向监管竞次形成的监管洼地集聚的情形，致使隐性风险在地方区域不断聚集①。而地方金融办、金融局由于技术、人才的匮乏，难以实质监管到金融科技企业，大大增加了地方防范金融风险的压力。

4. 微观金融风险

从微观层面看，金融风险主要体现为金融机构的自身风险，此种风险突出表现为金融机构的信用风险。金融机构的信用风险是经济周期、结构性因素、体制性因素等共同作用的结果。在当前经济下行的情形下，国家正处于换挡下行的"新常态"阶段，利率市场化不断推进，市场上需要对部分落后及低效的产能和企业进行出清，对银行来说，这意味着其将面临实体经济回报率下降和传统利润来源（利差）收窄的窘境，其承担的信用风险将明显加剧。当前的信用风险主要集中表现为商业银行不良贷款余额与不良率的双升、债券市场上信用债违约事件的频发。

我国金融机构的不良贷款有所上升。自 2012 年至 2018 年第一季度末，国有商业银行、股份制商业银行、城市商业银行、农村商业银行的不良贷款率均有所增长。其中，股份制商业银行无论在不良贷款余额还是不良贷款率的增幅方面都是各类银行中最突出的，其不良贷款余额由 2012 年初的 608 亿元升至 2018 年第一季度末的 3980 亿元，增长了 5 倍以上；不良贷款率由同期的 0.63% 增至 1.7%，② 金融机构不良贷款率的上升将侵蚀银行业资本金和风险抵御能力。

---

① 王擎，刘军，金致雯. 区域性金融风险与区域经济增长的相关性分析［J］. 改革，2018（5）．

② 数据来源：Wind 资讯。

债券市场信用违约事件明显增加。在我国债券市场上，2014年只有一家企业的一个券种发生违约。到了2015年，有9家企业的9个券种出现违约。到了2016年，则有17家企业的30个券种出现违约，金额达230.7亿元。到了2018年，金融机构面临的信用风险更加显著，仅上半年债券违约金额达253亿元，涉及13家违约主体的25只违约债券，同比增长47.13%。[①] 信用风险在相当大程度上影响社会甚至海外对我国金融体系健康性的信心。

5. 金融风险跨国界、跨领域、跨行业、跨模式交叉传染

随着风险社会的来临，无处不在的内生性金融风险在不断溢出，恰逢处于当前信息高速流动、金融市场一体化、金融体系不完善等时代背景下，金融风险表现出极强的传染性，这种传染性主要表现为"金融机构内部以及不同金融机构之间进行微观层面的传导、在不同行业之间进行中观层面的传导以及在不同国家之间进行国际层面的传导"。[②] 在微观、中观、宏观层面传导的过程中体现出当前金融风险跨国界、跨领域、跨行业、跨模式交叉传染的特性。

金融风险的跨国界性。在全球贸易一体化、经济一体化的背景下，全球资源要素流通速度迅速增长，资源利用率显著提升，金融市场的一体化使得各个国家之间的金融市场联系越发紧密，各方之间关联性和互动性的提高，为全球金融市场风险的传导提供了基础。全球作为一个完整的金融系统，是各个子金融市场的集合，如若在全球中的某子金融市场发生剧烈变动，金融风险将迅速传导并扩散到全球金融市场，纵然存在某些金融市场"势单力薄"的情况，但其依然存在引发全球系统性金融风险的可能。[③]

金融风险的跨领域、跨行业、跨模式交叉传染特性。金融风险的交叉传染是金融发展的必然，我国金融部门在过去经济发展良好和稳定的环境中，通过大力创新金融产品形成了越来越复杂的金融产品体系，金融机构为突破分业经营约束、提高效率、追逐最大收益而推出的交叉性金融产品

---

① 巴曙松. 培育新动力防止冲击叠加 [J]. 中国金融, 2018 (14).

② 许传华, 孙玲. 开放条件下金融风险的生成机理与传导机制 [J]. 湖北经济学院学报, 2012 (3).

③ 卓娜, 昌忠泽. 金融风险的成因、传导与防范：国内外研究述评 [J]. 技术经济, 2015, 34 (3).

和跨市场关联交易行为，使风险同质化程度明显增加。资金在跨市场、跨机构、跨产品主体、跨地域之间的流动，使得在这一过程中逐渐产生了期限错配、流动性转换、信用转换以及杠杆层层叠加等潜在风险，并使风险由单体机构、单个产品向外扩散传染。同时，当前的金融风险还与传统的金融风险传染的方式不同。之前的金融风险跨系统传染，是银行、证券、保险、信托之间相互的传染，监管机构可以通过银行业、证券业、保险业分业经营、分业管理，以嵌入防火墙的方式来防止风险传染。但在新一代信息技术应用的时代，由于互联网的连接、跨界，一些新型金融平台，如支付宝、腾讯等互联网技术应用公司拥有了金融特许经营许可，形成跨业、综合的金融控股公司，使当前的风险传染具有跨行业、跨模式的特性。现在的监管难以再依靠传统的隔断机制、风险隔离机制来控制风险，金融风险防控体系亟待创新。而且大数据、区块链等技术架构的金融业态典型地存在去中介、去中心化的特征，这与传统中心化审慎监管的理念有所不同。以审慎监管、功能监管、行为监管等为核心构建的传统监管体系和法规无法有效应对去中介、去中心化的金融交易现状。因此，必须在审慎监管、行为监管等传统金融监管维度之外增之以科技维度，形塑双维监管体系，从而更好地应对金融科技所内含的风险及其引发的监管挑战。[1]

二、防范化解金融风险的体系

1997 年亚洲金融危机爆发后，面对国内和国外不利形势的双重冲击，我国于同年 11 月召开了第一次全国金融工作会议。此后每五年一次的全国金融工作会议成为我国重大金融改革的风向标，我国金融监管机构经历了"单头→多头→单头"的模式演化，由开始的中国人民银行的单头管理，发展到中央银行、财政部、银监会、证监会、保监会、汇金公司等的多头管理，再发展到现今的国务院金融稳定发展委员会的单头管理，[2] 我国的

---

① 杨东. 监管科技：金融科技的监管挑战与维度构建 [J]. 中国社会科学，2018（5）.
② 邱宜干. 1997—2017 年我国金融监管机构和监管内容变迁浅析——以我国五次全国金融工作会议为出发点 [J]. 全国流通经济，2018（5）.

金融监管体系针对金融风险在不断演化。

（一）金融创新、风险与监管

全球千年金融发展史，就是一部创新史、风险史、监管史的叠加，金融创新、金融危机、金融监管三者随着科技要素的升级不断地进行动态演化与博弈，在金融创新的过程中可能会出现危及金融稳定与货币政策的溢出风险，金融监管机构此时会加强对金融创新的管制，而新的管制又会激发新的创新，在创新与监管二者不断相互推动的过程中，形成了"监管—创新—放松管制—再创新"的动态博弈结构。金融监管与金融创新互为补充，规范的监管是创新的制度保障，富有生机的创新是节约监管资源、提高监管效率的重要途径。① 金融创新通过对金融制度、金融产品、交易方式、金融组织、金融市场等的创新和改革，不断推动金融领域各种要素的重新优化组合和金融资源的重新配置，金融创新是金融体系促进实体经济运行的"引擎"。②

纵观全球金融的发展史，越发体现出与科技发展相伴相生的特点，当前金融创新领域中最主要的原动力仍然是技术创新。全球正在孕育第四次科技革命，5G、云计算、大数据、区块链、人工智能、生物识别技术正逐渐构成人类生产生活的基础设施。而金融服务、金融创新将建立在这些基础设施之上而运行。以货币为例，技术创新正全面影响着货币形态与运行机制，在互联网技术的驱动下，演化出了货币的数字化，使运行基础设施网络化，从而猛烈地改变整个金融的基本概念和运行体系。③

从历史的视角来看，国际金融体系的演进史也是一部"金融创新—金融风险—金融危机"的演进史。④ 在科技升级、社会进步的社会演进之路上，金融创新是必然存在的且总是走在危机与监管的前面，每次金融创新的目的都势必是提升金融体系配置资源的能力和效率。金融创新往往是通

① 尹龙. 金融创新理论的发展与金融监管体制演进 [J]. 金融研究，2005（3）.
② 郑联盛. 金融创新、金融稳定的历史回望与当下风险管控 [J]. 改革，2014（8）：81.
③ 黄震. 金融的发展史就是金融的创新史 [EB/OL].［2018 – 10 – 03］. http://blog. sina. com. cn/s/blog_719d34580102vgc9. html.
④ 安辉. 金融监管、金融创新与金融危机的动态演化机制研究 [M]. 北京：中国人民大学出版社，2016：169.

过节约资本或放大杠杆效应赚取更多的利润，同时完成对风险的转移与管理。这将必然导致金融机构在攫取利润的过程中涉及对杠杆、结构产品的变通使用，使风险潜在积累并在不同金融市场之间相互转移。如果监管不到位，金融创新伴生的金融风险将同步放大，并在相关的市场之间扩散蔓延，最终诱发金融危机。

每一次金融危机都意味着金融监管的失败和随之而来的重大变革①。正如英国经济学家凯恩斯所言，每次金融危机过后都会迎来对金融监管体系的调整，金融监管便成为金融危机这枚硬币的另一面。金融监管作为金融创新与金融风险的"守门人"，在金融不断创新与演进的过程中，也在不断地提升自己的监管能力，三者循环往复，不断演进。当前在我国，金融科技、监管科技、金融风险已经成为国家治理金融风险的三大主题。金融科技的创新正催生金融服务行业蓬勃发展，监管科技也大幅度提升金融监管部门的现代化监管能力，金融风险在创新与监管之间进行着动态演化。金融创新、金融危机与金融监管三者之间的不断相互缠绕与循环正逐步推动着我国整个金融体系的发展，当前我国防范金融风险的体系不断演进改革，逐步形成了从金融风险管理到金融风险治理的多层次防控体系（见图 1-1）。

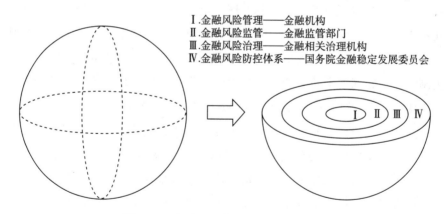

Ⅰ.金融风险管理——金融机构
Ⅱ.金融风险监管——金融监管部门
Ⅲ.金融风险治理——金融相关治理机构
Ⅳ.金融风险防控体系——国务院金融稳定发展委员会

图 1-1　金融风险防控体系多层次结构

① 刘鹤. 每一次危机都意味着金融监管的失败 [EB/OL]. [2018 - 10 - 07]. https://finance. qq. com/original/caijingzhiku/wj. html.

（二）金融风险管理

金融风险管理是指金融行业中的各类金融机构、类金融机构、金融科技企业等从业主体通过自身构建风险防范系统来进行风险的自我防范与化解，是防范风险的第一道防线，在金融风险防范体系中处于最基础、最基层的位置。

1. 金融机构的风险管理

金融机构作为金融市场中最主要的成员，既是金融风险的制造者，也是金融风险的承担者和管理者。因此，金融机构如何认识风险、管理风险对于我国打好这场防范金融风险的保卫战至关重要。当前金融机构主要通过构建公司风控架构、贯彻风险管理文化与运用金融科技进行风控的协同建设来进行风险管理。

构建公司风险控制架构是有效的风险内部控制、提高金融机构竞争力的关键。金融机构拥有健全完善的内控制度，不仅可以提高效益，而且可以防范"黑天鹅""灰犀牛"的发生。公司从上到下的风险管理架构设置是公司进行风险自我管理的顶层设计。当前大部分金融机构通过公司章程的形式明晰董事会、监事会、高级管理层等主体在公司风险管理中的职责。董事会是风险管理的最高指挥官，将承担风险管理的最终责任，董事会下设风险管理委员会帮助董事会进行风险管理决策；高级管理层则是风险管理的执行主体，金融机构成立专门的风险管理部，将首席风险官或合规总监作为常设的高管岗位；监事会对风险管理承担监督责任[①]。

风险管理文化是金融机构企业文化的重要组成部分，先进的风险管理文化有助于完善公司的治理结构、增强全体员工的风险管理意识、提高公司整体的风险控制能力，从而促进公司风险管理体系的高效运转。在风险管理文化建设上，金融机构一般通过贯彻"三道防线"的风险管理文化，通过全面风险管理、全员风险管理和全过程风险管理的管理机制实现前台、中台、后台协同配合，将风险管理文化渗透到公司经营的方方面面，

---

① 宋清华，祝婧然．中国金融风险管理40年［J］．中南财经政法大学学报，2018（5）．

逐步打造金融机构风险管理"软设施"。

以金融科技提升风险管理能力已经成为智慧时代下进行风险管理的最大变革与创新。随着外部数据获取途径的增加，金融科技中以大数据、云计算、人工智能为代表的技术给金融机构的风险管理能力带来了极大提升。云计算的应用极大提升了金融机构的计算效率，降低了交易的处理成本与交易风险。大数据帮助金融机构在交易前能够更好地甄别和计量风险，极大地降低交易的成本。人工智能则依赖大数据为金融机构的客户进行精准画像，帮助金融机构精准识别风险。例如，招商银行以云计算、大数据、人工智能为核心，围绕"数据＋模型＋算法"进行大数据风控，在申请流程中，使用"闪电贷"人脸识别系统防止伪冒欺诈，通过大数据反欺诈风险模型准确识别客户风险，运用新技术对资金流向进行监测，防止放款后客户将贷款资金用于民间借贷。

2. 类金融机构的风险管理

类金融机构以小贷公司、担保公司为代表，分为传统类金融机构和以互联网公司为代表的衍生机构两类。以网络小贷公司为例，小额、快速、量多是其业务的主要形态。类金融机构在学习正规金融风控的基础上，通过嫁接新兴的信息技术，创新风险管理模式、形式，逐步改变了传统的以人为主的风控模式。其利用机器学习等人工智能技术，结合用户的消费、理财等数据，逐步形成对客户特征的刻画，实现对洞察客户需求与识别客户风险的精准定位。"技术＋数据"的业务风险管理模式，大大提升了其量化风险评估的能力与风险管理的时效性。例如，百融金服深耕风控领域，在针对"黑色产业"的欺诈识别上，不断探索和创新，目前已经向业内推出了完善的反欺诈体系，包括设备欺诈识别、实名欺诈识别、反欺诈评分和关系图谱。对于目前主流的四种欺诈类型——虚假身份（伪冒）、虚假信息（包装）、历史欺诈和团伙欺诈，能从多维度进行全方位识别。

3. 金融科技企业的风险管理

金融科技企业近年来逐步成为我国金融领域中提供外部风险管理技术的重要一员，是防范化解金融风险的重要一环。从2018年以来金融科技的领军企业——BATJ来看，当前金融科技、监管科技企业已经吹响了防范风险的集结号，开始转向"防范和化解金融风险"的主战场。例如，蚂蚁金服的"风控大脑"，通过输出科技服务来赋能金融机构、地方政府等的风险管理能力的提升；腾讯公司也在不断推广金融科技，加强其风险管理能力的建设和输出技术的能力；京东旗下的"京东金融"更名为"京东数科"，目的也是强调其推进数据科技的服务战略，体现其风险管理的能力。

（三）金融风险监管

金融风险监管架构主要是指由一国的金融监管机构与被监管主体所形成的二元监管架构，监管机构各司其职进行金融风险的防范。健全的内部控制、有效的外部监管和良好的市场约束是金融体系稳健运行的重要支撑点。而金融机构的金融创新所带来的监管挑战以及自我管理的天然宽松的特征，导致对于金融风险的控制不仅仅需要金融机构的自我风险管理，更加需要引入外部金融监管机构进行风险监督治理。

1. 国家监管格局随风险演进

随着经济改革逐步进入新的历史时期，金融领域的风险在不断累积，金融创新不断加速，给我国的金融监管带来了新的挑战。近两年，我国金融监管在监控金融创新、弥补监管疏漏、消除监管套利空间、防范化解风险等方面做了诸多努力，总体监管环境日益趋严，我国进入"强监管"时代。我国将金融监管架构从之前的"一行三会"改革为"一委一行两会 + 地方金融监管局"的新格局，实现了从机构监管到功能监管的渐进式转变。在司法层面，上海地区专门设立了审理金融案件的金融法院，从行政到司法在体制机制上为防范风险攻坚战保驾护航。

（1）国务院金融稳定发展委员会

2017 年 7 月 14 日，第五次全国金融工作会议宣布设立国务院金融稳定发展委员会。国务院金融稳定发展委员会被定为全国金融行业的"大总管""大智囊"，统领全国金融业的稳定、研究、规划与发展。该委员会将对金融监管资源进行合理、有效的整合，并将弥补"一行两会"相互间信息资源分割、监管协调不足的缺陷，起到金融监管短板的纠偏功能，消除分业监管方式存在金融监管盲点及监管套利现象。截至 2018 年 10 月，国务院金融稳定发展委员会已经召开了三次会议，每次会议都会对当前阶段需要解决的重要金融问题进行讨论并提出政策方向，为我国的金融监管不断指明道路。

（2）银保监会

2018 年 3 月 13 日召开的十三届全国人大一次会议第四次全体会议通过了国务院机构改革方案，方案中针对金融监管机构做出了重大调整：组建中国银行保险监督管理委员会，将原中国银行业监督管理委员会和中国保险监督管理委员会拟订银行业、保险业重要法律法规草案和审慎监管基本制度的职责划入中国人民银行，不再保留中国银行业监督管理委员会、中国保险监督管理委员会。设立中国银行保险监督管理委员会，成为设立国务院金融稳定发展委员会之后的又一重大监管框架调整举措。新建立的银保监会将整合原银监会与保监会的职责，依照法律法规统一监督管理银行业和保险业，维护银行业和保险业合法、稳健运行，防范和化解金融风险，保护金融消费者合法权益，维护金融稳定。[①] 此次对国务院金融机构的改革是整个中国金融监管机构制度框架、改革理念和监管理念、监管机构职能调整及转型等方面的重要突破。监管理念由分业监管转向了混业监管或综合监管，由机构监管转向了功能监管及原则导向监管，并根据中国金融市场实际，借鉴英国"双峰监管"模式及美国监管模式，形成了"一委一行两会"新监管架构，"超级央行"也呼之欲出。

（3）地方金融监管局

2017 年全国金融工作会议以后，中央明确建立健全地方金融议事协调机制，形成"7＋4"的地方金融监管职责框架，在监管机构上，要求各地金融监管部门加挂地方金融监督管理局牌子并合署办公，负责属地金融监管和地方金融风险处置。在监管对象上，明确"小额贷款公司、融资担保公司、区域性股权市场、典当行、融资租赁公司、商业保理公司、地方资产管理公司"七类机构，由中央监管部门制定规则，地方金融监管部门实施监管；对"投资公司、开展信用互助的农民专业合作社、社会众筹机

---

① 参见《国务院机构改革方案》。

构、地方各类交易场所"四类机构，要求地方强化金融监管，严格限定经营范围。地方金融监管局设立后，地方与中央形成错位监管和补充，共同编织纵、横向交织的金融监管网络，大大消除了原来由单一中央金融监管机构留下的金融监管空白。

（4）上海金融法院

2018 年 8 月 21 日，上海金融法院正式成立，其职责是紧紧围绕金融工作服务实体经济、防控金融风险、深化金融改革，对金融案件进行集中管辖。这是我国在司法审判领域中为防范化解金融风险做出的重大举措。金融市场的创新与发展离不开良好的金融法治环境，上海金融法院的设立将对健全金融法治、保障国家金融安全、优化金融发展良好环境、有效化解金融纠纷、制裁金融违法行为、保护金融消费者合法权益、维护金融市场秩序稳定发挥重要作用。

2. 金融监管政策随风险处置变化

2018 年以来，国家监管以深化供给侧结构性改革为主线，坚持稳中求进的工作总基调，从宏观金融稳定大局出发，紧紧围绕服务实体经济、防控金融风险、深化改革开放三大任务，从降国有企业地方政府杠杆、规范金融机构、加强非金融企业监管、加强互联网金融监管等方面出台了一系列政策法规①。

（1）法规发布层面

2018 年 1 月 19 日，国家发展改革委、中国人民银行、财政部、中国银监会、国务院国资委、中国证监会、中国保监会联合发布了《关于市场化银行债权转股权实施中有关具体政策问题的通知》（发改财金〔2018〕152 号），将有效推动降杠杆的顺利落地。

2018 年 4 月 27 日，由中国人民银行牵头制定的《关于规范金融机构资产管理业务的指导意见》（即资管新规）正式落地，结束了多年以来各金融机构在资管业务方面监管标准不统一、层层嵌套的问题，有效地缓解了风险底数不清、错配带来的流动性风险等。

---

①　详见本书附录二。

2018 年 4 月，中国人民银行、中国证监会、中国银保监会联合发布《关于加强非金融企业投资金融机构监管的指导意见》。依照 "立足主业，服务实体经济；审慎经营，避免盲目扩张；严格准入，强化股东资质、股权结构和资金来源审查；隔离风险，严禁不当干预金融机构经营；强化监管，有效防范风险；规范市场秩序与激发市场活力并重" 的指导原则，实施对金融机构股东的严格准入管理，强化了实业与金融业的风险隔离机制，防范风险跨机构跨业态传递，补齐了对民营金控领域的监管短板。

2018 年 5 月 11 日，国家发展改革委、财政部联合印发了《国家发展改革委　财政部关于完善市场约束机制严格防范外债风险和地方债务风险的通知》。该通知主要目的是防范外债风险和地方政府隐性债务风险。当前部分房地产、地方政府融资平台等企业不断扩大外债发行规模，但存在自身实力难以与发债规模相匹配，缺乏以项目本身收入偿还贷款的能力的问题，一旦发生违约风险，风险将迅速传导到银行系统，甚至会引发系统性风险。

2018 年 5 月，《银行业金融机构联合授信管理办法（试行）》出台，有助于银行业金融机构准确掌握企业实际融资状况，科学评估其整体风险水平，预先识别和前瞻防控风险，有效防控重大企业信用风险，进一步优化信贷资源配置。

2018 年 9 月，银保监会发布《商业银行理财业务监督管理办法》。该办法的出台一方面是配合资管新规的施行，更重要的目的是推动银行理财回归资管业务本源，引导理财资金以合法、规范的形式投入多层次资本市场，促进统一同类资管产品监管标准，逐步有序打破刚性兑付，有效防控金融风险。

2018 年 8 月，P2P 网络借贷风险专项整治工作小组办公室下发《关于开展 P2P 网络借贷机构合规检查工作的通知》及其附件《网络借贷信息中介机构合规检查问题清单》，目的在于引导网贷机构合规经营，加强风险管控，回归信息中介本质定位。

（2）政策效果层面

政策效果尤其是行政处罚遏制金融风险的效果显著。以银行业为例，统计数据显示，自 2018 年初至 12 月 21 日，银监系统共公布罚单 3798 张，比上年同期增长 21.9%①。从案由看，信贷业务、资管业务和公司治理领域罚单数量较多，被罚没金额较大。其中，广发银行惠州分行违规担保"侨兴债"一案被处罚共 7.22 亿元，成为银行业创立以来最大罚单。紧随其后的中国邮政储蓄银行因违规从事投资活动被没收违法所得和处罚共计 5.21 亿元。在监管机构动辄上亿元的大额罚单示范效应下，银行业乱搞同业、乱加杠杆、乱做表外业务等不规范行为得到初步遏制。截至 2018 年 5 月，银行同业资产和非债券投资分别同比下降 2.6% 和 7%，同业理财在 2017 年减少 3.4 万亿元的基础上，继续缩减 1.2 万亿元②，累计缩减 2/3 以上，金融机构底层资产逐步清晰。

同时，伴随着资金脱虚向实的政策引导，2018 年银行业和保险业资金脱实向虚问题得到缓解，金融体系自我循环空转套利现象得到有力遏制。截至 2018 年 7 月末，银行业金融机构各项贷款同比增长 12.4%，保险资金为实体经济提供融资超过 13 万亿元。制造业贷款自 2017 年以来实现持续正增长，基础设施行业贷款同比增长 9.9%，涉农贷款同比增长 7.2%，扶贫小额信贷余额为 2597 亿元。截至 2018 年 9 月，市场化法治化债转股已签约金额达 1.73 万亿元，资金到位 3500 多亿元；全国存续债委会有 1.7 万余家，帮扶困难企业 4052 家。③

（四）金融风险治理

在风险社会中，风险已经蔓延至社会生活中的各个领域，因此，金融风险的防范化解不仅需要金融机构的自我管理、金融监管机构的外部监管，更需要社会多方主体配合监督治理。要从金融机构到金融监管机构再到社会多主体监督，形成从风险管理到风险监管再到风险治理的防范风险体系，全面防范化解我国金融风险。

---

① 数据来源：银保监会官网。
② 数据来源：银保监会官网。
③ 数据来源：银保监会官网。

1. 行政机关

地方政府与部分非行政金融监管机关也是我国防控金融风险体系中的重要组成部分，如司法部门、中央网信办、审计部门等都具有防控金融风险的能力。当前国家整个监管体系不仅有自上而下的严监管和自下而上的机构自律，还有各级地方政府以及其他各方非监管行政机关的齐抓共管，面对结构复杂、参与者众多的金融市场，金融监管在顶层设计上完善了"游戏规则"，避免金融市场中出现监管的"真空地带"，形成了全国一盘棋的金融风险防控格局。例如，一些地方通过建立公安、工商、金融等多部门间的联动执法、监管协作和信息共享机制，在本次防范金融风险的保卫战中有效地打击了地方金融违法违规行为；另外，我国政府审计机关通过行使金融监督权，在审计中通过审查监管部门防范和化解金融风险的制度设计及其执行的实际效果，促进了金融监管治理架构以及内部控制的完善。

2. 新闻媒体

通过新闻媒体等手段，开展多渠道宣传，以线上线下并行的传播模式向大众普及金融知识，提升公众对金融风险的防范意识，也能够起到防范金融风险的作用。同时，也可以利用媒体加强舆情监测，强化媒体责任，鼓励公众监督和举报非法金融行为，营造群策群力共同防控金融风险的社会氛围。

（1）媒体宣传引导

新闻媒体作为金融消费者了解市场的窗口，具有不容忽视的作用。从反面看，一些媒体对风险事件的过度渲染或错误解读可能会严重影响正常的市场秩序；从正面看，如果媒体正确开展舆论宣传，能够在市场一片狂热时清醒地看到问题，及时提醒投资人风险，引导理性思考并向社会释放理性信号，则可能将金融消费者拉回到理性的一面。同时，新闻媒体还可以配合相关部门普及金融知识，丰富大众的金融知识，提升防范风险的意识，提高识别金融欺诈的能力。

（2）贯彻落实保障

地方宣传是配合整个社会层面的宣传引导的落地执行者，是全国防范金融风险的关键一环,是将风险防范意识颗粒化到个人的传递者。当前我国地方上已经开展了诸多宣传防范金融风险的实践活动,如通过横幅、海报、看板、微信公众号等多渠道进行广泛宣传;组织资深法官、检察官、公安民警、律师分期分批走进企业、学校、社区,通过讲座、展板等多种形式进行宣传;建立"防范通信网络新型违法犯罪教育基地"的教育阵地,以开展反金融诈骗、反电信诈骗、反套路贷的相关课程培训。地方上通过一系列宣传活动将金融风险的防范意识全方位地向大众进行普及,实现从风险源的每一个节点上防范化解金融风险。

案例　南京司法局开展防范金融风险宣传活动

南京司法局从以下三个方面开展宣传活动。一是开展专题法治宣传活动。定期组织专业人员走进社区、企业、单位开展关于防范非法集资的法治宣传,指导各街道、园区利用法治文化公园、文化广场、宣传走廊等集中宣传非法集资典型案例。二是积极运用新媒体进行宣传。广泛运用玄武司法行政微博、微信公众号发送关于各类金融风险的典型案例、信息等,进行宣传推广,向社会公众普及金融知识,加强风险提示。为59个社区创建了"法润民生"微信群,定期发送关于防范金融风险的信息,建立正确舆论引导,使群众自觉远离非法金融事项。三是举办中小微企业法律风险防控化解论坛,为中小微企业提供法律保障。

3. 行业协会

在这场防范化解金融风险的攻坚战中,行业协会性的组织群体通过行使监督职能以及发挥行业自律功能,在金融风险管理中起到了不可替代的作用。如金融类行业协会通过发布协会公约,强化对金融行业的合规管理,抑制金融风险的发生。

2018 年 3 月 29 日,中国互联网金融协会发布《互联网金融逾期债务催收自律公约(试行)》。该公约旨在有效引导和规范互联网金融债务催收行为,监督互联网金融企业合规催收。中国互联网金融协会将采取自查和抽查并举的方式监测公约落实情况,一旦发现从业机构存在违法、违规以及违反公约行为,视情节轻重将违法违规线索分别移交至司法机关、金融监管部门、通信管理部门、市场管理部门开展查处，对互联网金融风险专项整治工作形成有力支撑。

2018 年 8 月 1 日，北京市互联网金融协会发布《北京市互联网金融行业协会观察员发展规程》。根据该规程，所有网贷机构须按照观察员发展规程进入申请流程，北京市互联网金融协会将根据相关要求对其资格进行认定，符合要求的机构即可进入观察期并接受协会定期检查，旨在鼓励协会成员机构合法合规经营，推进行业健康发展，切实保护金融消费者合法权益。

4. 学术机构

在风险社会来临的时代背景下，恰逢我国处于新一轮科技革命与产业革命叠加的改革周期中，潜在的金融风险促使近年来我国金融风险研究机构不断设立。形成通过发布风险报告或开展学术会议的形式向社会传播防范金融风险知识的风险研究教育体系，是为国家的防控风险提供专业智慧的有效手段。

当前我国诸多高校都成立了相关的金融风险研究机构，如首都经济贸易大学金融风险研究院每年发布《中国金融风险报告》，对我国面临的各类金融风险进行综合评估与分析，为政府部门进行科学决策提供理论支撑；清华大学国家金融研究院每年发布《中国系统性金融风险报告》；为防范系统性金融风险提供智力支持；武汉大学中国金融工程与风险管理研究中心每年发布《中国与全球金融风险报告》，为从国际视角探究金融风险管理提供理论借鉴；中国金融风险五十人论坛（CFR50）定期举办学术研讨会，对国内外金融风险领域的热点问题和前沿技术进行探讨，并通过论坛公众号"金融风险网"在行业内发布。① 随着防范金融风险攻坚战的深化，由北京市金融工作局、中央财经大学和加拿大蒙特利尔银行联合筹建的北京金融风险管理研究院于 2018 年 5 月成立。

---

① 宋清华，祝婧然. 中国金融风险管理 40 年［J］. 中南财经政法大学学报，2018（5）.

三、防范化解金融风险的利器

（一）政策法规构建风险治理体系

国家通过制定金融政策和法律法规等，在宏观方面通过设立国务院金融稳定发展委员会加强了各部门在防范和化解金融风险中的协调合作；通过对银监会与保监会合并，不断践行从行为监管到功能监管理念转变，有效消除了"监管空白"区域；构建了"一委一行两会"的监管架构，为防范化解金融风险提供了方向指导与制度保障。在微观具体层面，为加强金融监管协调、补齐监管短板、完善金融机构法人治理结构、健全市场规则、严格规范金融市场交易行为、强化金融机构防范风险主体责任、切实抑制资金在金融领域空转等问题提供了具体指引①。

在防范和化解金融风险中，政策法规规范发挥着重要作用。例如，2018 年 3 月，财政部印发《关于规范金融企业对地方政府和国有企业投融资行为有关问题的通知》，旨在规范金融企业对地方政府和国有企业投融资行为，与地方政府债务管理等政策形成合力，共同防范和化解地方政府债务风险。2018 年 5 月，中国银行保险监督管理委员会印发《银行业金融机构联合授信管理办法（试行）》，并部署开展试点工作。推动银行业金融机构开展联合授信是在落实党中央、国务院降低企业杠杆率的要求，也是防范和化解重大金融风险的重要举措。该办法的实施以及试点工作的开展，对于建立健全银行业金融机构对企业信用风险整体管控机制，遏制多头融资、过度融资行为将发挥重要作用。

（二）科技创新赋能风险治理现代化

1. 金融机构的风险治理现代化

金融机构难以查证客户提供信息的真实性，交易双方信息的不对称等情形，使金融机构面临用户隐瞒甚至编造个人信息的风险，给整个风控带

---

① 童道驰. 当前金融风险的主要表现形式［N］. 学习时报，2018 – 06 – 29（2）.

来挑战。伴随着科技革命的到来，人工智能、大数据等不断兴起，当前金融机构可以通过运用人工智能以及云计算等技术从大量内部数据与外部数据中，获取关键信息并进行挖掘分析，实现对客户群体的筛选和欺诈风险的鉴别。

2. 监管端的风险治理现代化

监管部门的风险治理现代化，是风险治理架构的现代化，是风险治理能力的现代化。随着科技革命的到来，金融市场上涌现了一批新兴的金融机构，在带来现代金融产品创新的同时，也带来了一定程度的风险，隐蔽、突发、传染特性的非法金融活动线上线下交织，使金融风险呈现出量大面广、复杂多变的特点，如果依赖传统的监管手段，将难以把控此类金融风险，我国监管机构正积极通过科技的手段大幅提升监管能力，以科技对抗科技，实现风险治理能力的现代化。

当前我国的金融监管机构正通过与第三方监管科技企业合作或自行研发的模式，运用先进的科技手段，逐步建立现代化的金融风险防控平台，实现对风险早识别、早预警、早发现、早处置，全面升级政府部门防范化解风险的能力和水平。例如，2015年北京市金融工作局针对互联网非法集资实行"冒烟指数"监测，通过收益率偏离度、投诉率、传播虚假性、机构合规度、疑似非法性等维度综合判断平台的危害程度，一定程度上遏制了北京地区非法集资势头。

（三）人才配置支撑风险治理

金融风险教育研究为我国金融风险管理行业培育了大量人才，是金融风险攻坚战中最为重要的后备力量。改革开放以来，我国有关学者立足于我国金融发展实际，对金融风险的管理开展了颇有成效的研究，目前已经形成了一批代表性的著作、大量的金融风险相关研究论文，还成立了诸多金融风险研究机构，在金融风险管理的人才培养、学科建设、教材建设、证书建设上均取得了长足发展，为我国金融风险教育体系提供了全面的支撑。在人才培养上，国内诸多高校通过设立金融风险相关专业，培养了一批具有国际视野的金融风险管理应用型、研究型人才，如中国人民大学国际学院于 2013 年开设了金融硕士（风险管理方向）专业；在学科建设与教材建设上，教育部持续推动高校风险管理建设工作，风险管理课程面向学生开设，金融风险管理的相关知识越来越多地被写进《金融学》《货币银行学》《证券投资学》等教材中；在证书建设上，金融风险管理师（FRM）与注册金融风险管理师（CFRM）不断得到监管层以及金融机构的认可，越来越多的青年学子投身到金融风险管理的事业中。

（四）保护金融消费者助推风险治理

金融消费者既是金融监管保护的对象，也是防范化解金融风险的重要参与者和依靠力量。有了金融消费者个体的金融风险管理，才能为整体的金融风险管理奠定良好的基础。金融消费者保护已经成为维护金融稳定的核心议题，加强金融消费者权益保护是维护金融体系稳定的重要基础，是提振金融消费者信心的重要前提，也是防范化解金融风险的重要内容，对于保护金融消费者不仅要事前保护也要事中保护与事后保护。

1. 事前保护

事前保护，即对金融消费者事先进行投资者教育，同时加强对金融机构的合规管理，从风险的源头保护金融消费者。在投资者教育方面，我国当前通过监管部门、社会媒体、教育机构等多主体联合的方式，依托多渠道、多手段、线上线下等方式向大众普及金融风险知识，强化个人对金融知识相关法规、制度的了解深度，全面提升全民金融风险意识和全民的金融素养。在对金融机构的合规管理方面，监管部门通过发布法规以及主动外部监督的形式为金融消费者打造良好的金融生态环境。

2. 事中保护

事中保护包含监管机构的保护和金融机构对消费者的保护。监管机构在日常行使监管职能的过程中，尽量提升监管能力，发挥金融风险的"看门人"的作用。金融机构根据不同金融业务的特点，通过传统的制度控制、现场检查，加上新技术的有效应用来实现金融服务"质量监督控制"，充分运用大数据、云计算、区块链等新技术来实现金融消费的透明和保障。比如，支付宝建设的备付金透明监管平台，有助于监管部门及时观测资金流向，实现对消费者的动态事中保护。

3. 事后保护

金融消费者不仅需要事前保护与事中保护，更需要在金融风险发生后实现保障，在金融消费中出了问题时，能够使消费者受损的利益最大限度地被挽回。当前的保护机制有"投诉—调解—仲裁"的模式，在纠纷初期可以采取投诉机制，通过金融管理部门的介入来实现与金融机构的沟通处理，在得不到良好处理后可以与行业协会联系进行调解，最后可以通过仲裁委员会或法院进行商事仲裁或诉讼。上海就构建了"投诉＋调解＋裁断"的矛盾化解平台。上海探索金融消费纠纷解决新方式，引入诉调对接机制，构建一站式矛盾化解平台，线上线下有机结合，实现纠纷处理的专业性、便利性。上海市金融消费纠纷调解中心主要受理消费者与金融机构之间因购买、使用金融产品或接受金融服务而产生的纠纷。

（五）三部门架构实现金融风险综合治理

当前的金融风险监管是风险驱动型监管，是科技驱动型监管，随着科技的发展、社会风险的演化，我国的金融风险治理模式已经与之前的一元监管、二元监管大为不同。只通过金融监管机构履行监管职能已经不能够适应时代的发展，且容易引起市场与政府主体之间的"重度摩擦"，因此需要将金融风险治理的职能分散一部分到社会中去。当前的行业协会已经承担了监管的类似职能，如中国互联网金融协会将互联网金融行业与政府监管部门间接地联系了起来，形成了政府、市场、社会的三部门形态，协会通过行业自律公约等方式实现了对行业的自律性管理。行业协会以一种柔性监管的模式在市场和政府之间建立了风险隔离机制、风险传导机制和协调合作机制。因此，要打赢这场防范化解金融风险的攻坚战，治理的主体不仅需要政府监管机构这样的权力主体，还需要社会性自律组织这样的柔性主体进行柔性监管，实现对整个金融风险的综合治理。

第二章　金融科技的转向：从开拓市场到防范风险

近年来，在全球范围内，金融科技（FinTech）受到持续的关注与研究。最初的金融科技发展较多关注市场的开拓，通过获客科技、产品科技、交易科技以及平台科技等方面的发展，逐渐使金融科技在金融领域内占有重要席位。但由于金融的风险本质，金融科技在发展的同时，也有金融科技风险相伴相生，e 租宝事件、P2P"爆雷"现象等无不在说明金融科技发展过程中风险的存在及其严重性。同时，金融科技环境下的金融风险具有传播速度快、监督管理难、渗透面积较为广泛等特点。为呈现健康稳健的金融生态环境，金融科技的发展开始转向，由单纯的市场开拓转变为以风险防范为主，重在基于安全科技、信用科技、风险科技、合规科技等方面进行风险防范。以合规性和稳健性为基础的金融科技，方能获得持续不断的发展。

"金融科技"源自美国的 FinTech，由 Finance 与 Technology 进行合成与翻译得到。欧美发达国家和新兴经济体都非常重视金融科技的发展与管理。金融科技旨在不断推动技术在金融领域的运用，以推动金融领域的颠覆式创新与重塑，实现更高的金融服务效率和更低的金融服务成本。

依据谷歌趋势的查询结果，可以获知，过去一年（2018.01—2018.12）和过去两年（2017.01—2018.12）中"FinTech"在谷歌中的搜索热度结果，具体如图 2 - 1 和图 2 - 2 所示①。

---

① 谷歌热度，https：//trends. google. com/trends/explore? q = fintech。

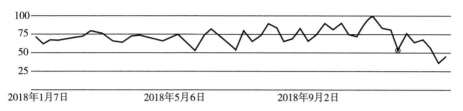

图 2 – 1　"FinTech" 词汇在谷歌中的热度趋势（2018. 01—2018. 12）

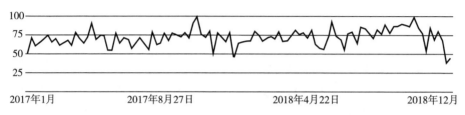

图 2 – 2　"FinTech" 词汇在谷歌中的热度趋势（2017. 01—2018. 12）

关键词"金融科技"及"FinTech"在百度搜索指数中的搜索热度如图 2 – 3 和图 2 – 4 所示①。

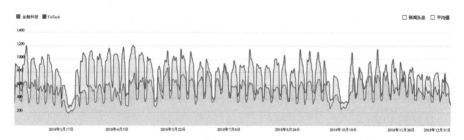

图 2 – 3　金融科技及 FinTech 在百度搜索指数中的结果（2018. 01—2018. 12）

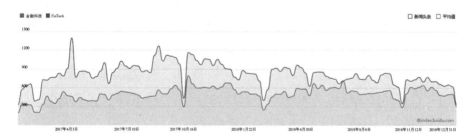

图 2 – 4　金融科技及 FinTech 在百度搜索指数中的结果（2017. 01—2018. 12）

---

① 百度指数. 金融科技［EB/OL］.［2018 – 10 – 06］. https：//index. baidu. com/? tpl = trend&type = 0&area = 0&time = 13&word = fintech.

由数据及趋势的对比分析可知，无论是基于国际视角还是基于国内视角，大家对金融科技（FinTech）一直都存在持续不断的研究热情。与此同时，Goldman Sachs（高盛投资）于 2017 年 8 月 7 日发布的报告 *The Rise of China FinTech* 指出，2012—2017 年，金融科技的发展呈现出指数型增长，其增长改变了中国人民支付、借款、投资的方式。

表 2 - 1   金融科技发展相关数据①

类别	数据
第三方支付	至 2016 年，34 亿第三方支付账户；2018 年仅支付宝用户就超过 9 亿
	2017 年春节，微信发出 140 亿元红包
	2010—2016 年，74 倍增长速度；2018 年交易规模超过 150 万亿元
	第三方支付的 75% 在移动设备端完成
	第三方支付的零售消费占零售行业的 40%
网络借贷	2010—2016 年，36 倍增长速度；2018 年网络借贷市场交易规模为 5286 亿元，累计待还余额为 12705.6 亿元，同比增长 23.3%
在线支付	私营企业在线支付在新的清算系统中的占比 >60%
境外支付	40 个国家或地区支持支付宝或微信支付

金融科技作为一种业内生态，包含多种类型的从业机构，如金融科技公司、互联网公司以及传统金融机构等，涉及的利益相关群体包括投资者、监管者、消费者以及其他利益团体。已有研究结果指出②，全球金融科技领域最终发展主要包括八大范畴：支付、保险、规划、借贷（众筹）、区块链、交易和投资、数据及分析、安全等领域。在大数据、云计算、人工智能、区块链等新兴技术的带动下，全球金融科技快速发展，融资规模持续走高，并逐渐构建起以 P2P 网贷、众筹融资、第三方支付、互联网理财为代表的全方位、多元化的金融服务体系，且涌现出一批独角兽企业。同时，商业银行、金融科技公司、互联网企业纷纷加入金融科技市场的角逐中，试图用新兴科技提升服务水平、完善产品体系、抢占市场资源。金融科技企业将逐渐成为未来金融领域的主要参与者。

---

① Goldman Sachs. The Rise of China FinTech ［R］. 2017.
② 全球执委电话会议（939 会议）全球金融的发展趋势 ［C］. 2017.

相较于发达国家，我国金融科技起步较晚，但得益于庞大的人口体量、迅速迭代的互联网技术、快速普及的电子终端产品，以及多维度的行业监管，我国金融科技已成为全球金融科技发展的一颗新星。

本章主要分析近年来国内外金融科技发展状况，以及中国市场中金融科技的发展状态，并阐述金融科技如何由开拓市场转换为风险防范方向。

一、国内外金融科技的发展

目前，国内外对于金融科技定义的研究并没有统一的结论，多位学者基于各自的研究分析给出了不同定义。杨志宏、尹志娟[1]通过汇总已有研究结果指出，目前国内外关于 FinTech 的定义主要包括三种：一是将 FinTech 定义为金融和科技融合后所形成的业务模式，包括数字支付、网络借贷、数字货币、股权众筹以及智能投顾等；二是将 FinTech 等同为一种科学技术，即国内所谓的金融科技，牛津词典中 FinTech 是指用来支持银行业和其他金融服务的电脑程序和其他科技，包括互联网、大数据、云计算、区块链以及人工智能等；三是 FinTech 既可以是前端产品，也可以是后台技术。美国金融稳定委员会认为 FinTech 是技术带来的金融创新，它能创造新的业务模式、应用、流程或产品，从而对金融市场、金融机构或金融服务的提供方式产生重大影响。其中，第三种定义更具有包容性，因而得到较多业内人士的认可。按照国际权威机构金融稳定理事会（FSB——全球金融治理合作组织）的定义[2]，金融科技是指技术带来的金融创新，能形成对金融市场、金融机构及金融服务产生重大影响的业务模式、技术应用以及流程和产品。这是第一次在国际组织层面对金融科技作出初步定义。

对于金融科技的本质的探究，也有不同观点，一种主要观点认为其本

---

[1] 杨志宏，尹志娟. FinTech 在全球金融领域应用的最新进展综述 [J]. 黑龙江金融，2017 (2)：21－23.

[2] MBA 智库百科. 金融科技 [EB/OL]. [2018－10－06]. https：//wiki. mbalib. com/wiki/金融科技.

质是金融；而另一种主要观点认为其本质是科技。两种观点基于不同角度提出，基于金融从业者及监管者的角度而言，金融科技的本质仍然为金融活动，表现为金融的科技化；基于金融科技的技术开发与应用者的视角而言，金融科技的本质为科技，追求科技在金融领域的技术与应用的创新。因为技术不断更新，基于技术的本质会导致其本质随技术的变化而变化，因此，何飞[1]提出应站在金融监管以及金融从业者的角度，认可金融科技的本质为金融。

在金融科技所覆盖的范围与领域方面，巴塞尔银行监管委员会区分出四个核心应用领域，即"存贷款与融资服务""支付结算与清算服务""投资管理服务"以及"金融市场基础设施服务"，具体如图 2 - 5 所示。

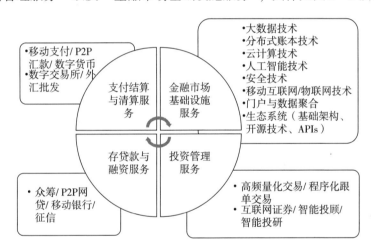

图 2 - 5　金融科技的应用领域

关于金融科技的发展阶段，也有多位学者做过汇总分析工作。Arner D W 等指出[2]，金融科技的发展可以划分为三个阶段，分别为金融科技 1.0 阶段（1866—1967 年）、金融科技 2.0 阶段（1967—2008 年）、金融科技 3.0 阶段（2008 年至今）。巴曙松基于 IT 技术对金融行业变革的推动的角

①　何飞. 中国金融科技的发展历程及未来趋势 [EB/OL]. [2018 - 10 - 01]. http：//www. sohu. com/a/160004922_99920726.

②　Arner D W, Barberis J N, Buckley R P. FinTech and RegTech in a Nutshell, and the Future in a Sandbox [J]. Ssrn Electronic Journal, 2017.

度进行分析，也将金融科技划分为三个阶段①，具体如下：

第一个阶段为金融 IT 阶段，或者称为金融科技 1.0 阶段。在这一阶段，金融行业通过传统 IT 的软硬件的应用来实现办公和业务的电子化、自动化，从而提高金融行业业务效率。此时 IT 公司一般不参与金融公司的业务环节，IT 系统在金融体系内部属于成本部门，代表性产品包括 ATM、POS 机、银行的核心交易系统、信贷系统、清算系统等。而其中很多系统现在在银行等机构中仍然会涉及并讨论，比如核心交易系统、信贷系统、清算系统等。

第二个阶段可界定为互联网金融阶段，或称为金融科技 2.0 阶段。在此阶段，主要是金融业搭建在线业务平台，利用互联网或者移动终端的渠道汇集海量的用户和信息，实现金融业务中资产端、交易端、支付端、资金端的任意组合与互联互通，实现信息共享和业务融合，本质上是对传统金融渠道的变革。其中最具代表性的业务有第三方支付、P2P 网络借贷、互联网保险、互联网基金销售等。

第三个阶段为金融科技 3.0 阶段，也称为 FinTech 阶段。在此阶段主要以技术创新为驱动力，通过大数据、云计算、人工智能、区块链等最新的 IT 技术，改变传统的金融服务环节和金融业务的各个方面，如金融信息采集来源、风险定价模型、投资决策过程、信用中介角色过程，可以大幅提升传统金融业务模式的效率，解决传统金融的行业痛点。代表技术是大数据征信、智能投顾、供应链金融等。

在 2004 年以前，我国实际上已经出现了金融科技的概念，并以金融机构 IT 系统的方式存在，属于金融科技 1.0 阶段。2004 年支付宝的出现，标志着我国进入金融科技 2.0 阶段，2013 年余额宝出现之后，各金融机构加快互联网布局，先后出现了 P2P、互联网保险、互联网银行等公司②。

自 2016 年至今，金融科技（FinTech）取代互联网金融，站上资本市场的风口，我国金融科技的直接投资位列全球第一，随着新科技技术诸如大数据、云计算、人工智能、区块链的发展，有望与金融领域深度融合，

---

① 巴曙松. 中国金融科技发展的现状与趋势 [N]. 21 世纪经济报道, 2017 – 01 – 20 (4).
② 艾瑞咨询. 夜明前——2017 年中国金融科技发展报告 [R].

进一步提高金融资源的配置效率，带动我国金融科技快速进入 3.0 阶段。FinTech 基于大数据、云计算、人工智能和区块链等一系列技术创新，可以全面应用于支付清算、借贷融资、财富管理、零售银行、保险、交易结算六大金融领域，实现"金融"与"科技"的高度融合，其典型应用有智能投顾、智能信贷、供应链金融等。FinTech 是未来金融业的重要发展趋势，但金融科技在不断发展的同时也面临着越来越多的安全威胁。安全事件频发，将对业务造成资金损失和极大的负面影响，因此，关注金融安全、注重风险防范成为金融科技 3.0 阶段的重要议题。

综上所述，我国金融科技的大致发展趋势如图 2-6 所示。

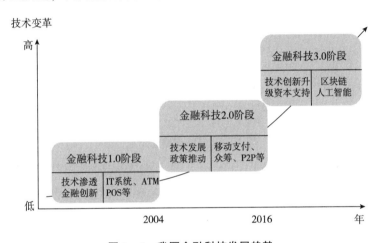

图 2-6　我国金融科技发展趋势

接下来我们对三个阶段的金融科技发展过程做具体说明。

1. 金融科技 1.0 阶段

传统金融是只具备存款、贷款和结算三大传统业务的金融活动，传统金融机构在面对市场竞争时应对能力明显不足。在国际上，最初的金融科技形态主要是，为帮助传统金融机构克服传统的结构性障碍和工作流程挑战，金融行业通过传统 IT 的软硬件的应用来实现办公和业务的电子化，以提高金融行业的业务效率。美国作为现代计算机的诞生地，自然走在金融科技化的前列。计算机出现于 20 世纪 40~50 年代，美国银行于 20 世纪 60 年代开始大规模使用电算化来提升手工记账的效率，降低银行运营成本。1955 年 9 月，ERMA（Electronic Recording Method of Accounting，电子记录机会计系统）被用于代替手工处理支票。20 世纪 70 年代，随着金融服务的发展与深入，银行的柜台业务效率瓶颈凸显，许多人排队较长时间只为办理小额存取款或余额查询等业务，银行柜员效率较低，导致客户流失，因此诞生了自助银行（ATM）。20 世纪 80 年代，POS（销售终端）电子资金转账、电子钱包智能卡、企业之间交易付款自动化等新的金融产品开始出现。截至 20 世纪 90 年代，美国银行平均每月交易的 54% 由 ATM 完成①。

网上银行的兴起	无实体网点金融机构	国内银行电子化发展
•20世纪90年代初互联网普及 •1992年，美国建立网上银行 •网上支付开始流行 •2001年，网银遍布160多个国家，连接1亿多计算机、5亿用户	•1994年成立美国安全第一网络银行 •1996年成立亿创理财，直接向投资者提供在线证券交易服务	•1996年，招商银行推出网上银行 •1997年，招商银行开通交易型网站 •1996年开始，现代化支付清算系统立项实施

图 2 - 7　银行网络化历程

20 世纪 90 年代，互联网诞生。互联网挑战了传统银行的实体网点服务，给银行业务带来革命性的冲击，不仅提升了银行的效率并缩减成本，更改变了银行的商业模式。无实体网点的金融机构得以出现，比如 1994 年成立的 SFNB，是一家真正意义上的网络银行，没有实体店；1996 年成立的 E * Trace（亿创理财），是一家纯网络经济公司，2000 年就成为美国第三大网络券商。由此可见，依托于互联网时代，金融业务的发展具有颠覆性的改变。

在金融科技 1.0 阶段，金融行业主要通过利用传统的 IT 技术来提高办公和业务的计算机运用程度，通常由金融 IT 终端或集成服务专业供货商或金融 IT 服务综合供货商，为金融行业提供软硬件支持、服务和解决方案。IT 公司并不参与到金融公司的业务环节，主要是为传统金融提供科技服

---

① 金融科技（一）：缘起［EB/OL］.［2018 - 10 - 04］. https：//www.jianshu.com/p/5e5273166d68.

务。IT 系统在金融公司体系内属于成本部门，故这一阶段也称为科技金融阶段。IT 系统的运用是为了使金融机构更好地运营，更好地服务客户，提高金融行业的业务效率和计算机化程度。这一阶段的代表性产品有：客户关系管理工具、KYC/AML（身份认证和反洗钱）工具、自动提款机（ATM）、销售终端机（POS）、银行的核心交易系统、信贷系统、清算系统等。

在中国的金融领域，金融科技最初主要是为服务金融领域而生的。新世纪互联网及数字技术的广泛运用，使得一些基础的金融业务得以依托互联网及数字技术得到升级。为了提高金融系统业务的工作效率，传统金融机构基于自身实际业务流程构建 IT 系统，这是中国金融科技的发端①。国内银行电子化发展比较早的是招商银行，其于 1996 年率先在国内推出网上银行"一网通"，1997 年 4 月，招商银行还开通了交易型网站，拉开了我国网上银行发展的帷幕。在互联网时代，金融机构加速提炼新的业务模式，比如网上银行、无实体店金融服务，构成了金融行业利用技术带来服务差异性的关键。

2. 金融科技 2.0 阶段

进入 21 世纪后，随着互联网的普及，特别是移动互联网的普及，互联网金融时代来临，很多业务不再局限于网上银行模式，而是由金融业搭建在线业务平台，通过互联网渠道收集用户信息，完成业务处理。这一阶段称为金融科技 2.0 阶段，主要是基于互联网或者移动终端实现金融业务中资产端、交易端、支付端、资金端的任意组合、互联互通。金融科技 2.0 是向服务金融科技的转化，通过底层技术革新促使金融服务的方式发生变革，重塑金融产品的生成模式和定价模式，极大提升资产配置效率②。

金融科技 2.0 是金融行业的内生性改变，通过技术驱动金融产品创新，拓宽金融服务的各个维度，向普惠金融和智慧金融前进了一步。很多处于长尾的人群，因为以上关键技术的撬动，开始纳入金融机构服务范畴。金融科技 2.0 阶段是基于网络和技术的时代，不掌握技术就没有服务可言，因为技术是核心竞争力。金融科技 2.0 阶段最具代表性的金融科技应用分

---

① 艾瑞咨询. 夜明前——2017 年中国金融科技发展报告［R］.
② 平安金融安全研究院和绿盟科技. 2017 金融科技安全分析报告［R］.

别为第三方支付、P2P 网贷、互联网众筹、中小企业（SME）、线上银行、互联网保险等，属于"互联网＋传统金融业态"的模式，故又称为互联网金融。2013 年被称为互联网金融元年。互联网金融在中国发展迅速，以互联网基金销售、网络借贷、互联网保险、移动支付等为主要运用模式。从发展趋势来看，金融科技在支付、保险、融资等传统金融领域有一定程度的蚕食，与传统金融机构形成竞合关系。

2004 年支付宝的出现，标志着我国由金融科技 1.0 阶段进入金融科技 2.0 阶段。2013 年 6 月，阿里巴巴的余额宝诞生，仅一个月的时间，资产突破 100 亿元；2014 年 2 月 17 日，余额宝资产突破 4000 亿元，2017 年 6 月突破 1.43 万亿元。余额宝出现后，各金融机构加快互联网布局，先后出现了 P2P、互联网保险、互联网银行等公司。2005 年，P2P 借贷平台 Zopa 在英国诞生，2007 年国外网络借贷平台模式引入中国，经历近 10 年的发展后逐渐规范化。2015 年，中国 P2P 借贷规模超过 4 万亿元，2016 年全年交易额近 2 万亿元，网络借贷平台的市场地位可见一斑。

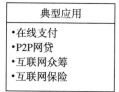

驱动技术	核心特点	典型应用
•互联网 •移动互联网 •数据检索	•移动互联网嫁接传统金融服务 •提高资金投资利用率	•在线支付 •P2P网贷 •互联网众筹 •互联网保险

图 2-8　金融科技 2.0 阶段的特点

金融科技 2.0 阶段的特点是：运用互联网新技术和新工具，旨在通过金融脱媒，来提高金融客户的独立性。接下来通过对典型金融科技成果的了解来深入理解金融科技 2.0 阶段的特点。

（1）第三方支付——金融科技生态系统之门

第三方支付指一些和产品所在国家以及国外各大银行签约，并具备一定实力和信誉保障的第三方独立机构提供的交易支持平台。在通过第三方支付平台的交易中，买方选购商品后，使用第三方支付平台提供的账户进行货款支付，由第三方支付平台通知卖家货款到达、进行发货；买方检验物品后，就可以通知付款给卖家，第三方支付平台再将款项转至卖家。

金融科技 2.0 阶段中，第三方支付开始崭露头角，从金融科技 1.0 阶段的后台支撑作用转换为前端的服务，最初第三方支付并未渗入传统金融的核心业务，但在其之后的发展过程中，体现出了长久不衰的生命力。

同时，中国第三方支付产品除占据中国大部分市场之外，也逐渐走出国门走向世界，譬如支付宝和微信支付已经可以在39个国家/地区的实体零售商处进行使用。

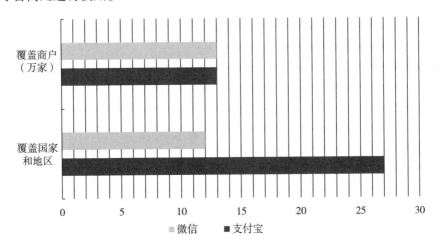

资料来源：前瞻产业研究院。

图2-9　移动支付（微信、支付宝）的海外布局对比

第三方支付的分类主要可以从业务类型（央行发布的支付牌照）入手，支付牌照的业务类型包含银行卡收单、预付卡发行与受理、网络支付（具体为互联网支付、移动电话支付、数字电视支付、固定电话支付）。按照牌照价值逐渐产生具体的划分：从业务经营收益来讲，支付宝、财付通依托互联网支付牌照经营的互联网支付业务是其主要营收业务构成；银商、通联通过银行卡收单牌照经营银行卡收单业务（POS刷卡受理）是其主要营收业务构成。这两块的业务营收也是整个支付行业交易总量的主要构成。到金融科技2.0阶段后期，移动电话支付发展迅速，闪付派和扫码派不断席卷线下业务，手机成为银行卡片的替代，移动电话支付牌照的作用也越来越大。综合而言，在发展潜力、增长速度、数据体量等方面，移动支付牌照是最具增长潜力的支付方式。

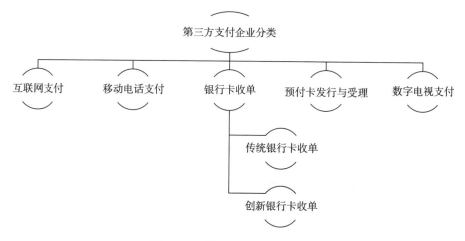

图 2 - 10   第三方支付企业分类

在与 FinTech 融合的过程中，第三方支付公司的产品和服务致力于利用智能终端实现点对点支付解决方案，其核心在于高效率 + 低成本，且支付公司通过和各类商户的合作快速扩大客户规模，提高影响力和渗透力。

（2）P2P 网贷——金融科技中的高风险地带

P2P 网贷是指不同的网络节点之间的小额借贷交易，借助电子商务专业网络平台帮助借贷双方确立借贷关系并完成相关交易手续。借款者可自行发布借款信息，包括金额、利息、还款方式和时间，自行决定借出金额实现自助式借款。P2P 是互联网借贷的主要形式，P2P 网贷行业也是金融科技公司中占比最高的行业。互联网平台帮助金融实现脱媒，释放了过去始终未被满足的中小企业和个人消费者的融资需求。P2P 的生态体系非常丰富：通过对借款人用户行为、借款用途和过往信用状况的分析来进行信贷决策。

P2P 的特点和优势在于①：

①目标客户集中在无抵押个人贷款和小型企业贷款领域。

②更加方便、快捷的借款申请流程，通常比传统金融机构的利率水平要低。

---

① 金融科技创新与商业模式研究［EB/OL］．［2018 - 10 - 06］．https：//www.jianshu.com/p/51fee9f91920.

44

③无法从传统金融机构手中获得贷款的用户、有短期融资需求的用户以及未能充分获得金融服务的用户都可以获得 P2P 的融资。

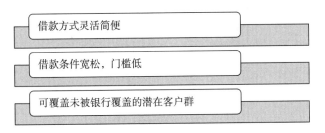

借款方式灵活简便

借款条件宽松，门槛低

可覆盖未被银行覆盖的潜在客户群

图 2 - 11　P2P 网贷的特点

P2P 的分类主要可以从业务模式入手，具体包括：引入电商，搭建网站进行线上撮合的传统模式；引入债权，通过线下购买债权将债权转售的债权转让模式；引入保险公司为交易担保的担保模式；以及引入小贷公司进行融资的平台模式。

P2P 平台将借贷双方进行对接，赚取管理费和交易佣金，借贷人赚取较高的利息。此模式在操作中容易发生以新还旧的庞氏骗局，金融风险较高。原因在于：①向 P2P 公司借钱的客户一般不满足银行贷款条件，即在银行贷款体系中，属于高风险用户；②P2P 平台吸引客户资金时不考虑标的资产的质量，而考虑刚性兑付和利率。借贷难免存在违约，为不影响承诺利率，当违约发生时，P2P 平台会利用新增客户的资金来填补坏账窟窿，踏出庞氏化的重要一步；③若某平台因为出现违约而降低利率，则客户资金立刻转移至刚兑平台。这使得 P2P 平台必须保持刚兑，从而彻底变成庞氏骗局。因此，这注定了 P2P 平台的高风险特点，当监管政策开始介入时，就注定了 P2P 最后崩塌的结局，即 2018 年 P2P 平台的不断"爆雷"现象。监管政策不断出台，P2P 网贷行业历经各种考验，国家及地方的严厉监管促进了各大网贷平台的合规化发展，净化了整个 P2P 网贷的发展环境，通过 P2P 平台的洗牌筛选出真正合规化且稳健的平台，譬如宜人贷、钱来也、玖富等，其完善的风控体系可更好地保护投资人的权益，降低其金融风险。

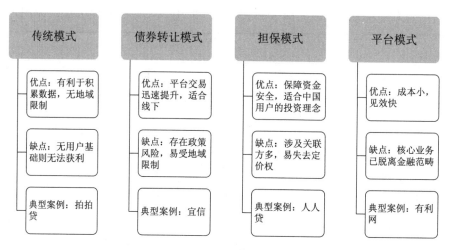

图 2 - 12　P2P 业务模式分类

案例　**宜人贷：基于风控与反欺诈的网贷平台**

宜人贷于 2013 年推出了全球第一个可在移动端实现借款全流程服务的移动客户端，并依据白领人群的细分群体提供四种借款模式：精英模式，面向授薪人群；极速模式，面向信用卡人群；公积金模式，面向公积金缴存人群；寿险模式；面向寿险投保人群。宜人贷平台使用的风险防范手段具体如下所述。

（一）通过客户画像高效开拓市场

在线上获客难度提升的当下，宜人贷持续发力，获客成本逐渐降低，原因在于科技驱动。譬如宜人贷与腾讯合作，为目标客户群建模、打标签，形成多种维度的用户画像，定向推送广告给资质高有需求的客户。宜人贷借款用户的整体画像为：平均借款额度 6 万元，还款期限 2 ~ 3 年，核心用户来自二线城市。据此用户画像，宜人贷推出公积金模式、寿险模式和社保模式，即利用公积金、寿险和社保数据给客户授信。

（二）合理度量风险，差别化利率定价

宜人贷的潜在借款人需要根据所需的借款产品提供各种个人资料，包括身份证信息、工作单位信息、银行账号信息、信用卡信息和中央银行的征信报告。借款人提交贷款申请后，宜人贷信用模型读入申请资料的全部信息，并从大量内外部数据源中匹配与申请人相关的附加数据。具体的征信数据来源如表1所示。

表1　　　　　　　　　宜人贷网络征信数据来源

来源	数据
内部	宜人贷平台积累的历史信用数据
	从申请人的申请过程中获取的行为数据，如申请人自己报告的工资使用情况、使用多种设备访问宜人贷平台的情况
外部	宜信的信用数据库
	公安部下属机构维护的个人身份信息
	中央银行下属机构维护的个人信用信息
	互联网或无线服务商提供的在线数据，包括社交网络数据
	申请人在某些电子商务网站上的在线购物和支付信息
	欺诈列表和数据库

同时，宜人贷使用反欺诈系统对申请人进行检测，如果通过检测则继续下一步，通不过检测则拒绝其申请。随后，宜人贷使用信用评分模型进行信用评估，得到申请人的宜人贷信用分——宜人分，并确定风险等级及是否通过审核。通过审核批准的合格借款人信息将在网站上展示，等待投资人出借。

表2　　　　　　　　　宜人贷信用分分数区间

风险评级	2017 年第二季度借款促成金额占比（%）	宜人分
等级 Ⅰ	5.8	790 +
等级 Ⅱ	21.9	750 – <790
等级 Ⅲ	23.2	720 – <750
等级 Ⅳ	24.5	690 – <720
等级 Ⅴ	24.6	640 – <690

（三）利用大数据技术，进行有效反欺诈

征信和评分为授信提供关键依据，但若发生欺诈行为，信息的真实性难以保证，评分也就丧失了意义，而且会威胁投资客户的财产安全。因此，宜人贷构建出一套完善的针对借款和理财两大业务条线的大数据反欺诈系统。

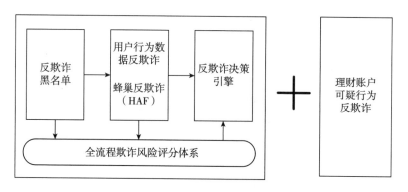

图1　宜人贷大数据反欺诈系统构成

借款业务线的反欺诈主要包括四部分：反欺诈黑名单用多维度黑名单库层层筛查触黑用户；用户行为数据反欺诈和蜂巢反欺诈（HAF）利用用户行为、电商、运营商、金融等数据维度中的异常，甄别伪造等各类欺诈手段；全流程欺诈风险评分体系对申请各节点用户欺诈概率进行评分，提供动态且量化的欺诈判定；反欺诈决策引擎汇总信息并通过模型和算法，做欺诈判定的最终决策。

（四）基于大数据分析的"蜂巢"系统

宜人贷在产品设计、客户获取、风险控制及反欺诈、贷后管理等诸多方面，主要依靠数据实现。宜人贷率先在行业内发布首个金融科技能力共享平台YEP，向全行业进行数据、反欺诈、精准获客等金融能力输出，帮助行业提升效率。宜人贷YEP共享平台对外技术输出的核心是基于大数据实时获取与解析技术的"蜂巢"系统。蜂巢产品体系分为数据采集和反欺诈两大产品线，如图2所示。

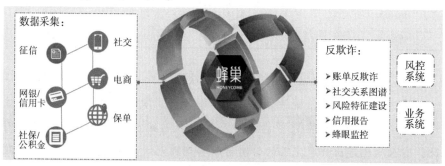

图2　蜂巢产品体系

（3）互联网众筹——"互联网＋金融"的创新模式

众筹融资（Crowdfunding）是指通过互联网，采用团购＋预购的方式募集资金的一种互联网金融模式。众筹融资使小微企业在募集资金的同时，可以向公众展示它们的产品或创意，达到宣传推广的效果。

众筹融资主要存在四种模式：奖励式、捐赠式、债权式、股权式。其中，奖励式众筹是将生产的产品或提供的服务回馈给投资者；捐赠式众筹基于公益和慈善筹资，不需要任何回报；债权式众筹平台会返还本金和利息；股权式众筹平台给予投资人股份。目前奖励式和股权式发展最为迅猛。

中国众筹虽然起步稍晚，但已步入"质量并重"的发展阶段。最早的众筹平台成立于 2011 年，在"互联网＋"、金融科技兴起、"大众创业，万众创新"、小微企业融资难等多重动因下迅速崛起，并于 2014 年迎来"众筹发展元年"，平台数、项目数、筹资规模均呈现快速增长的态势。零壹财经数据显示，2014 年上线众筹平台数由 2013 年的 25 家跃升至 154 家，2015 年新上线平台

图 2 - 13　众筹业务模式

数达 222 家。2016 年监管不断趋严，行业迎来洗牌期，问题平台不断退出市场，头部平台优势进一步显现，行业集中度进一步提升。零壹财经数据显示，2017 年前八大产品众筹平台的交易规模（如图 2 - 14 所示）占行业整体的 99.8%。驱动行业发展的动能已经实现由"量"到"质"的转变。

我国的众筹平台主要分为两大方向①，一类是涉猎多个领域的综合类众筹平台，如京东众筹和淘宝众筹等；另一类是不断涌现出的专注农业、民宿、影视娱乐、汽车、房地产等细分领域的专业垂直众筹平台。综合类众筹平台是指主要众筹业务类别包含以上业务中的两种以上，也是目前主

---

① 2017 年全国众筹行业年报：一年倒闭 270 家平台 ［EB/OL］. ［2018 - 10 - 06］. https：//www.wdzj.com/news/yc/1806252.html.

流的主营方向。我国 2017 年的众筹平台类型分布以及历年正常运营众筹平台数量分别如图 2 - 15 和图 2 - 16 所示。

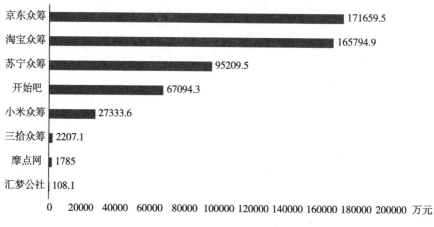

图 2 - 14　2017 年前八大产品众筹平台交易规模

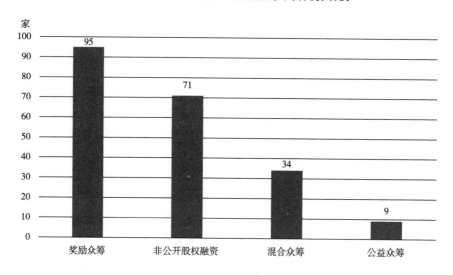

图 2 - 15　2017 年全国众筹平台类型分布①

据不完全统计，截至 2017 年 12 月底，全国正常运营众筹平台共有 209 家，与 2016 年底全国正常运营众筹平台数量 427 家相比，跌幅达

---

① 2017 年全国众筹行业年报：一年倒闭 270 家平台 ［EB/OL］．［2018 - 10 - 06］. https：//www. wdzj. com/news/yc/1806252. html.

51.05%。2017年，众筹行业遭遇深度洗牌。在监管趋严、规范发展的金融监管大背景下，为降低金融风险，非良性发展的众筹平台逐步退出市场，行业进入规范期。截至2018年10月底，我国处于运营状态的平台共有208家。

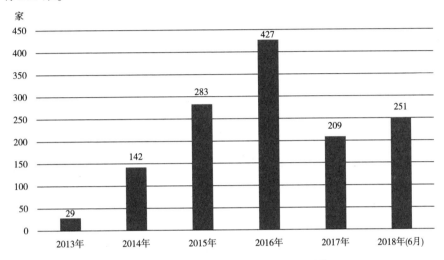

图2-16 历年正常运营众筹平台数量①

案例 **众筹餐厅——相约榕树下**

2016年开始，众筹平台相继倒塌，有着众筹餐厅、网文IP、作家站台等多个标签加持的"相约榕树下"，在众筹平台倒闭潮中黯然关张②。

寄托着文人情怀的"相约榕树下"众筹餐厅从一开始就埋藏着项目隐患，账目不清、经营不善、高管频繁离职、管理人员大换血等硬伤，将文人般虚弱体质的"相约榕树下"折腾得半死不活，造成严重亏损，不得不宣布停业。"相约榕树下"众筹餐厅仅一年就关门，共建人追讨本金超过300万元。

文人情怀染指传统饮服业，即使有名人背书专业人士捧场，也难逃失败命运。2017年众筹平台倒塌半数，与创业的浮躁不无关系。市场上较多

---

① 中国众筹行业发展报告2018（上）[EB/OL].[2018-10-01].http://www.zhongchoujia.com/data/31205.html.

② 众筹平台何以一年间倒掉一半？[EB/OL].[2018-10-01].https://www.cyzone.cn/article/179285.html.

的众筹平台主要为投机性质，将众筹平台理解为单纯的众筹平台，重心在众筹。事实上，众筹平台的关键在于平台要有较好的众筹项目。统计数据表明，众筹领域的倒闭潮仍在肆虐，但成功项目上升，筹资额上升，投资人数上升。在"大众创业，万众创新"的时代潮流裹挟下，发展的大趋势不可遏制，洗牌潮过后，众筹平台将会更为规范、健康。

3. 金融科技 3.0 阶段

金融科技发展到 3.0 阶段，新兴技术已经日渐成熟，并全面渗透至金融业务发展的多个领域，通过新的 IT 技术来为金融业的发展提供突破性的技术解决方案，如改变传统的金融信息采集来源、风险定价模型、投资决策过程、信用中介决策等流程。金融科技 3.0 阶段发展过程中涉及的技术主要有：机器学习/人工智能、大数据、互联技术（包括移动互联网与物联网两种）、分布式技术（如云计算和区块链）以及安全技术（生物识别技术及加密技术），具体如图 2 – 17 所示。

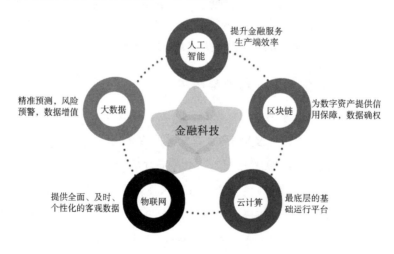

图 2 – 17 金融科技 3.0 阶段的主要技术①

云计算、大数据、人工智能和区块链等新兴技术并非彼此孤立，而是相互关联、相辅相成、相互促进的。大数据是基础资源，云计算是基础设

---

① 金融科技（四）：关键技术 2 ［EB/OL］. ［2018 – 10 – 01］. https：//www. jianshu. com/p/3a02a9f171fc.

施，人工智能依托于云计算和大数据，推动金融科技发展走向智能化时代。区块链为金融业务基础架构和交易机制的变革创造了条件，它的实现离不开数据资源和计算分析能力的支撑。

从未来发展趋势看，云计算、大数据、人工智能和区块链等新兴技术，在实际应用过程中变得越来越紧密，彼此的技术边界在不断削弱，未来的技术创新将越来越多地集中在技术交叉和融合区域。

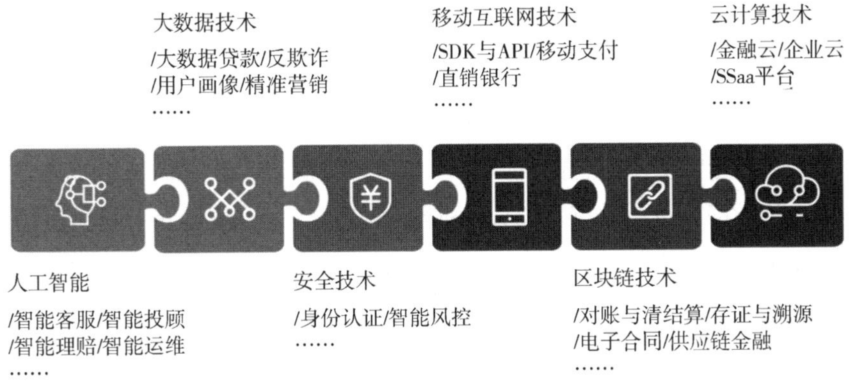

大数据技术
/大数据贷款/反欺诈
/用户画像/精准营销
……

移动互联网技术
/SDK与API/移动支付
/直销银行
……

云计算技术
/金融云/企业云
/SSaa平台
……

人工智能
/智能客服/智能投顾
/智能理赔/智能运维
……

安全技术
/身份认证/智能风控
……

区块链技术
/对账与清结算/存证与溯源
/电子合同/供应链金融
……

图 2 - 18　金融科技技术与应用

金融科技 3.0 阶段的特点是：聚焦于以云计算、大数据、区块链和人工智能为代表的新一轮 IT 的应用与普及，将移动装置、社交媒介、分布式分类账系统等新技术和新方法等应用于金融服务领域①，并强调新兴技术对于提升金融效率和优化金融服务的重要作用。这些技术在金融领域的应用，大幅度提升了传统金融的效率，解决了传统金融的痛点，如智能投资顾问、大数据征信等。

驱动技术	核心特点	典型应用
·大数据 ·人工智能 ·区块链 ·云计算等	·通过技术变革重塑金融产品的生成模式和定价模式 ·提高资产配置效率	·智能投顾 ·智能信贷 ·证券发行 ·机器人分析师

图 2 - 19　金融科技 3.0 阶段的特点

---

① 全球执委电话会议（939 会议）全球金融的发展趋势［C］. 2017.

金融科技 3.0 阶段的另一个特点是公司的快速增长，从"太小到不关心"到"太大而不能忽视"，最后"太大而不能倒"[①]。金融科技 3.0 阶段的发展为监管机构提出了一个重要的问题，即它们应该何时开始关注这些金融行业参与者。这个问题促使中国监管机构在 2015 年重新评估自己的方法[②]。同时，金融科技 3.0 阶段的发展伴随着 RegTech（监管科技）的同步发展。监管科技是在金融与科技更加紧密结合的背景下，以数据为核心驱动，以云计算、人工智能、区块链等新技术为依托，以更高效的合规和更有效的监管为价值导向的解决方案。金融科技的快速发展要求及时改进监测框架，金融活动的自动化和交易匿名性也会给监测工作带来挑战，现有的监管体系很难监测到新的风险与机会。需要借助于监管科技密切监测金融体系的发展，以制定可以充分发挥金融科技益处、缓解其潜在风险的政策。应灵活实施多层次的方法，以便根据公司的规模和风险，以不同的强度施加监管要求。从本质上讲，监管机构需要与金融行业密切合作，以了解不断变化的市场动态，并制定促进创新的方法，同时平衡风险并消除监管套利的机会。

（1）大数据——金融科技 3.0 的引擎

大数据（Big Data）是指无法在一定时间范围内用常规软件工具进行捕捉、管理和处理的数据集合，是需要新处理模式才能具有更强的决策力、洞察发现力和流程优化能力的海量、高增长率和多样化的信息资产。金融行业具有数据导向性强的特点，大数据与金融科技融合发展体现在大数据收集、整合及应用三方面。大数据收集方面，随着物联网产业的快速发展，各种可穿戴设备、智能家居等智能硬件将产生大量的新型数据，金融科技可借助新的数据采集技术获取更广泛、多元的客户数据源；大数据整合方面，金融科技公司通过合作共赢模式能够将用户沉淀在各大金融机构的数据进行整合并实现增值，从而打破传统金融机构之间的

---

① Ioannis Anagnostopoulos. Fintech and regtech: Impact on regulators and banks [J]. Journal of E-conomics and Business, 2018.

② Arner D W, Barberis J N, Buckley R P. FinTech and RegTech in a Nutshell, and the Future in a Sandbox [J]. Ssrn Electronic Journal, 2017.

数据孤岛现状并实现数据共享；大数据应用方面，金融业务本身对数据依赖性极强，而经过整合、分析、处理的大数据对业务蕴含价值更高，较大的数据基础也会促进金融行业中风控、定价、营销、征信、评级等多个细分领域的发展。

图 2 - 20 大数据与金融科技的融合

大数据一些典型的金融应用方式有①：

①客户画像，精准营销：根据客户的社会属性、生活习惯、行为习惯等信息抽象出标签化的用户模型，从而进行产品精准营销。

②优化运营，风险控制：比如市场和渠道分析优化，从而调整产品推广策略；产品和服务优化，区分优质客户；风险控制，比如分析企业运营数据，从而控制中小企业贷款额度。

③特征识别、欺诈分析：身份评估，信用评估，比如防止保险欺诈、保险滥用，进行预测。

金融机构可借助新兴的大数据技术广泛收集各种渠道信息进行分析应用与风险管理，运用大数据进行精准营销与获客，通过大数据模型为客户提供金融信用，进而辅助各项业务决策等。行业内典型的案例包括微众银行微粒贷产品、蚂蚁金服"借呗"、众安科技 X - model 反欺诈产品等。

| 案例 | **大数据在涉众型经济犯罪侦办中的应用** |

北京金信网银借助监管科技，使用大数据技术为公安部开发非法集资监测预警平台，提升案件侦查效率与审理质量，解决涉众型经济案件的查

---

① 金融科技（三）：关键技术 1 [EB/OL]．[2018 - 10 - 08]．https：//www.jianshu.com/p/ec204276ec8c.

证难、处置难、追赃挽回损失难等问题。该平台使用大数据转变犯罪管理方式，提前发现风险并进行干预。首先汇集多源数据，包括外网数据：工商、舆情、招聘、法院、宣传等；公安数据：人员户籍、年龄、通讯、行动轨迹、历史犯罪等，运用大数据、人工智能、云计算等技术，多次对比推导；最后进行确认。

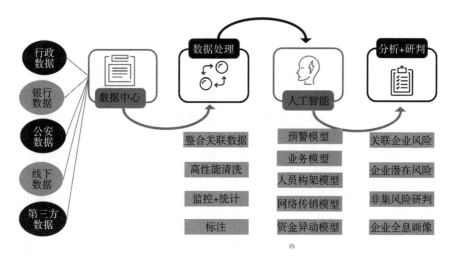

图 3　非法集资监测预警平台原理

非法集资监测预警平台除实现事前预警功能之外，还使用大数据技术辅助侦查人员快速研判确证、识别犯罪核心人员、锁定犯罪账户以及梳理企业脉络。

（一）辅助实现集团人员脉络图

对工商、新闻、人员通讯、交通轨迹、人员户籍等数据进行整合，构建犯罪集团复杂网络，分析每个参与人承担的角色及涉及的犯罪行为。

网络传销案件参与人员少则几万、多则上千万，利用大数据技术可快速梳理出其"金字塔"形架构图，并统计每个会员的层级、发展下线层数与人数、总报单金额等信息。

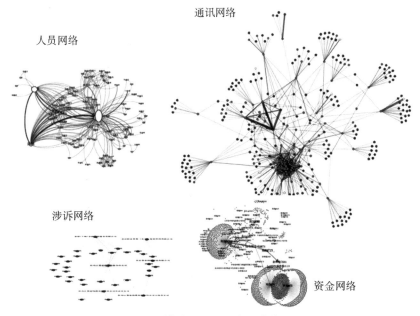

图4 辅助实现集团人员脉络图

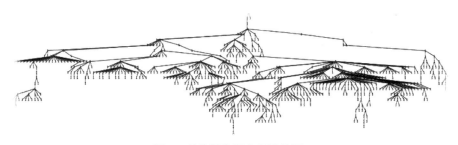

图5 某传销集团人员脉络图

（二）辅助实现犯罪资金流向分析

利用大数据技术，对重点账户的资金流入、流出、额度、频率、时序、摘要等特征进行深度分析，通过各类异常风险，如大额可疑交易、高频交易、异常交易图形等的挖掘，并锁定其中负责吸金与返利人员的账户，通过分析以上两类核心账户的资金进出情况，准确地推算出实际涉案金额。还可以还原资金流向，持续追踪资金流，结合大额支出用途的统计分析来确定资金的沉淀金额与去向。

基于大数据的监测预警功效使办案时间节点前置，阻断受害范围的扩大延伸，同时提高侦查工作效率。

（2）物联网——新金融业态的动力源

物联网（Internet of Things，IoT），即物物相连的互联网，包含两层意思：其一，物联网的核心和基础仍然是互联网，是在互联网的基础上延伸和扩展的网络；其二，其用户端延伸和扩展到了任何物品与物品之间，进行信息交换和通信，也就是物物相息。

未来，交易将不仅发生在人与人之间，还将发生在数以千亿计的设备与设备之间，参与交易的不仅是资金，而是任何有价值的东西。万物互联的状态下，汽车可以自动下单完成加油，冰箱可以自己下单买菜，交易的主体发生变化，交易的介质也随之变化。每个人将享受到千人千面的金融VIP服务。

物联网应用将极大推进金融科技变革，促进智慧金融发展。物联网打破了银行现有的线上线下客户接触模式，扩大了金融服务边界和触角，建立了更广泛的客户互联，构建物联网金融新业态。具体而言，物联网的应用主要体现在以下几个方面[1]。

①重塑金融信用体系，铸就有效精准风控

物联网金融采集更丰富、客观、真实的客户数据，实现资金流、信息流、实体流"三流合一"，促进金融机构建立客观信用体系。目前，金融机构面临诸多信用困局，信息孤岛、信用缺失、监管困难等问题制约金融业务进一步发展。物联网金融能够全面反映物理实体的自然属性和行为属性，带来客观数据和金融业务交叉印证，获取更广泛的客户行为信息，实现客观信用体系。金融机构可避免虚假数据和主观判断带来的影响，提高提前发现、预警风险、精准决策的风险控制水平，打破原来的主观粗犷的风险管理方式，提高风险管控的可靠性和实时性，推动金融风险防控体系建设。

②促进智慧金融转型，提升客户服务能力

物联网金融为企业供应链融资提供完整、闭环的贷前贷后服务，通过

---

[1] 物联网金融创新助力工行智慧转型发展 [EB/OL]. [2018-10-10]. http://www.cfc365.com/technology/new%20technology/2018-05-20/14707.shtml.

联通产业链上下游企业，建立供应链企业的信用信息库，为企业提供更便捷的融资、支付等基础金融服务和其他增值服务。

物联网金融将促进银行普惠服务发展。物联网金融模式下，金融机构可以实时动态掌控贷款企业的全部运营生产过程，充分有效地交换和共享信息资源，降低企业贷前评估、贷中控制和贷后管理等成本，促使金融服务向普惠化发展，推动金融服务实体经济。

物联网金融将提高金融精细化服务水平。物联网金融数据带来了更完整、更真实的客户画像，准确根据客户行为特征重新定义客户分类和等级，为客户提供更精准、个性化的金融服务。

③实现科学运营管理，助力银行降本增效

物联网金融为运营管理智能化、实物管理自动化、设备运维主动化及信息传递共享化等提供技术支撑，提高科学智能运营管理水平，降低运营成本。实现自动化和智能控制，推进业务流程改革，提高物品操作效率，降低业务运营成本，大幅提升智能化运营管理水平。

万物互联时代，金融交易量也必将迎来爆炸式增长，蚂蚁金服CTO程立指出，由于物联网的运用，未来金融科技服务主要面临三大挑战[①]：交易规模将为现在规模的一百倍甚至一千倍，需要考虑使用低成本高效的技术去处理；要考虑如何把目前连接金融机构之间或者金融系统基础的平台变成一个真正的信用平台；需要考虑如何保证这个新架构的稳健、安全。

案例　**天创金融科技——基于大数据的风控解决**

天创信用围绕智能风控体系，以"数据＋风控＋场景"的模式打通金融服务价值链，通过大数据技术及风控能力连接金融端和产业端，为客户提供全面、专业、高效的数据服务、风控服务和解决方案。天创信用能够为客户提供反欺诈、信用评估、授信审批、风险监控、催收等全流程的产品和服务，以及面向消费金融、互联网金融、农业、园区、汽车等细分领域的风控解决方案。

---

① 程立. 未来金融有三大技术风口 [EB/OL]. [2018－10－01]. https：//news. newseed. cn/p/1332698.

有信贷数据的中央银行征信用户量不足 4 亿，对没有中央银行征信的白户用户提供金融服务，做好风险防控，提升运营效率，是大部分小贷互金公司需要解决的问题。要解决该问题，首先需要通过多渠道合法合规地整合用户的基本信息、信贷信息、行为习惯等数据。天创通过整合风控数据，完善用户信用视图，为金融机构信贷业务运营提供完善的风控数据服务，并通过数据平台和合规合理流程进行支撑。

天创风控数据服务的流程为：贷前阶段针对身份验证和反欺诈提供身份要素验证、黑名单扫描、申请验证等数据；贷中重点提供信用特征、用户行为信息支撑信用评分卡数据，实现用户信用评分和授信；贷后提供贷后监控数据，包括用户信息和信贷信息变化情况等。

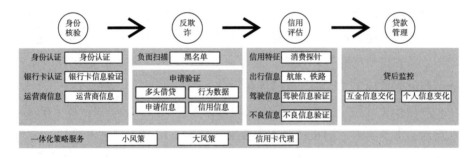

图 6　天创风控数据流程

譬如，某消费金融公司业务线较多，包括现金贷、手机分期、教育分期、公务贷等信贷业务，需要全面合规的风控数据支撑和调用，数据准确性和安全性要求较高。天创帮助其进行风控数据规划，并构建数据管理平台进行管控，有效地支撑了其业务线上风控，并降低了数据成本。

（3）云计算——构架金融业务云服务

云计算是指一种按使用量付费的模式，这种模式提供可用的、便捷的、按需的网络访问，进入可配置的计算资源共享池（资源包括网络、服务器、存储、应用软件、服务），这些资源能够被快速提供，而只需投入很少的管理工作，或与服务供应商进行很少的交互。计算与金融结合，产生了为金融机构提供基于云的基础 IT 构架服务的金融云公司，帮助金融企业将业务迁移到云端，降低 IT 采购成本，实现弹性的、可快速实现和交付的 IT 环境。例如阿里金融云、腾讯金融云等，不仅为自身的金融业务提供云服务支持，也已经服务大量传统金融客户，开始构建基于云服务的生态。从实施效果来看，云计算可以降低金融公司的运营成本或者满足复杂运算分析需求。

云计算行业内典型的案例有微众银行和网商银行的分布式银行核心架构、平安银行金融云、微众银行微动力"SaaS +"服务等。

云计算之于金融行业的意义总结如下：

①降低成本：银行无须在硬件投入上再花大笔金钱，从而能够更加低廉地升级 IT 基础设施，按需付费成本更低。

②提升灵活性与可扩展性：对于市场业务量的变化，相比传统的 IDC（Internet Data Center）IT 资源烦琐冗长的拓展流程，可以非常灵活快捷地扩展服务能力，从而提升企业的响应力。

③提升效率：云服务提供的标准化平台，对于尝试新技术和技术升级非常便利，而且风险可控，在这个技术日新月异的时代尤为重要。

④更快服务客户：云服务屏蔽掉了底层复杂性，可以方便及时发布新产品特性，更快服务客户。

⑤培养更强客户黏性：云计算能力加上大数据分析，带来的是更加精准化、个性化的服务，从而提升客户黏性。

（4）区块链——金融科技应用前景广阔

金融科技 3.0 阶段的主要技术中，区块链技术在金融中应用得最具有探析性和前瞻性。区块链技术是使用对等网络验证并记录确凿交易的分散式账目，具有多方面的优势，譬如，持久安全地记录金融数据，并带有时间戳；无黑客风险或者中央管理员事故；不受限于人为的规定或者规则的变化等。由于这些优点，区块链可以应用的金融科技领域非常广泛，如零售支付、钱包和存储、银行间支付和贸易结算。区块链技术应用于金融领域的多元化如图 2 - 21 所示。

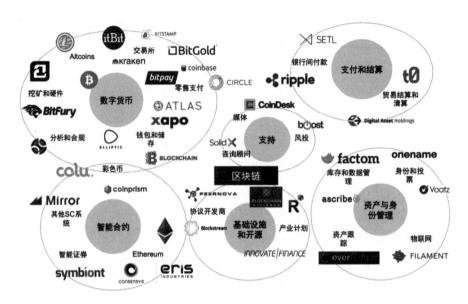

图 2 – 21　区块链涉及的金融领域①

区块链在金融行业的应用场景较为广泛，包括但不限于应用区块链技术降低清算结算成本、用于提升权益登记和信息存证的权威性，以及加强监管金融业务等。较为典型的案例包括微众银行基于区块链的机构间对账平台、招商银行基于区块链的跨境直联清算系统、邮储银行基于区块链的资产托管系统、京东金融基于区块链的资产云工厂底层资产管理系统等。

① 区块链在金融中的典型应用——跨境支付②

每年通过银行的跨境支付交易有 100 亿~150 亿笔，规模在 25 万亿~30 万亿美元，但是每笔交易费用在 30~40 美元。跨境支付的传统模式存在很多挑战：参与机构多——机构之间需要有授信额度，每笔交易需要在不同机构之间分别做记录，进行清算和对账；时间周期长——比如一笔汇款可能需要 2~3 天才能到账，效率极低，在途资金占用量很大；成本高——每笔交易费在 30~40 美元。

应用区块链之后，跨境支付接近于"实时"，并且是自动的，可以

---

① 全球执委电话会议（939 会议）全球金融的发展趋势．［C］．2017.

② 金融科技（三）：关键技术 1［EB/OL］．［2018 – 10 – 13］．https：//www.jianshu.com/p/ec204276ec8c.

"7×24"全天候服务。

② 区块链在金融中的典型应用——保险行业信息不对称问题

区块链技术可以解决保险行业中介环节的信息不对称性问题。保险公司与客户依托区块链技术多方数据共享的特点，可以追溯保单从源头到客户流转的全过程，各方不仅可以查验到保单的真伪，确保保单的真实性，还可以自动化后续流程，比如理赔等。区块链作为一项分布式共享记账技术，利用统一共识算法构建不可篡改的数据库系统与保障机制，结合传统保险诸多环节形成资产数据流，使保险产品自动"流动"起来，减少了由于信息不对称而造成的成本与道德成本。

（5）人工智能——引领金融领域智能化

人工智能（Artificial Intelligence，AI）是指"一种受到人类感知、思考、推理和行动方法启发但又有所区别的科学与计算机技术"。通俗地说，人工智能是对人类智能进行模仿的各种科学技术的总称。人工智能的特征有①：①海量数据积累。数据积累呈指数级增长，来自物联网、互联网与社交媒体的深入发展，大数据是人工智能发展的燃料。②芯片技术的日新月异。云计算和大规模 GPU（图形处理器）芯片并行计算的发展为深度学习的应用提供了计算基础。③人工智能算法的不断优化。以深度学习为代表的人工智能算法的效果随着数据量的积累得到更加显著的提升。

人工智能可以实现批量人性化和个性化地服务客户，这对于深处服务价值链高端的金融将带来深刻影响，比如改善金融服务效率与人力物力资源，用于数据处理、风险控制与投资决策等环节。微众银行智能客服机器人②、招商银行智能投顾、平安金融壹账通"智能闪赔"等均是人工智能在金融服务应用中的典型代表。

①人工智能在金融行业的应用——智能投顾

智能投顾，也称为智能理财，指通过网络及移动终端，借助互联网技

---

① 金融科技（四）：关键技术 2［EB/OL］.［2018 - 10 - 14］. https：//www. jianshu. com/p/3a02a9f171fc.

② 微众银行推出智能客服机器人［EB/OL］.［2018 - 10 - 14］. https：//baijiahao. baidu. com/s？id=1603662686041305461&wfr=spider&for=pc.

术、大数据分析、量化金融模型和机器算法，将个性化理财服务提供给顾客。根据投资者的风险承受水平、收益目标、主观风险偏好及客观风险承受能力等，运用智能算法及投资组合优化等理论模型，确定投资参考，当市场发生变化时，重新制订资产配置方案，实现资本利得税的降低及线上的自主管理。因此智能投顾是金融与科技的完美结合，智能投顾的基本模式如图2-22所示。

图2-22　智能投顾的基本模式①

在全球，智能投顾的发展非常迅速，并形成了一条智能投顾的产业链。

BCG报告指出②，中国可投资资产将在2020年增长至200万亿美元，不断积累的居民财富以及不断扩大的中产阶级数量将催生大量理财需求，整体而言，中国财富管理市场前景巨大。

②人工智能在金融行业的应用——信用卡还款

信用卡使用过程中，经常发生持卡人忘记按时还款的现象，逾期不还款会产生高额滞纳金，用户常遭受损失。此类情况下人工智能能够将用户所有的信用卡集中管理，帮助用户在不同的还款期内合理安排资金，以支付最少的滞纳金。若账户没有余额的情况发生，开发公司会提供比信用卡

---

① 全球执委电话会议（939会议）全球金融的发展趋势．[C]．2017.
② 全球执委电话会议（939会议）全球金融的发展趋势．[C]．2017.

公司利率更低的贷款，帮助用户还信用卡账单。

图 2 - 23　智能投顾产业链

腾讯、百度等互联网巨头已将人工智能列为企业核心发展战略。同时，在全球范围内，有金融机构开始推出创业计划，主要用于培育金融科技公司。可见，金融领域人工智能新技术应用的探索是金融科技的最新主题之一。

案例　**基于人工智能的玖富风控**

随着深度学习算法、大数据以及高性能计算资源日益成熟，人工智能技术发展骤然加速，人工智能技术在玖富风控领域得到广泛应用，其风控技术获得多项技术大奖。

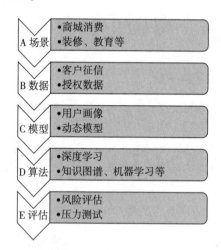

A 场景
- 商城消费
- 装修、教育等

B 数据
- 客户征信
- 授权数据

C 模型
- 用户画像
- 动态模型

D 算法
- 深度学习
- 知识图谱、机器学习等

E 评估
- 风险评估
- 压力测试

图7　玖富基于人工智能技术区分客户风险

玖富从场景出发，依靠大数据和人工智能，区分客户风险。主要以数据为基础，通过模型和算法量化风险和区分客户风险。

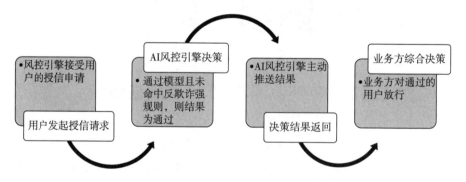

- 风控引擎接受用户的授信申请
- 用户发起授信请求

AI风控引擎决策
- 通过模型且未命中反欺诈强规则，则结果为通过

- AI风控引擎主动推送结果
- 决策结果返回

业务方综合决策
- 业务方对通过的用户放行

图8　玖富基于人工智能技术的防范欺诈风险

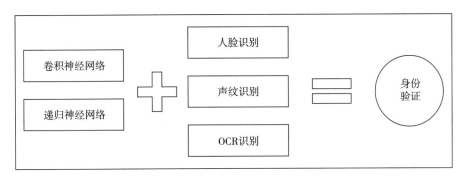

图9　玖富基于人工智能技术的KYC实现

玖富利用人工智能技术防范欺诈风险和KYC，同时利用人工智能及大数据实时为客户评分，提供市面上最有效的反欺诈评分。

4. 金融科技发展趋势

最新研究报告显示，在创纪录的融资交易以及众多的大型融资活动推动下，中国金融科技投资在2018年上半年创出151亿美元新高。毕马威发布的《金融科技脉搏》报告显示，2018年第二季度蚂蚁金服的140亿美元C轮融资，以及其他4宗逾亿美元的融资，使中国的半年度金融科技投资总额达到151亿美元，几乎等同于2013年至2017年中国金融科技领域投资总和。2018年上半年，金融科技投资交易从上年下半年的15宗增加到34宗。

与世界其他地区相比，我国金融科技发展的速度和规模大不相同。一批混合科技/金融公司，如蚂蚁金融、腾讯、京东和平安，已成为中国金融业的核心，使金融服务更方便消费者使用，直接导致中国消费者从主要依靠现金的方式转变为无现金甚至无卡交易方式，支付、借款和投资等都可以通过智能手机实现跨越式发展。普惠性金融领域的变化将在未来5～10年内持续，新的进入者和新的利润池也会逐渐形成。

与此同时，金融科技在发展过程中也存在一些不可避免的问题，尤其是金融科技在发展的同时也伴随着风险。这一风险来源于金融科技本身的金融属性，并且风险强度较大。金融风险具体包含但不限于：大数据运用、信息安全、金融消费者权益保护等方面所存在的风险外溢的隐患，以及信息科技风险、操作风险、信用风险和流动性风险等。金融科技本身存在的技术风险和推动金融生态变化带来的系统性风险也给对金融科技的监管带来了挑战。因此，金融科技发展的上半程，主要聚焦于市场的开拓，通过技术研发与在金融行业中的运用，构建金融科技产品和平台；因金融科技中的技术性风险和系统性风险的存在，金融科技后半程的发展则聚焦于风险防范。具体体现在金融安全科技、信用科技的发展、风险科技产品的研发与运用、合规科技及监管科技等的出现与发展。

相关研究指出，2018 年国内外金融科技呈现以下发展趋势[①]：全球融资规模将持续提升；行业监管将趋于平衡化，监管科技布局将加速，以应对金融风险；区块链与人工智能将引领技术突破，实现应用升级，同时形成金融科技生态，具有完整的金融科技产业链。具体如图 2 – 24 所示。

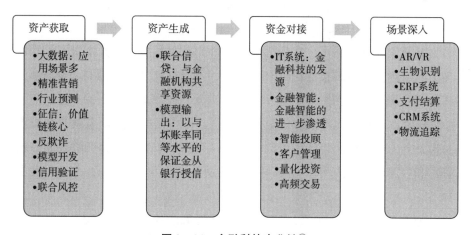

图 2 – 24　金融科技产业链[②]

二、金融科技发展的上半场：开拓市场

金融科技发展初期的主要目标为零售、大型公司与中小型企业市场，尤以支付、规划、借贷（众筹）等领域最为广泛。互联网企业的价值，具体体现在其用户数量及市场占有率，故金融科技最初的主题，聚焦于市场

---

① 2017 年国内外金融科技发展态势及 2018 年趋势展望［J］. 民银智库研究，第 108 期.

的开拓。黄震教授总结指出，金融科技的市场开拓主要围绕四个方面展开，分别为：获客科技、产品科技、交易科技以及平台科技。

1. 获客科技：市场开拓的敲门砖

金融科技发展的上半场，较多拥有一定端口流量优势的平台纷纷跨行做互联网金融，并成为行业典型现象。譬如，2015 年 9 月京东金融整合互联网金融生态圈，有千万级用户的陆金所也宣布要打造金融大平台。只有首先拥有顾客，才能继续谈及金融科技的发展，故各大平台非常注重获客方式与科技。即使有些平台处于亏损状态，但仍会有资本持续注入，这是因为其拥有的海量用户是平台的价值所在。平台的特点在于：边际成本为零，但边际收益可以无穷大；前期积累用户和转化用户烧钱；同时，平台的竞争也较为残酷。故而，对平台而言，基于获取用户目的的获客科技的发展成为关键。

任何行业都存在获客的问题——低成本地获得想要的客户对业务经营的作用不言而喻，金融行业同理。金融领域要想做好获客，主要包括需知晓顾客的需求，同时，需要存在通道去抓获需求。获客科技最主要的方式包括用户吸引、流量转化。其中，首先是用户吸引。用户吸引的方式主要有：

（1）免费策略：360 的免费策略，使用户放弃毒霸、卡巴斯基，使用360 的杀毒软件，吸引了海量用户，打造出 360 的一个巨型平台。

（2）补贴策略：补贴策略同样是为吸引用户，海量用户可以使平台的价值发生聚变。余额宝之所以能从 2013 年的默默无闻到 2017 年的 1.6 万亿元的巨型规模，正是基于其庞大的用户基础。

（3）链接策略：在某一平台上，用户只需扫一次码并下载成功，平台就可以将所有用户连在一起，并使用户越积越多，同时使用押金等机制避免用户的流失，提高用户的使用率。

（4）需求策略：金融科技在诞生之时，便基于不同的市场需求来获取顾客。譬如 P2P 借贷，便是为解决个人及小微企业，解决贷款难的问题，而这些问题是传统金融机构难以解决并涉及的领域。

金融科技获取顾客最主要的方法是流量转化。平台做大之后，就可以流量转化，例如，滴滴出行通过补贴用户和司机，获取海量用户，后期通过广告将流量变现。微博将平台转换为销售平台。PayPal 的成功源于 eBay 的流量；微众银行因为有微信而成功，支付宝因为有阿里巴巴而成功，将电商流量转为金融流量。亚马逊从电子商务出发，积累海量用户后，对用户提供云服务——亚马逊云。金融科技要成功，最关键的是要为金融机构带来全新的客户群，并构建巧妙的用户体验。

2016 年，亚洲巨额融资项目（融资额在 5000 万美元以上）多集中于中国公司。蚂蚁金服完成 45 亿美元私募融资，陆金所完成 12 亿美元的 B 轮融资，京东金融完成 10 亿美元风险融资。这些公司正是依托于此前 10 多年累积的发展动力和强大的用户基础，方得以开创金融科技新业务。

分析一些企业的经营模式可知：

•百度通过信息使人们互联。百度不仅能让顾客搜索到最中意的饭店，还可解决预订座位、支付菜单、乘坐返程出租车的问题。

•阿里巴巴通过产品使人们互联。阿里巴巴提供更快捷的支付宝支付方式，从而可以更好地出售产品；投资其知悉的拟从事销售业务的中小型企业，从而可以协助其提供更多的产品。

•腾讯通过社交使人们互联。腾讯利用微信钱包分割饭店账单，更好地实现人际互联；或者，在春节通过电子红包使相隔千万里的家庭成员重新建立联络。

上述公司均拥有上亿用户，因庞大的用户流量，各自产品中的每一项金融科技元素都具有极高的价值，金融科技成为加强其核心产品的商业化元素。

互联网巨头 BATJ，即百度、阿里巴巴、腾讯、京东，都是凭借其自有生态圈的打造，利用金融服务有效融入客户生活场景中，迅速占领零售金融市场。强大的平台支撑，是 BATJ 能够获取顾客并成功实施金融科技的主要因素。领先的传统金融机构开始着手构建生态，将其金融服务切入客户场景中。

图2－25　阿里巴巴金融流量转换分析

基于用户渗透率的视角分析，从2013年至2017年，网络信贷、网络资管和电子支付的用户渗透率均处于显著上升趋势，预计2020年，以上三个细分领域的用户渗透率将分别上升至28.4%、77.9%和83.1%。尤其是电子支付领域，以支付宝和微信支付为代表的移动支付工具快速发展，截至2017年底，微信支付用户已达到8亿。

2016年以来，我国互联网金融正逐渐从用户流量驱动向金融科技驱动转型。虽然目前我国金融科技仍处于发展初期，但是我国尚未成熟的金融市场提供了金融科技快速发展的土壤。随着互联网增速的放缓，流量红利终结，获客技术便越发重要，如何精细化获客，让获客成本不随业务量增长而提升太快，成为金融机构需要考虑的范畴，流量获取成为新的需求点。因此，金融机构与流量平台合作研究获客科技成为趋势。

　案例　**百度金融的智能获客**

以获客方式而言，传统金融行业获客需要海量的营业网点，普通互联网金融获客是通过大量导流，成本高，效率低。百度所研发的智能获客却是带流量、带风控的即时获客。百度拥有覆盖95%以上中国网民的大数据能力，利用基于百度大数据的Pre－A信用评估体系和百度的信贷需求响应模型，百度金融已拥有可授信用户1.9亿。数据显示，百度与宜人贷、维信金科、幸福消金等很多金融机构在获客科技层面均有深度合作。例如，百度金融与南京银行合作，帮助南京银行拓展客户，通过风控对齐，推送给南京银行客群的通过率达到81.5%[①]。

百度商情是百度数据智能产品矩阵的一部分，依托百度先进的AI技术，基于大数据，百度商情能够自主学习企业历史成单特征，智能地挖掘

① 朱光．百度用智能金融打造未来生活"基础设施"．［EB/OL］．［2018－10－18］．https：//m.sohu.com/a/204784147_117844/？pvid=000115_3w_a。

潜在客户，是对企业获客模式的重大革新。针对中国企业营销中的三大难题（难以甄别优质线索、难以获取潜在商机、缺乏有效跟进机制），百度商情开发了五大功能（潜客信息查询、潜客信息清洗、潜客线索排序、新客户挖掘、商机挖掘与分发）。使用百度商情，能有效地帮助中国企业客户发掘最有价值的信息，极大地提高企业获客效率。

在获客方面，基于百度全网万亿网页、数十亿级搜索数据，百度金融提供的智能获客兼顾了对客群的需求分析和风险预估，可基于对用户的需求、信用、风险层面的判断，以及和产品之间的匹配进行精准画像并提供千人千面的选择，为各大金融机构提供智能获客的产品。在智能金融时代，智能获客一定是带着风控的即时获客，并从金融画像、智能创意、智能匹配三个层面实现智能获客。

2. 产品科技：占领市场的重要法宝

金融科技市场的开拓，其中重要一点便是产品科技。产品开发占据优势，满足用户需求，自然就可获取较大的市场蛋糕。较为典型的案例为余额宝、智能客服等。

（1）余额宝——金融科技领域的火箭产品

2013 年 6 月，余额宝的横空出世给传统金融带来极大震撼，这是支付宝联手天弘基金推出的中国第一只货币基金产品。自余额宝之后，各大基金公司、保险公司纷纷展开大规模的互联网化的战略布局。金融科技企业的地位因此获得较大的提升。在依靠支付宝获取的海量用户及阿里巴巴、天猫、淘宝的交易用户基础上，发展出蚂蚁金服集团，原有的几个平台的交易用户被成功转化为金融用户。

余额宝上线之初就展露锋芒，并以迅猛之势发展。第一个月，累计销售额轻松突破 100 亿元；同年 11 月，规模突破 1000 亿元。2014 年 1 月，余额宝 7 日年化收益率达到最顶峰，稳定在 6.7% 以上。2014 年至 2018 年，余额宝疯狂吸储，2018 年余额宝第一季度报告显示，余额宝资产规模已达到 1.69 万亿元。

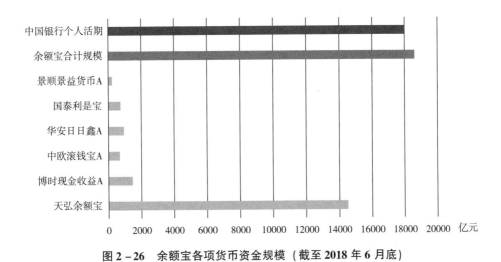

图 2 - 26　余额宝各项货币资金规模（截至 2018 年 6 月底）

在余额宝上进行销售的天弘基金，迅速成为全球货币基金霸主。交易数额由 2013 年几不可见的交易量，到 2014 年上千亿元，再到 2015 年、2016 年的上万亿元，截至 2017 年底，余额宝规模已达 1.58 万亿元，总用户 4.7 亿。

余额宝将用户闲置资金通过天弘基金投入，以货币资金形式进入银行间市场，且利率远远高出普通市场，通过利率差达到盈利目的。余额宝凭借自身优势有效冲击了银行储蓄业务，其利率比银行储蓄利率高，操作灵活方便。余额宝的模式是把集中起来的钱以协议定存的方式存进银行，因为存款规模大，所以利息比普通个人存款高，堪比同业拆借利息，用户在支付宝上的收益自然就比直接存在银行要高。这种模式会干扰银行流动性，拉高实业企业融资成本。

最初余额宝的收益较高，甚至 7 日年化收益率高达 6.7%，而专家指出正常的水平线应介于 4% ~ 6% 之间。高收益率带来吸储额的飞速增长，这引起了监管部门的重视，余额宝这样大的体量所带来的风险系数也是成倍增加。2017 年开始，蚂蚁金服方面主动控制余额宝的规模，并进行了三次调整：

2017 年 5 月，余额宝个人账户持有限额从 100 万元降到 25 万元；

2017 年 8 月，余额宝个人账户持有限额从 25 万元调整到 10 万元；

2017 年 12 月，余额宝的单日申购额度调整为 2 万元，持有额度不变。

由此，余额宝的增速持续走低。天弘基金公布的数据显示，2017 年第一季度，余额宝增速是 41%，第四季度直接降至 1.3%。此外，余额宝从 2018 年初开始限购，若选择天弘基金，需要每天九点开始抢购，并且快速赎回受限。按照监管部门出台的文件，余额宝 T+0 快速赎回单日额度不能超过 1 万元。

相关人士表示，余额宝规模巨大，如果发生连续巨额赎回等特殊极端情况，会对整个金融系统造成一定冲击，形成巨大的风险，不符合监管方向。监管的目的是将余额宝的规模限制在可控范围内，将其定位为零钱钱包这种现金管理工具，满足用户小额、零散的资金管理需求。

（2）智能客服——基于知识管理的智能化服务

由于金融产品和服务的特殊性，金融客服对于金融专业知识、客户服务知识等都有不同于其他行业的要求。金融智能客服利用知识管理系统将金融客服以往积累的方案、策划、成果、经验等知识进行分类存储、管理，利用后台自然语言理解引擎、样本库和知识库，实现精准的理解并按照人类问答的自然方式给予回应。

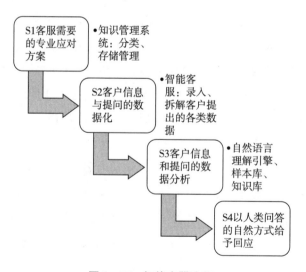

图 2-27　智能客服流程

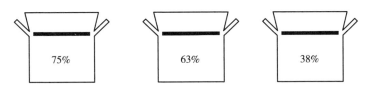

无关词语识别、敏感词识别　　对客户咨询进行解析　　与客户自然交互解决问题
词语识别准确度和效率持续提升　提升对客户咨询的解析效率　金融领域智能客服提升解决问题效率

图 2 - 28　智能客服提升全流程效率

基于全行业视角，金融客服的智能化实现了全流程的效率提升，统计数据表明，客户提问与咨询的分析率提升了 63%，无关词语和敏感词的识别率提升了 75%，与客户实现自然交互之后的问题解决率提升了 38%。

3. 交易科技：金融交易环节的变革

2015 年夏天，芝加哥商业交易所关闭了几乎所有的期货喊价交易厅，这项传承了 167 年的传统，彻底被电子化交易平台所取代，这正是交易所行业技术演进的一个缩影。

交易所是资本市场的组织者和一线监管者，金融科技同样也对交易所的未来发展带来了冲击与影响。交易所作为资本市场运作的核心，是信息技术应用的重要领域。在资本市场全球化的趋势下，交易所正面临着监管放开、市场竞争加剧等诸多挑战，因此，金融科技的发展变革不可避免地对交易所发展带来了较大的冲击与影响。具体而言，金融科技对交易平台的影响主要体现在如下方面①。

（1）驱动交易所业务转型

金融科技的发展造就了一批另类交易平台，金融科技创新企业等新玩家进入资本市场，以灵活创新的业务、友好便捷的服务、价格更低的交易成本，打破了交易所原有的市场垄断。

（2）推动交易所业务与产品创新

借助金融科技深入渗透至交易各个环节，通过技术创新将市场交易范围与类型进行拓广延伸，集成交易业务价值链的服务，创新地实现一体化

---

① 张晓刚. 以金融科技角度布局未来中国交易所发展［EB/OL］.［2018 - 10 - 20］. ht-tp://www. weiyangx. com/204747. html.

的交易服务，为市场参与者提供现货与衍生品、场内与场外、境内与境外的最优交易服务。自动化交易技术，特别是量化交易和机器投顾的兴起，推动了交易所被动投资的产品创新与发展。

（3）提升交易所科技监管能力

交易所是市场信息交汇中心，随着大数据及 AI 的发展，交易所可利用数据挖掘、机器学习、预测模型等方法与工具，从多个维度、层面分析与整理市场各类数据信息，描述市场参与者及相关产品的特征肖像，及时对市场交易行为、公司监管作出风险分析控制和决策判断，实现交易所市场监管的智能化与自动化。

（4）提高市场运作效率

金融科技的引入有助于提升交易、支付、托管、结算等环节的运作效率。引入自动化交易处理技术，将交易价值链条重新设计和数字化，可提升业务、数据及技术系统之间的对接，实现风险、合规、监管等业务流程的直通式处理。

从对交易所的影响而言，金融科技是推动交易所变革的动力，即改变交易所运营方式，促进交易所的竞争与整合，提升金融市场的效率。金融科技在交易所行业的重大创新体现在交易、清算、结算、监控、服务和分析六个层面①。

2016 年 5 月 3 日，深圳证券交易所开发的新一代交易系统试运行。该交易平台具备多种接入方式、高可用、高性能、低时延、高容量、易扩展、高速行情、精确行情、一体化、规则驱动等多个主要特点，其成功上线将推动我国证券交易进入全新的"高铁时代"。

由深圳证券交易所自主研发的新一代交易系统可容纳的投资者账户数超过 3 亿个，证券数量从原有系统的 5000 只可扩大至 5 万只，具备每秒 30 万笔委托的处理能力，日处理委托数超过 4 亿笔，是原有系统的 3 倍，平均委托处理时延约为 1.1 毫秒，仅为原有系统的百分之一，而五年总成本仅是原有系统的 1/3，整体支出下降 63.3%。

---

① 金融科技的发展对交易所的影响 ［EB/OL］. ［2018 - 10 - 20］. https：// www. jianshu. com/ p/ a04ab991cd28.

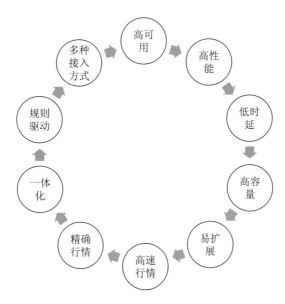

图 2 - 29 深圳证券交易所新一代智能交易系统的特点

中国金融期货交易所开发出飞马快速交易平台，该平台以金融期货产品为主要交易对象，为专业投资者提供快速交易和高速深度行情服务。飞马快速交易平台内部超低延时，配合托管机房的网络优势，整体处理性能卓越，同时提供风控功能，可避免出现客户超仓等信用风险。

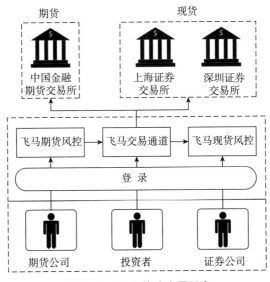

图 2 - 30 飞马快速交易平台

在许多方面，中国的交易所与境外先进水平相比仍有一定差距。因此，我们要借鉴境外经验，加强金融科技的应用，同时也必须处理好金融创新与金融风险之间的权衡。金融创新与金融风险的矛盾贯穿金融科技发展的始终，需引起重视。基于技术层面的创新则可能会对市场稳定产生潜在威胁，带来技术风险，如近年来兴起的高频交易和程序化交易。在金融科技大爆炸的发展过程中，交易所尤其需要重视并权衡创新和风险，特别是要评估新的科技给交易所从技术层面、业务层面带来的新风险，只有清楚地识别和控制这些风险，才可真正地推进科技在金融领域的应用，才能不断提升交易所的服务能力和服务水平。因此，"趋利避害"才能保证金融科技可持续发展，维护市场稳定、公开透明、保护消费者权益，应当是未来发展金融科技的首要原则。

结合金融科技的力量，交易所行业在未来的业务发展上主要有三个方向①：其一，处理数据的规模不断提升，有获取大数据的查询分析平台；其二，实时化推进，建立实时交易、实时清算、实时进行风险评估和监控的服务平台；其三，智能化趋势，引入智能分析、智能决策、自动化处理，包括行为和预测算法等智能数据分析方法，用于交易和风险管理。

4. 平台科技：金融科技的经营场所

对于金融服务市场的平台化，多数人的印象主要停留在第三方支付形成支付平台，如 P2P 网贷形成网贷平台、股权众筹形成众筹平台等。平台最主要的特点是将过去的交易双方进行对接，形成交易机会，利用各种 APP、终端等方式，形成交易结构的变化。金融行业中存在几种比较典型的金融平台科技，具体有蚂蚁金服、京东金融、度小满等。

（1）蚂蚁金服及其子板块蚂蚁保险

截至 2018 年，蚂蚁金服旗下拥有支付宝、余额宝、招财宝、蚂蚁聚宝、网商银行、蚂蚁花呗、芝麻信用、蚂蚁金融云等子业务板块。芝麻信用是在用户授权的情况下，依据用户各维度数据，运用云计算及机器学习等技术对各维度数据进行综合处理和评估，给出的综合信用评分已经开始

---

① 金融科技的发展对交易所的影响［EB/OL］. ［2018 - 11 - 04］. https：//www.jianshu.com/p/a04ab991cd28.

应用到许多场景中。蚂蚁花呗是蚂蚁金服推出的一款消费信贷产品，申请开通后，将获得不等的消费额度，用户在消费时，可以预支蚂蚁花呗的额度。

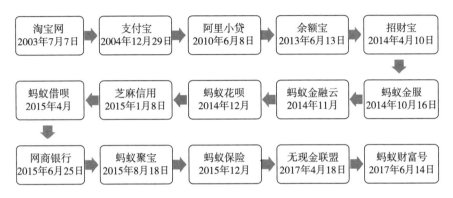

图 2 - 31　阿里巴巴发展金融平台的历程（按时间顺序）

接下来以蚂蚁保险平台为例，具体介绍一下蚂蚁金融平台的发展历程。

2015 年 12 月，在蚂蚁金服的互联网金融上崛起的保险板块，成为一个保险服务平台。蚂蚁保险平台是蚂蚁金服在"互联网 + 保险"领域的新探索。蚂蚁保险在互联网生态中，深入挖掘契合保险的场景及关联价值。互联网 + 保险场景，除了能够诞生大量新险种，还能衍生出关联价值。同时，用数据来支持保险公司的核保、定价、理赔、反欺诈等，对用户综合性和动态化的跟踪分析能力，可弥补保险公司的数据短板。此外，基于对用户体验的理解，提供包括流量入口设置、显性化展示、自助理赔通道打造等在内的保险运营服务，通过移动互联网和生物识别等技术，未来个人保险自助理赔程度有望大幅度提升。

图 2 - 32　阿里巴巴金融发展逻辑

蚂蚁保险平台重在开放，并不断加大开放程度；重视与其他机构的合作，客户反馈、投保意愿、理赔服务等综合指标是决定合作伙伴参与程度的统一标准。车险分、定损宝两个保险科技产品只是 AI 技术在车险领域应用的初步探索。从定价到销售再到理赔，根据不同场景的不同需求，AI 将在保险的各个环节发挥作用，将保险行业的服务变得更加简单、便捷、智能①。

对于用户关心的数据及隐私安全方面，蚂蚁保险相关负责人表示，数据安全和用户信息保护是对蚂蚁保险平台的核心基本要求。"在信息使用方面，蚂蚁保险开放的是用户画像能力，而非简单地给数据。对于合作保险公司，蚂蚁保险也明确要求，除了必要的客户服务、回访以外，要求合作伙伴进行数据隔离，不得用于其他商业目的和保险的二次营销。"

蚂蚁金服在支付宝中打造保险消费场景，借助支付宝流量生态圈，通过营销方式及科技赋能，让养老保险年轻化。用户可通过线上"养老账户"看到有关养老基金、社保、医保、养老投放等相关内容，用户养老认知得以加强。未来，用户还可以借助养老规划科技来测试自身养老保障程度。除此之外，蚂蚁保险平台会根据用户具体情况，通过 AI 技术智能调配养老资产②。

蚂蚁保险推出的互助保险产品"相互保"，与传统保险根据疾病发生率定价、先行支付固定的保费不同，相互保采用风险共担、互助共济的机制，依据实际发生的赔付情况针对所有用户进行费用分摊。对于传统保险，一旦生病，保险公司就和投保人陷入零和博弈，赔得越少公司就赚得越多，致使保险公司"惜保"。传统保险公司往往拿着投保人的钱从金融市场上赚取差价，累积金融风险。而相互保这种新的模式则减少了这种金融风险的存在。保险的本质就是互助，让一群人共同来分担风险。蚂蚁金服的保险平台便是使用科学技术，将科技与保险进行融合，将熟人模式下的互助进行放大和连接。

不仅只是保险平台，蚂蚁金服其他平台也具有较大的影响力。

鉴于金融风险的不断滋生与发展，为防范金融风险，2018 年 7 月 6

---

① 蚂蚁金服保险平台迅速开启，已有 18 家公司接入 [EB/OL]. [2018 - 10 - 01]. https：// baijiahao. baidu. com/s？id =1577896334495233639&wfr = spider&for = pc.

② 蚂蚁金服出手! 国家笑了，传统保险行业慌了 [EB/OL]. [2018 - 10 - 01]. https：//finance. ifeng. com/a/20180815/16457951_0. shtml.

日，天津市金融工作局与蚂蚁金服达成合作，确认天津金融监管引入蚂蚁风险大脑，助力地方金融监管和科技创新，以及对金融风险的系统性防范。2018 年，蚂蚁金服与北京、重庆、温州、广州、西安、贵阳等多个城市的金融局（办）建立合作，致力于运用自身业务经验和科技能力，为地方金融监管机构提供有力的技术支撑。蚂蚁金服今后也会不断突破技术边界，助推提升监管科技能力，为更多地方监管机构提供技术支持，促进金融生态环境的良性健康发展。

（2）聚焦金融数字科技的京东金融

京东金融集团定位于金融科技公司，遵从金融本质，以风控能力建设为战略第一位，以数据为基础，以技术为手段，搭建服务金融机构和非金融机构的开放生态，致力于提升金融服务效率，降低金融服务成本。

京东金融目前基于市场内部生态环境推出了京保贝、京东白条、产品众筹、京东金条、小白理财等多种服务。依托京东生态平台积累的交易记录数据和信用体系，利用实名用户真实行为数据、地址信息等，对企业和个人消费者提供融资贷款、理财、支付、众筹等各类金融服务，实现了公司金融和消费者金融的双重布局。基于宏观层面，在严监管、金融去杠杆背景下，互联网机构再扩大金融布局将面临较大压力，因此也逼迫京东金融从类金融机构向科技公司转型①。

①京东金融与大数据

京东金融在技术层面的运用工具主要为大数据。京东金融是从数据服务于应用的角度来考虑其挑战性。以白条授信为例，白条是国内第一家无纸化授信的互联网消费金融产品，那么用户授信、授信额度是首要面临的问题。京东金融整个授信过程实现全自动，分析人员也在不断训练和调校模型的准确性，进行系统快速迭代。评分模型已覆盖全部京东用户，大半活跃用户均在授信范围。

②京东金融与风险控制

京东金融平台中，存在数百个需要风险控制的场景，交易类占比最

---

① 中国代表性 FinTech 企业动态观察［EB/OL］.［2018 – 10 – 01］. https：//mp. weixin. qq. com/s/eq52DLHc9W6u5kjVWV84xQ.

大，非交易类有促销优惠、白条激活、信用评估等，各项业务均需要风控作出实时决策，在保证执行最复杂的策略与模型的同时，在性能上做到毫秒级。实时和准实时决策引擎所用到的所有输入数据还必须做预计算。

京东金融平台风险控制的灵魂是数据，所有决策都以数据为驱动。策略和模型是风控作出决策的两大依据，策略偏向有效性，模型偏向预测和度量，两者有非常多的联系和结合，根据业务和场景来选择合适的方案，并且需要人工与自动化结合来进行调整。

与传统风控技术相比，互联网＋金融是数据风控最大的优势。基于维度视角，数据风控会涉及社交领域、画像等互联网因素，故数据风控更关注互联网社会行为数据的挖掘与分析。最开始以业务系统产生的数据和点击流作为主要挖掘的素材来源，这部分与用户的行为关系最大，也可以非常有效地识别风险，但随时间的推移，恶意用户的知识在积累，其反侦查能力不断提升，可以模拟正常用户。这时，就要渗入用户所在的环境里，把打造设备指纹、生物探针等分别应用于 Web 和移动设备上，作为移动安全的一部分，降低金融风险。

互联网金融风控的核心还是服务客户，提升产品价值，最大限度地做到差异化的防范，智能化是风控的发展方向，京东金融从一开始就致力于打造智能化的风险管控解决方案。

③京东金融与科技创新

科技创新是京东金融一直在探索创新的领域，如人脸识别、语音识别、区块链等。人脸识别在各大金融场景中较常见，但各个产品的体验不尽相同，考虑到人脸特征背后需要精细数据支撑，出于对数据安全的考虑，技术需要自行研发。在金融行业，有这种需求的产品越来越多，实名、开户、安全交易甚至登录等都是非常不错的应用场景。

京东的下一个战略规划是全面走向技术化，利用京东集团自身和外部的大数据资源、用户和流量等优势，结合当下人工智能、人脸识别、深度学习等最新技术，研发创新产品，一方面运用到适合的场景中，步步迭代，力争把用户体验做到极致；另一方面为金融行业提供一流的技术输出服务。

(3)由金融平台到金融生态的发展

在金融科技领域的政策法规监管越来越规范、经济形势总体看好的形势下,同时,在技术发展迅速、企业对于提高运营效率压力越来越大、用户对便捷金融服务的需求越来越旺盛等的社会环境下,互联网企业非常容易成为金融科技行业的领头羊,只要它们可以迅速接纳并支持先进技术,同时实践以用户为中心的战略。在过去十来年间,这些互联网企业不断探索,通过获取金融顾客,提供基于科技的金融产品、金融服务及金融平台等方式,最终构建中国自身的金融科技生态系统,形成了比较完整的"生态"链条,具体如图2-33所示。

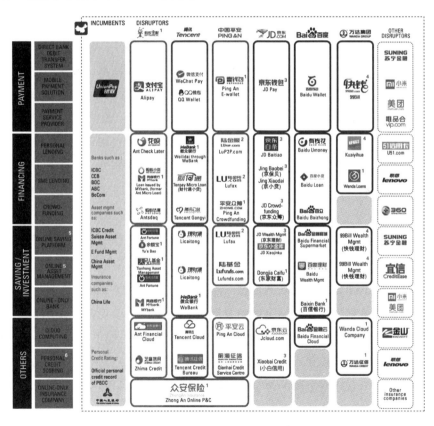

图2-33 金融科技生态系统

金融科技生态系统大致可以分为四个维度:支付、融资、储蓄与投资、其他。由图2-33可以得知,以BATJ(百度、阿里巴巴、腾讯、京东）为首的中国互联网公司已经建立起自己的生态闭环，而且从业务模式上看，线上线下高度融合，构建的完整产业链包含支付、借贷、资产管理、信用积分（征信）等。

三、金融科技发展的下半场：防范风险

金融科技在不断蓬勃发展的过程中，体现出互联网科技与金融行业结合的巨大能量，但由于金融科技本身的风险属性，也不可避免地存在较大的跨领域风险和交叉风险，尤其是互联网的信息传播广泛特点又将金融风险进一步放大。譬如受到全民关注的 e 租宝事件，e 租宝所宣传的 P2P 经营模式下却隐藏着庞氏骗局，在经营中存在非法自融、发布虚假借款标的、操纵庞氏骗局、非法集资诈骗、虚假广告宣传等问题，相关人员围绕 e 租宝进行非法敛财诈骗。e 租宝事件为 P2P 借贷平台的风险管理敲响了警钟。但 e 租宝事件并非个例，随之而来的是 2018 年 P2P 平台的大规模爆雷，钱爸爸爆雷，牛板金爆雷，唐小僧爆雷，投之家也爆雷……平台爆雷成为互联网金融行业的主题词；同时，股权众筹跑路频发。无论是大型的互联网金融平台，还是中小型的创业公司，互联网金融正在经历一场前所未有的挑战。

同时，国家层面组建互联网金融风险专项整治工作领导小组，不断研究风险治理措施，并进行了一系列的互联网金融风险专项整治清理整顿工作。其背后，国家对于互联网金融风险整治的重视程度可见一斑。

爆雷潮的来临让互联网金融的发展走到了不得不改变的十字路口，但不能因为金融科技行业存在风险就将互联网金融"一棍子打死"。诞生于移动互联网时代的模式难以经受住市场的检验，必须经历变革才能获得持续发展。对于互联网金融的改变，一种思路是将金融科技分门别类，研究制定专门的监管办法；另一种思路便是，借助互联网技术的发展，金融科技自身在风险防范的基础上发展，这是必然的大趋势，由此，金融科技发展的重心由市场的开拓转变为基于风险防范的发展模式。

金融科技在提高金融行业服务效率的同时也增加了金融风险的复杂

性。如何通过有效的手段驾驭金融科技，防范金融风险，保护金融消费者，成为伴随金融科技发展的一个重要议题。金融科技以前所未有的速度推动着金融行业在提高效率、降低成本、增加透明度、促进普惠的道路上迈进。与此同时，金融科技也在一定程度上强化了金融跨领域风险和交叉传染，对整个金融行业的冲击和影响不容忽视。譬如 P2P 网贷、股权众筹和区域性金融资产交易中心等多种互联网金融组织形式，对民间资金形成了巨大吸引，也造成了一些金融乱象，线上非法集资屡禁不止、股权众筹跑路频发、区域性金融资产交易中心乱批乱投，金融科技发展带来的地方金融风险逐渐凸显。

金融科技也将影响传统金融机构的经营模式，由于传统金融机构操作新型信息技术能力有限，有时会将技术外包，监管缺失也会导致金融业务相关数据泄露。一些非持牌机构出于牟利动机，利用技术漏洞非法获取投资数据，侵犯投资者隐私。另外，金融科技并未消除传统的金融风险，甚至会引发新的风险，并且更具隐蔽性和传染性。同时，金融科技业务结构设计十分复杂，交易速度和交易量成倍数增长，跨界金融服务日益丰富，不同业务之间相互关联、渗透，金融风险更加错综复杂，一旦发生风险，扩散速度更快、破坏性更强，甚至会引发系统性金融风险，后果极其严重。

同时金融科技"数据化""技术化"，业务类型和盈利模式更加复杂和多样化，业务内容高度细分并且相互交叉，伴随的市场活动主要以数字化、虚拟化、云服务等方式呈现，模糊了参与者身份特征、行为模式等关键要素，市场违规操作也因此更新进化，而监管机构的数据建设远远滞后于金融创新，导致监管者无法及时识别风险积累，无法评估风险的性质，无法制订危机解决方案，对传统金融监管的理念和模式构成了重大挑战。

综上所述，金融科技在快速发展过程中积累了不少问题和风险，对传统金融监管提出了新的挑战。金融风险不断扩散，从而影响了金融体系的安全与稳健。因此，及时有效识别和化解金融科技风险，成为金融监管需要解决的新问题。具体说来，金融科技背景下金融发展的风险与挑战主要有以下几个方面①。

第一，数据安全与信息科技风险等影响金融安全的风险。传统的金融监管是被动的监管，要求交易主体进行信息披露。但在互联网金融的语境下，大量的数据无法被监管者触及，可能会出现数据造假、数据伪报、数据泄露等一系列安全问题。近年来，大数据以不同姿态和不同程度快速地渗透各行各业，数据交易在金融领域变得尤其活跃。而许多数据黑色产业、数据库被恶意攻击等问题也逐渐暴露，金融交易的数据安全经受了一定程度的威胁。

第二，信息不对称产生的信用风险。在金融领域，金融资产价格以信息为最基本的要素，并反映着信用风险。事实上，信息的可追溯、点对点信息的可追随，其重要性甚至超过了单纯的大数据的统计数据。相比静态的大数据，不间断的数据流更具有价值。许多金融机构的跑路事件均是由于信息披露不当，且监管者难以及时发现信息披露中存在的问题而造成，继而给广大投资者带来较大的损失。

第三，金融创新对传统立法的冲击引起的合规性风险。由于金融科技的发展，传统的金融立法难以有效界定并监管新的金融科技。层出不穷的新型金融业态和新型金融交易行为难以在现有的法律框架内进行有效的规制，从而在一定程度上存在合规性风险。如区块链技术应用在智能合约中，现行法律规则无法明确界定智能合约的法律性质，对于智能合约是否适用《合同法》等已存的法律规范，学界尚无定论，对于出现的纠纷也就难以进行准确的定性与规制。这种合规性风险也是金融科技发展背景下的重要风险之一。

第四，跨行业、跨国境的金融风险将带来的不稳定因素。互联网等科学技术的发展不仅将一国境内的金融机构打通，在全世界范围内都形成了互联互通的整体。这就导致金融风险的发生与扩散速度将急剧增加。随着科学技术的发展，信息的流通将更加顺畅，金融风险的扩散与蔓延也会更加迅速，资本运作方式的复杂链条将影响全世界范围内相关的金融机构。

---

① 防范金融科技带来的金融风险 [EB/OL]. [2018 – 10 – 05]. http：//ex. cssn. cn/zx/xshs-hj/xsnew/201708/t20170823_3619007_1. shtml.

而随着混业经营的发展，不同类别市场之间的交易摩擦减小，对不同行业的不同监管规则会带来法律适用上的不确定，从而增加法律规制成本。

综上所述，金融科技发展到后期，金融科技行业的产品端和监管端尤其需要注重风险防范。基于风险防范视角，可将后期的金融科技发展分为以下几种类别做具体的了解：安全科技、信用科技、风险科技以及合规科技。

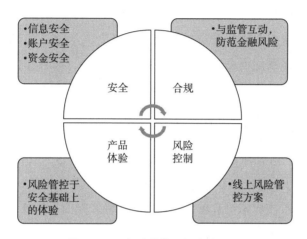

图 2 - 34 金融科技需解决的问题

1. 安全科技：基础层面保驾护航

随着金融科技日渐成为金融产品的重要支撑手段，攻击者也在不断丰富其攻击目标和攻击手段，以图提升自身的攻击变现能力。一方面，攻击者对金融科技系统的渗透逐步深入，从网络服务、金融业务逐步深入到核心业务数据、用户财产和隐私。攻击者不再满足于危害金融系统的可用性，更青睐从贩卖数据和资产转移中直接获利。另一方面，攻击者不局限于传统的针对信息系统的攻击，更多地从人员的角度迂回渗透，勾结内部人员进行数据倒卖。相关研究表明，在网络安全、业务安全和数据安全之外，人员安全同样也值得重视。用户信息被窃取、交易被篡改、移动端代码缺陷和逻辑漏洞暴露、系统风险等均为金融系统带来了严重的业务风险。

（1）安全科技基础——安全架构模型

国际标准化组织对于网络安全的定义为：为数据处理系统建立和采取

的技术、管理的安全保护，保护计算机硬件、软件、数据不因偶然的和恶意的原因而遭受破坏、更改、泄露。但基于广义视角，网络安全是一个整体，需要综合考虑人、技术、管理和过程控制，其根本目的是保障互联网金融业务系统的可持续运行，防止业务发生重大中断。

《网络安全法》的正式实施，使网络安全行业由合规性驱动过渡到合规性和强制性驱动并重。伴随着《网络安全法》这部基础性法律的落地执行，相关法规法律和行业规范也将配套发展。

互联网金融安全体系受到IT网络架构变化、合规挑战等因素影响，亟须崭新的安全体系建设思路。2015年，国际咨询机构高德纳（Gartner）提出了基于PPDR模型的自适应安全架构。该架构形成预测（Predict）、防护（Prevent）、检测（Detect）、响应（Respond）四个阶段的闭环体系，现已经被部分金融科技企业采用。

在如图2－35所示的自适应安全架构中：

"防护能力"是指运用一系列策略、产品和服务来攻击防御，关键目标为通过减少攻击面来提升攻击门槛，并在受影响前拦截攻击动作。

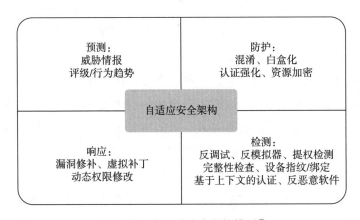

图2－35　自适应安全架构模型①

"检测能力"用于发现那些逃过防御网络的攻击，关键目标为降低威胁造成的"停摆时间"及其他潜在损失。检测能力非常关键，此时企业应

---

① 什么才是真正符合Gartner PPDR模型的应用保护产品［EB/OL］．［2018－10－05］．https：//www.aqniu.com/tools－tech/27162.html.

假设自身已处于被攻击状态中。

"响应能力"用于高效调查和补救被检测分析功能（或外部服务）查出的事务，以提供入侵认证和攻击来源分析，并产生新的预防手段以避免未来事故。

"预测能力"使安全系统可从外部监控下的黑客行动中学习，以主动锁定对现有系统和信息具有威胁的新型攻击，并对漏洞划定优先级和定位。该情报将反馈到防护功能和检测功能，从而构成整个处理流程的闭环。

一言以蔽之，对金融科技企业的信息安全负责人而言，应时刻观察 IT 网络架构变化带来的新型安全威胁，借助先进的监管科技时刻应对合规挑战，同时应用能够适配时代需要的安全防护架构理念，去指导企业的安全实践。

（2）安全科技示例——梆梆安全

对金融科技安全从业者而言，在传统的以脆弱点和检测点为核心的防护方案之外，更应逆向分析，组织自身的防护体系。下面我们以梆梆安全为例，具体了解金融科技如何重视安全科技。

2012 年 10 月，梆梆安全开始针对移动应用的开发者和拥有者提供安全服务，做"移动应用安全服务提供商"。这种方式首先在银行、证券等移动金融客户那里获得市场，是因为该领域对安全问题较为敏感。2014 年梆梆安全在协助工信部和公安部查处窃取隐私恶意应用时发现，抽样的 70 万个 APP 中有 9 万多个存在恶意程序，威胁到了知识产权、核心信息以及个人隐私。2016 年，梆梆安全为 7 万家注册企业及开发者的超过 70 万个移动应用提供移动应用安全服务。梆梆安全的用户遍及金融、互联网、物联网、政府、企业等各大行业。

针对互联网金融安全风险，梆梆安全利用自身多年的移动安全领域研发技术和积累的经验，从基础的移动应用安全加固、测评服务、渠道检测等到业务层面的金融威胁感知、反欺诈检测服务等，构建起涵盖事前风险评估、事中预防风险、事后渠道监测的全生命周期移动风险管控框架，该管控框架具体内容表述如下。

①事前风险评估

A. 开发安全规范咨询：指导在开发阶段进行安全编码，规避风险；

B. 源代码审计：分析源代码，找出移动金融的代码缺陷和系统漏洞；

C. 合规性评估：参照中国人民银行、银监会发布的合规规范和风险警示通知进行合规性评估。

②事中预防风险

风险预防阶段主要有：保护账号和用户信息安全、保护运行时交易信息、保护代码安全、保护本地敏感资料和数据、保护安全控件、防客户端漏洞和代码缺陷渗透分析、保护重要协议、保护现有的安全机制等内容。

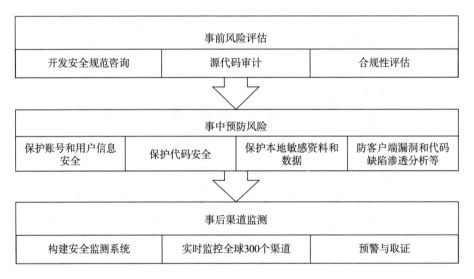

图 2-36　梆梆安全的金融安全管控框架

③事后渠道监测

主要构建安全监测系统，上百个节点，实时监控全球 300 个渠道，第一时间发现钓鱼 APP，并进行预警与取证。

梆梆安全通过构建金融安全管控框架，帮助金融机构最大限度、最快地降低金融 APP 的威胁，为金融客户提供安全保障，同时，为消费者放心使用的移动金融客户端保驾护航。

2. 信用科技：消灭信贷安全风险

在金融科技的发展过程中，个人金融借贷迅速增加，但由于缺乏有效的信息共享，个人多头借贷、过度借贷、骗贷等行为不断出现，譬如一个人在某 P2P 平台借款不还，却依然可以在其他平台进行借贷，这将严重扰乱信贷行业的正常发展。与此同时，在当前信息技术条件下，若发展多家个人征信机构，将会造成信息的分割，由众多信息"小孤岛"发展成几个信息"大孤岛"，并不利于信息共享。因此，信用科技开始出现，以期解决因信息不对称导致的借贷安全风险。信用科技的典型代表有百行征信、芝麻信用分等。

（1）破解征信信息孤岛——百行征信

百行征信是在中国人民银行的指导下，由中国互联网金融协会及 8 家市场机构共同发起组建的一家市场化个人征信机构。百行征信是中国人民银行颁发的国内首张个人征信牌照，其作为人民银行行政许可的全国唯一一家持牌市场化个人征信机构，是我国重要的金融基础设施平台，肩负着"建立覆盖全社会的征信系统"的重要使命。

提及百行征信，就不得不提人民银行征信中心。两者都是监管层推动成立的，但人民银行征信中心有收集商业银行所采集的个人信用信息的权利，并且还在陆续接入证券公司、小贷公司等持牌金融机构，而百行征信则致力于采集散落在非持牌金融机构手中的个人信用信息。

截至 2017 年 11 月底，人民银行征信中心收录自然人信息 9.5 亿人，有贷款记录的约 4.8 亿人，人民银行个人征信的覆盖率仅在 50% 左右，且人民银行征信中心记录个人征信维度相对单一，仅以个人在银行渠道的信用记录为个人征信的评判标准。

近几年互联网金融行业快速发展，积累了大量个人征信数据。根据中国互联网金融协会信用信息共享平台介绍，其自 2016 年 9 月 9 日开通以来，截至 2018 年 3 月，正式接入蚂蚁金服、京东金融等 100 余家从业机构，收录自然人借款客户 4000 多万个，借款账户累计 9000 多万个，入库记录 3.6 亿多条。百行征信的成立，正好能将这些数据纳入个人征信数据。个人在借贷、电商、社交、支付等场景的应用数据，往往为各平台所独有，互联网金融、互联网电商等内部以及与外部之间的信息并未形成数据共享，容易造成信息孤岛问题。百行征信集合了中国互联网金融协会汇集的互联网金融平台借贷数据和8家市场机构的征信数据，有助于解决信息孤岛问题。

百行征信主要面对互联网金融机构，将8家市场机构的征信信息进行整合，覆盖传统金融的征信盲点，形成庞大的征信数据库，缓解个人征信产品有效供给不足的问题。这样，金融市场上的不良记录将无处遁形，因信息孤岛造成的"多头借贷"局面会被打破，成为老赖的代价也大大提高，有助于提高个人信用意识。通过多维度的征信记录，充分挖掘和利用个人信用的价值，也可以将缺乏银行信贷记录的客户纳入征信服务范围，让金融服务普惠更多的人群。而在个人信息保护方面，也能防止个人信息被过度采集、不当加工和非法使用。在百行征信成立之前，有些数据公司出现了对个人数据的过度采集、非法采集、非法交易、数据滥用等，用户成为虚拟世界中的"透明人"，电信欺诈、骚扰电话、暴力催收等屡禁不止。同时，以前有些小规模的互金公司为了多查询数据，将白名单客户数据当成黑名单客户数据贡献给数据公司，以换取数据查询权，导致个人数据被污染。百行征信的成立，能在一定程度上解决个人征信数据"被滥用""被污染"的问题，一旦发现有公司申报了污染数据，可以作出一些惩罚，达到行业自律。

百行征信的成立，能够实现互联网金融机构内外部之间的互通有无、信息共享，有利于提高行业风险防控水平，防范系统性金融风险，提高风控效率，降低风控成本，打击"过度多头借贷""诈骗借贷"等乱象，为互联网金融行业健康发展创造条件。

但百行征信的未来发展仍存在需要进一步解决的问题：

①需构建信息共享标准。百行征信的成立需要发起的成员自愿共享客户信息，但不同机构的数据量、价值及共享意愿不同，共享信息的标准有待明确。

②进行数据采集时，如何兼顾数据的质量及采集范围，避免侵犯用户隐私。需要考虑是否进一步立法完善信息使用边界，以避免侵犯公民的正当合法利益。

③数据共享之后的利益分配问题①。当信贷信息的数量群体差别较大时，数据共享本就是有利于中小企业。百行征信能否平衡各家的利益，能否接入腾讯、阿里巴巴，同时如何确保数据的真实性和有效性也是需要明确的问题。

④侵权问题。个人信用报告是征信机构把依法采集的信息，依法进行加工整理，最后依法向合法的信息查询人提供的个人信用历史记录。依相关法律要求，金融机构查询公民个人信用征信需要公民授权，但根据目前状况，一些金融机构或网贷平台可查询个人信用征信，这是否构成侵权需要进一步明确。

百行征信后续的数据共享以及运营仍有很长的路要走。市场化经营的百行征信未来如何保障征信数据质量、规范征信数据的使用、协调各方利益等，都是亟须解决的问题。

（2）用户信用体系构建——芝麻信用

芝麻信用是蚂蚁金服旗下独立的第三方征信机构，通过云计算、机器学习等技术客观呈现个人的信用状况，在信用卡、消费金融、融资租赁、酒店、租房、出行、婚恋、分类信息、学生服务、公共事业服务等上百个场景为用户、商户提供信用服务。芝麻信用是依据多方面数据设计而成的信用体系。芝麻信用本质而言是一套征信系统，该系统收集来自政府、金融系统以及用户在淘宝、支付宝等平台的行为记录。

芝麻信用分是芝麻信用基于用户信用历史、行为偏好、履约能力、身份特质、人脉关系五个维度的海量信息数据，对用户信用进行的评估。其数据来源为电商交易数据和蚂蚁金服互联网金融数据，并与公安网等合作伙伴建立数据合作。与传统征信数据不同，芝麻信用数据涵盖了信用卡还款、网购、转账、理财、水电煤缴费、租房信息、住址搬迁历史、社交关系等。信用评估结果可帮助互联网金融企业对用户的还款意愿及还款能力作出结论，杜绝信贷安全风险的发生。

芝麻信用构建了一套安全机制，无论是机构还是他人，只有在获得用

---

① 百行征信后续运营存三大挑战［EB/OL］．［2018–10–06］. http：//bank. eastmoney. com/news/1182，20180629897270484. html.

户本人的授权基础上才可以查看芝麻信用分，以保护个人的具体信用信息和隐私。

芝麻信用的应用范围具体如下：

①用户和身边朋友的信用水平。芝麻信用设置了一道程序，若对方授权同意，可直接查看对方的芝麻信用分值。

②与租车、租房、婚恋、签证等多个领域的合作伙伴进行合作，提供试验性服务，例如芝麻信用分达到一定数值，租车、入住酒店等不需押金，网购时可以先试后买，办理签证时不需存款证明等。

③风险控制的主要依据之一。光大银行引入芝麻信用全产品体系，在取得用户授权后，将芝麻信用分作为在线发卡、进行信用风控体系的依据。

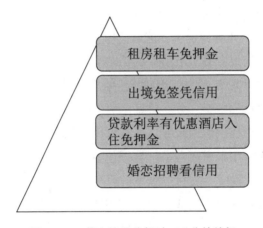

图 2-37 芝麻信用分超过 600 分的特权

芝麻信用的产品价值有：

①信用将为"互联网+经济"保驾护航

信用，是经济发展的基石。互联网+信用，可以为互联网经济保驾护航，让公众充分享受信息互通、资源共享带来的便利。

②互联网+信用是普惠金融的必然选择

通过互联网+信用，可以覆盖更多的人群，特别是广大的农户、大学生、创业人群等弱势群体，推动金融普惠。

③有助于营造人人信用的社会氛围

"让守信者一路畅通，让失信者寸步难行"，通过互联网＋信用，帮助信用高的人获得更高效、更优质的服务，让失信者享受不到信用带来的便利，有助于让守信成为每个人的习惯。

3. 风险科技：金融科技发展下半场的主题

2017 年以来，金融科技发展呈现出诸多新特点。其中一个明显特点是金融科技从最初的流量入口优势逐步深入到风险定价、智能风控等方面。金融科技并没有脱离金融业的功能属性和风险属性，但技术创新使流动性风险、信用风险、操作风险等传统金融风险的外溢效应更大。金融科技的风险目前主要包括业务风险、数据风险与信息安全风险等。

2018 年，互联网金融行业最火的词是"爆雷"，各地风险事件的集中爆发，尤其是 P2P 平台，引发了行业的"多米诺效应"。其原因包括两个方面，一方面，问题平台本身业务存在瑕疵，监管趋严环境下无法进行新的募资；另一方面，在去杠杆的大背景下，市场流动性整体偏紧，企业及个人债务违约率上升，从而影响信贷逾期率。

对 P2P 平台而言，由于大部分理财端客户不具备专业的风险识别能力，平台有义务对借款人的风险状况进行充分的调研和披露。这是 P2P 平台持续稳健经营不可回避的问题。信贷业务的核心是控制风险，市场环境紧张时，潜在的信用风险会充分暴露出来，并直接影响到平台是否还能持续运营。高效自动化的风控体系搭建是互金行业做好普惠金融的重中之重。一些提供风险防范技术方案的公司开始发挥作用，如百融金服、BBD全息画像、风控大脑等。

（1）风控解决方案供应商——百融金服

百融金融信息服务股份有限公司（以下简称百融金服）是一家利用大数据技术为金融行业提供客户全生命周期管理产品和服务的高科技公司，服务覆盖全国。

百融金服的优势在于有着跨平台的全网数据库，其风控不是按照传统风控企业的方式单纯倚仗少数几类变量进行风险评估，而是进行多维度信息核查，通过超过 50 万个维度的数据变量的建模，得出相关的金融风险和信用评估指数。

百融金服非常注重以科技手段防控金融行业风险，且关注对象不仅是某一个产品或者接口的风险问题，而是整个行业的解决方案。百融金服的行业解决方案主要针对银行、保险、信贷三大主行业，其解决方案覆盖营销、准入（贷前）、经营（贷中）及逾期（贷后）等环节，其风控流程主要包括三个方面：贷前准入阶段、贷中监控阶段、贷后管理阶段。

营销环节解决的问题是：客户画像的勾画及细分；存量客户精准营销；睡眠客户的重新激活。

贷前准入阶段解决的问题是：识别借款人的欺诈风险和信用风险。注重借款人身份和信息的校验，有效识别出有欺诈意图的借款人。通过多维度的数据，来综合评估借款人的还款能力及还款意愿，即识别信用风险。

贷中监控阶段解决的问题是：识别借款人信用恶化的风险。用自动化的方式精准识别信用恶化的借款人，并能提供实时动态的预警以及首逾排查。

贷后管理阶段解决的问题是：注重对借款人合规有效的催收。智能的大数据催收工具，在合规的前提下，提高催收效率，节约成本。

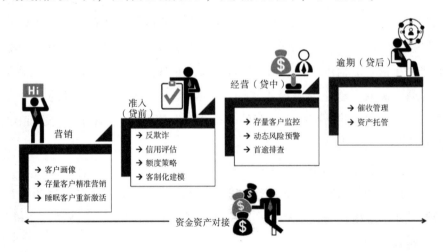

图 2 - 38 百融金服的全生命周期管理方案

以金融行业中的信贷行业为例，百融金服的风险管理方案依据信贷全流程展开：贷前准入—贷中监控—贷后管理。实现的功能包括反欺诈、信用评估、授信额度、贷中预警、首逾排查、大数据催收①。

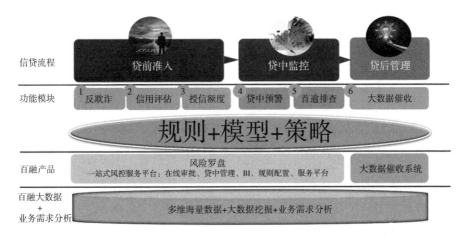

图2 – 39　百融金服信贷行业风险管理方案

　　百融金服正在联合互联网金融界部分企业，结成金融反欺诈联盟，如今这一联盟已经初步成形，参与企业已囊括互联网金融领域内约100家平台或企业。

　　百融金服的市场开拓主要使用直销模式，采取自上而下的路径，先服务标杆客户，如大型银行、持牌消费金融公司，再服务中小银行、互联网助贷机构。从标杆客户切入的获客方式有多重优势：第一，头部客户业务量大，客单价高；第二，品牌背书明显，跟标杆客户合作后，再去获取中小银行、互联网金融公司更容易。

　　综合而言，百融金服的业务主要面对两大行业：一是信贷行业，包括银行、消费金融公司、信托、小贷公司；二是保险行业。信贷与保险两个领域的客户需求侧重点不太一样，信贷机构是把钱给别人，所以排在第一位的是风险，然后是营销；保险行业先收别人的钱，所以排在第一位的是营销，其次才是风险。而且依靠之前的积累，百融金服有做优质的白名单客户的基础，所以切入信贷时先做风险，再做营销；在保险行业则是先做营销，再切入风控。

---

　　① 百融金服公司及产品调研报告［EB/OL］．［2018 – 10 – 03］．http：//www. woshipm. com/data – analysis/983995. html.

(2) 基于大数据的风险防控——BBD 全息画像

"互联网＋"是 2015 年最热词汇，在这个词汇背后，是一个特殊的时代的到来——大数据时代。数据已成为各行各业的核心基础设施，自然也包括经济命脉——金融行业。数据作为金融业的核心资产，在互联网的巨大冲击下基于大数据关键技术对金融趋势判断、信用管理、风险管理、并购投融、资产配置等产生巨大影响，既降低了人工成本，也保证了数据的真实性和准确率，数据和分析报告成为投资判断的左右手。

数联铭品（BBD）是一家大数据解决方案提供商，主要为金融行业和制造业提供具有产业化和产品化能力的大数据整体解决方案。依托自身大数据技术优势，搭建第三方企业数据平台，为企业全息画像，成为客户作出商业决策的智库。

2015 年，BBD 在大数据领域进行了颠覆性的创新，成为全球大数据金融风险管理专家，引领行业建立合规性框架。针对规范欠缺、行业标准不明晰、应用平台基础参差不齐等问题，BBD 颁布了商业大数据行业标准——COSR，该标准下打造的浩格云信应用平台整合最有效的金融数据，通过科学挖掘和计算，为中国乃至世界的上亿家企业进行画像。

在金融领域，数联铭品与重庆银行、贵阳银行、长沙银行、徽商银行等多家城市商业银行深度合作，打造小微信贷智能风控服务解决方案。数联铭品针对具体服务的行业及企业客户属性，分别开发了专门针对新兴、轻资产、高成长企业的风险评分和信用评级解决方案；以及针对金融监管部门、银行、法院等机构的反欺诈解决方案。数联铭品开创了一条覆盖尽职调查、信用评级、风险定价、经济指数的新型金融服务产业链。

| 案例 | **BBD 助力金融风险防范与监管** |

北京市金融工作局与 BBD 共同打造的北京市新金融监测预警平台，利用大数据归集整理来自互联网、政府、企业的多方数据、异构数据，通过工商、诉讼、招聘、资质、商标、专利、关联方、舆情及资产等多维数据交叉验证，穿透式图谱分析，同时，通过分行业（网络借贷、私募基金、线下理财、融资担保、小额信贷、互联网保险等多个行业的特征识别模型及风险特征库）、分地区（全国各省、自治区、直辖市、各地区，总计监测

企业量，本月新增监测名单、本月减少黑名单等），动态监测北京新金融企业的分布地图与宏观风险情况，帮助一线工作快速、精准、有效地进行风险防范。

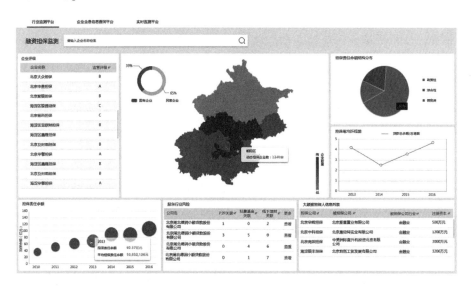

图10 行业监测平台示例

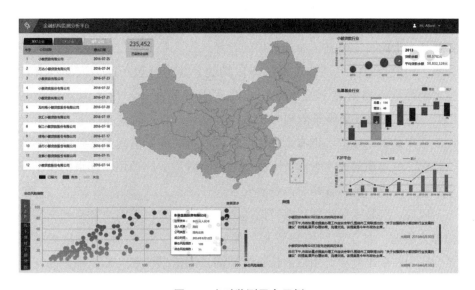

图11 实时监测平台示例

同时，运用AI技术汇集所有数据，基于机器学习、集成学习转化为智能决策模型，对静态风险、动态风险、关联方风险、行为风险等进行建模，让模型学习监管思路，主动监测风险，形成 AI 在金融风险防范中的"学习曲线"，做到事前筛查黑名单预测风险、事中监测异常行为管理风险、事后处置化解风险，利用高效管控平台，快速响应，流程化导出调查报告，分析研报，反馈信息等，成为保证金融安全的重要举措和基础设施平台。

（3）金融风险防范智能化——风控大脑

风控大脑技术并非未来将应用的科技，而是已被应用的技术。据国外实验室测算，风控大脑技术可以将判断风险的成功率提升 7 倍，可将基于风控大脑的蚂蚁金服旗下的支付宝风险控制反应度提升 5 倍。譬如，用户经常因误点击一些链接而导致手机中木马病毒，不法分子可通过木马对手机进行劫持，登录支付宝等金融软件的账号且修改密码，盗取用户钱财。不过，由于风控大脑技术的出现，即使账户被盗，也无法进行支付行为，且账户也会被限权，因为支付宝风控大脑可以分析得出当前操作账户的并非本人，并根据一些可疑操作，支付宝的风控大脑系统会为账户风险进行评分，并拒绝资金流出。

在互联网金融领域中，蚂蚁金服是进行风险控制的王牌军，其在风险控制技术上的核心是基于海量数据的智能风控大脑，通过搭建信用与风控体系，蚂蚁金服的上层业务板块得以构建，其中就包括广为人知的支付宝、余额宝、招财宝、芝麻信用、网商银行等业务，在其内部被称为 CTU，是目前蚂蚁金服重点研发的安全系统①。CTU 的核心任务之一就是判断账户是否由账户的拥有者操作。风控能力的最终呈现主要是资损率这一指标。其本质是人工智能技术在金融风险防范中的运用，其目的在于账号被盗用时仍然能保证用户的资金安全。

风控大脑技术的运转思路可简述为：①收集并积累用户资料和交易行为等大数据，基于用户账户资料、偏好、身份、交易、设备、位置、关系、行为 8 个维度，对用户进行系统性的长期信息识别，形成用户的支付

---

① 密码被盗也不会被取走钱 支付宝推风控大脑［EB/OL］．［2015 - 06 - 15］．http：//www. techweb. com. cn/internet/2015 - 06 - 15/2163974. shtml.

行为画像；②基于上述维度，结合多达一万条策略判断是否是本人在操作账户（该判断在 0.15 秒之内完成），并得出风险评分结果；③风险评分结果较高时，阻止交易的进行或者进行二次验证，继续判断是否为本人操作。当判断结果为非本人时，即使拥有密码也难以获取资金。

蚂蚁金服的安全风控体系在互联网的安全和金融方面有三大核心能力[1]：

①数字身份。在互联网上，用户都是虚拟的身份，如何保证识别虚拟身份后面对应的自然人，是第一个核心能力。

②智能风控。这是标准应用大数据、机器学习、人工智能的方式，在互联网的时代开展智能风控。

③数据和隐私保护。这是所有企业做新型数字经济的底线。

互联网与 AI、大数据等技术的变化发展，驱动了蚂蚁金服风险控制技术的迭代。从扁平的专家经验风控时代，到数据、模型驱动时代，再到算法、智能驱动时代，蚁盾风控大脑打造出全域风控系统，经受住了无数次黑客攻击、高并发处理，建立起事前事中事后的处理方式，保障蚂蚁金服的各项业务平稳快速发展。

蚂蚁金服的智能风险控制系统自 2005 年上线以来不断优化升级，目前已是第五代（AlphaRisk），可实现在 0.1 秒内进行风险预警、监测、拦截等各种复杂工作，实现风控领域的"无人驾驶"。目前，支付宝的交易资损率不到千万分之五，远低于国际领先支付机构的千分之二。

京东金融消费金融事业部总经理许凌指出[2]，互联网金融产品形态很较易被复制，真正拼的是底层的风控体系。京东金融也自建了一套风控体系，并命名为"司南"。"司南"通过对用户的交易行为、个人资产、身份特征画像、履历历史、行为偏好、关系网络等多个维度的数据进行综合判断，得出最终的风险分析结果。

---

① 蚂蚁金服是怎么做好风控的？[EB/OL].［2018 – 10 – 01］. https：//yq. aliyun. com/arti-cles/629661? spm = 5176. 11065265. 1996646101. searchclickresult. 1e4338a18e0j5P.

② 金融科技：风控智能化势不可当［EB/OL］.［2018 – 10 – 12］. http：//www. jpm. cn/arti-cle – 11727 – 1. html.

处于联网状态的信息无法保证绝对安全，安全永远是相对的概念，来自各种场景的风险始终不会休止，风险防范也是永恒的话题。金融科技企业更是要通过技术升级与系统建设来构筑更为安全的风险防范安全线，在新时代用大数据的方式来保护大数据的安全，用科技的方式防范风险。

（4）打击非法集资平台——金信网银

北京基金小镇是中国目前建成的基金小镇之一，共有近800家基金产业相关机构入驻，资金管理规模突破1.2万亿元。基金小镇管理委员在对金融机构进行管理的过程中处于信息劣势，靠传统的自主报送信息来评价拟入驻机构的风险，不仅时速缓慢，难以满足大批量企业等待入驻的要求，而且难以甄别信息的真实性。为保证入驻企业符合合规经营的要求，避免引入风险因素，特别注重"强化金融风险的源头管理"，北京金信网银公司（以下简称金信网银）使用大数据、人工智能等技术为基金小镇的增量与存量金融机构，提供了不同的风险分析方案。

对增量企业采用"体检方式"提供风险排查服务，打破数据壁垒，汇集多源数据，如招聘数据、舆情数据、高管数据、工商数据等，使用自主研发的数据管理平台量化企业标准信息和异构数据，全方位分析企业的团队人员、从业资格与经验、业务模式、投资方式、信誉评价、关联风险等，并后续对存量企业结合北京市金融工作局采用的"冒烟指数——大数据监测预警系统"持续建立风控体系。

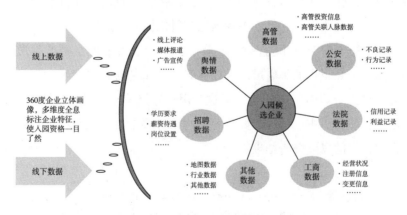

图2-40　企业金融风险数据分析源

金信网银基于对大量风险企业的经验积累，得出金融从业需要有一定的专业基础和从业经历。出于风险评估逻辑，对于全新设立的基金公司，重点从关联股东和核心团队两方面考察风险。风险评估模型从时间、区域、人员、资金、舆论、扩张规模等数十个角度出发，使用人工智能技术对数据进行标签打分。对关联风险较高的企业，金信网银为基金小镇给出拒绝入驻的建议。截至 2018 年 5 月，累计有 23 家入驻机构因未通过风险排查及合规审核工作被限期整改或迁出、注销，其中 18 家清退，5 家完成整改。

4. 合规科技——金融科技与监管科技的连接

2008 年以后的金融服务行业，主题皆为合规。金融科技不断发展到后期，逐渐出现了监管领域的模糊地带。金融行业需关注的问题除数据安全与隐私保护外，合规性要求也是一个重要考量。技术的运用加速金融脱媒，弱化了原有的金融监管，逐渐倒逼政府部门注意防范金融风险，并针对风险建立防范及监管体系。为应对政府部门的监管政策及体系，即顺应合规主题，金融科技的发展开始融入合规科技的思想。合规科技的特点是将金融科技与监管科技进行连接。

据统计[1]，2017 年全球金融业用于应对隐私保护、数字身份认证、反洗钱等监管合规的支出高达 1000 亿美元。基于监管机构视角，监管压力越发加大，尤其是随着近年来金融科技的快速发展，商业银行风险类型更为复杂，给金融监管带来了更大的挑战。金融科技公司均趋向于运用新兴技术制订合规解决方案，以建立健全兼顾创新和安全的金融科技创新管理机制和风险防控体系。

在金融科技快速发展及日趋收紧的监管环境下，监管和合规成为金融行业的焦点。为应对金融科技快速发展及其风险属性，监管科技（RegTech）应运而生。英国金融市场行为监管局于 2015 年提出了"监管科技"的概念，即"采用新型技术手段，以满足多样化的监管要求，简化监管与合规流程的技术及其应用；主要应用对象为金融机构"。监管科技

---

[1] 2017 年国内外金融科技发展态势及 2018 年趋势展望［J］．民银智库研究，第 108 期．

类机构主要指利用云计算、大数据、人工智能等新兴数字技术，帮助金融机构核查其业务等是否符合新旧监管政策和制度，避免不满足监管合规要求的公司。以上对监管科技的解释属于狭义范畴，也称为"合规科技"或"科技应对监管"，可以理解为金融科技的一个子集。

监管科技出现的原因主要在于逐渐增长的监管负担，金融机构要满足监管的要求，每年需投入大量成本，包括满足监管要求的投入及未满足监管要求时支付的罚款，两方面结合即为合规成本。监管科技是以技术手段辅助被监管机构提升合规效率和降低合规成本、助力监管机构优化监管方式、提升监管能力和效率、推动金融业务与管理水平和谐发展的一系列解决方案的统称。

监管科技作为对实现穿透式监管技术层面的有力支撑，可提升合规效率，降低成本，提高监管的规范性和风险监测识别的能力。监管科技可应用在风险数据整合，风险建模、分析和预测，实时交易监控、汇报和拦截，以及法律法规跟踪等方面。

京东研究报告指出①，监管科技在具体表现形态上有两大分支，即运用于监管端的监管科技（Suptech）和运用于金融机构合规端的监管科技（Comptech），后者被简称为合规科技。其中，合规科技（Comptech）是企业服务的新蓝海。合规科技的基本路径是，金融机构端与监管端以数字化的方式互相连通。机构端可从监管端获取数字化的监管要求并准确转化为内部约束，确保机构和业务实时合规。机构端可以实时向监管端传输数据，自动形成各种合规报告，减少人工操作，提高准确度。

Comptech的应用可分为数字化、数据识别与分析、数据加密与传输三大领域。数字化方面的运用包括数字化的监管协议和数字化的监管材料，前者指对监管规则的数字化解读，并嵌入业务中，保持实时更新；后者是将与监管相关的全部资料进行数字化处理并存储。数据识别与分析方面的运用包括形成监管报告、实现风险管理、辅助身份认证管理控制、提供实时交易监控。数据加密和数据传输方面的运用主要是基于区块链和云计算

---

① 京东金融研究院．Comptech：监管科技在合规端的运用［EB/OL］．［2018 – 09 – 27］．http：//www.cebnet.com.cn/20180927//02524570.html.

等技术，确保数据的安全性、完整性、有效性，防止数据被篡改。

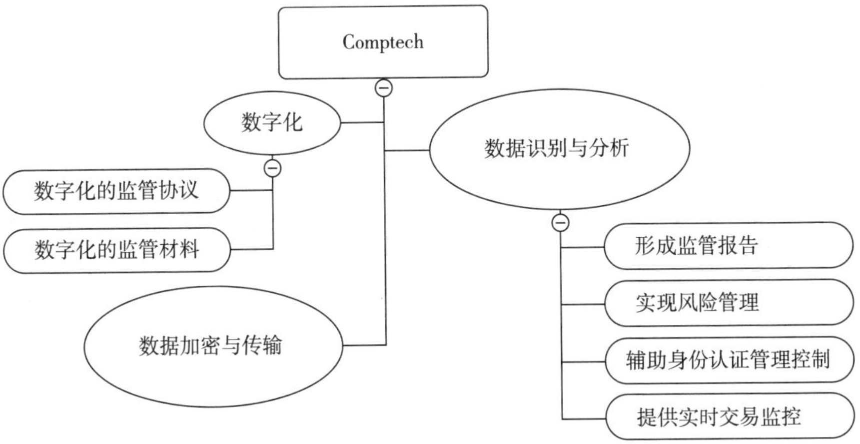

图2-41 合规科技的基本路径

实际运作过程中，监管与科技正在加速融合，以应对日益复杂的新金融监管环境。随着监管手段的革新，有些城市开始建设监管平台，但智能化仍显不足。一些地方金融监管机构开始携手科技企业，共建风险预警系统。重庆、西安、天津、北京等地金融办（局）先后与蚂蚁金服达成合作，装备"风险大脑"，防范涉众金融风险。

金融科技天生拥有创新基因，对行业、经济、民生是有益的，但插上科技翅膀的金融，具有更强、更广和更快的易破坏性，因而尤其需要引导和规范。在合理的规范下，金融科技的发展才有更好的前景。在国际上，美国、英国、欧盟等相继发布了金融科技监管文件，以平衡发展需求，美国的算法监管系统及其架构分别如图2-42和图2-43所示。

国内也已加快金融监管机构、法律法规等的建设，中国人民银行已成立金融科技（FinTech）委员会，旨在加强金融科技工作的研究规划和统筹协调。从总体上看，国家监管者对金融科技发展持开放态度，但对于金融科技风险的重视程度也在逐年增强，预计未来几年，国内监管机构将采取更为主动积极的监管措施。目前，我国已有的代表性监管科技情况如表2-2所示。

图 2－42　美国基于智能合约的算法监管系统

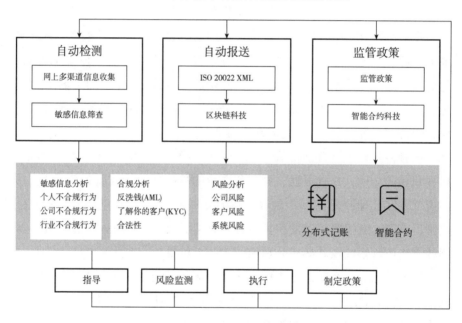

图 2－43　美国算法监管系统架构及运营流程

表 2 - 2　　全国代表性监管科技情况一览

地区	服务机构	合作监管部门	产品	主要技术	实现功能	合作时间
北京	腾讯	北京市金融局	全息金融安全大数据监管平台	依托"灵鲲金融安全系统"搭建，对于非全量数据，通过算法补全数据	专门打击以金融创新之名行诈骗之实的黑产行为。利用 AI 智能识别提升非法集资等涉众类金融犯罪"打早打小"的事前预警能力，实现对金融风险的识别和监测预警	2017 年 12 月 16 日
深圳	腾讯	深圳市金融局	联合开发基于深圳地区的金融安全大数据监管平台	根据节点需求进行金融安全监测预警 AI 监管，金融 SAAS 服务中心	依托微信、QQ 等社交平台及大数据平台，采用基于金融犯罪样本挖掘金融风险并进行数据化、可视化的方式分析，建立从监测、分析、模型拟定、欺诈定型的全流程管理	2017 年 12 月 19 日
贵阳	蚂蚁金服	贵阳市人民政府金融办公室	蚂盾风险大脑，贵阳市金融科技实验室	利用人工智能、云计算、大数据等监管科技手段	助力实现"发现风险—提示风险—处置风险—持续监测"的金融管理闭环	2018 年 5 月 26 日
北京	金信网银	北京市金融局	基于"冒烟指数"的打非监测预警平台	运用大数据、云计算、人工智能技术，汇集企业的多元公开信息，分析量化企业的经营、信用、扩张、宣传等风险，综合分析监控对象非法集资风险相关度	通过对收益率偏离度、投诉率、传播虚假性、机构合规性、疑似非法性等多维度风险的量化、赋值、综合计算出企业的"冒烟指数"，对金融风险及时发现及时启动处置程序	2015 年至今

续表

地区	服务机构	合作监管部门	产品	主要技术	实现功能	合作时间
北京、上海、贵州	数联铭品（BBD）	北京、上海、贵州、安徽等多地金融监管局	反欺诈风险监测系统	基于多维度、全量化数据，构建特殊风险识别模型，通过其打非监测高风险企业全息金融风险画像，提供金融系统风险识别及预警	"线上+线下"立体化辅助监管机构精准捕捉金融异常行为。挖掘隐性关联交易，预测贷款和投资诈骗风险、揭露隐匿地下钱庄，并实现提前预警非法集资等风险企业	2016年、2017年、2018年9月
上海		上海市金融工作局	新兴金融业态检测分析平台	行业监测、园区监测	信贷信息共享、银税互动合作；推动各类信息平台和信用主体加强信息互动共享；可实现监测20万家金融企业	2018年4月
广州		广州市金融工作局	广州金融风险监测防控中心	基于区块链、AI等技术，将风险关口前移，对风险事件及时研判，防患于未然	建成"4+1"的信息监测与资金监控的创新监管模式，即监测预警、网络舆情监测、非现场监管、第三方电子合同存证四套监管系统和统一的监测防控系统	2018年8月25日

　　在监管端做好合规管理的同时，基于复杂的风险环境，金融机构要做好合规，也面临三个需要解决的问题：（1）合规成本投入后，短期内看不到明显收益；（2）合规管理的实现需要专业的合规人才储备；（3）监管要求不断调整，成本与人才的投入也需要与时俱进。合规科技成为解决这些问题的一条可能的出路。合规科技的优势非常明显，可以实现监管数据收集、整合和共享的实时性，有效监测金融机构违规操作和高风险交易等潜在问题，满足监管机构的监管需求，提前感知和预测金融风险态势，提升风险预警能力，降低企业合规成本。未来，监管科技在合规端与监管端的协调配合是必然的趋势。在这个过程中，协调监管端科技与合规端科技在立场和利益上的矛盾是需要具体解决的问题。

　　中国证监会信息中心主任张野指出①，未来监管科技的核心就是要建设一个高效运转的监管大数据平台，综合运用电子依据、统计分析、数据挖掘等技术，围绕资本市场主要生产和业务活动，进行全方位监控和历史数据分析，辅助监管人员及时发现市场主体涉嫌内幕交易、市场操作等违法违规行为。

　　新兴科技的发展推动着金融业不断提升服务效率和质量、增强风险防范能力、提高普惠服务能力，为服务人民美好生活提供着不竭动力。金融科技与监管科技是推动证券期货行业实现跨越式发展的重要手段，应积极创造适合金融科技与监管科技发展的条件，推动现代信息技术在风险防范、违规检测、客户服务效率提升、内部运用优化等领域的全面应用，实现行业金融科技与监管科技规范、快速、健康发展。

---

　　① 张野. 证监会监管科技已进入全面实施阶段 [EB/OL]. ［2018 - 10 - 18］. https://mp. weixin. qq. com/s/CDA9J2z98MIQcUCgT1aKKA.

第三章　监管科技的崛起：从合规管理到主动防控

一、金融风险防控倒逼监管科技崛起

（一）金融科技的异化与风险的衍生

1. 金融科技的异化

风险与金融活动相伴相随，但风险并非金融的专属产物，任何领域都存在着不可预知的风险。科技创新领域也是如此，早在一百多年前，马克思就前瞻性地提出了"科学技术是把'双刃剑'"的论断，从理论上揭示了科技的正外部效应和负外部效应，科技的负外部效应主要表现为科技创新各个环节中产生的风险。金融和科技在不断深度融合的过程中，通过互联网节点的连接，随着网络的普及已经渗透到社会的各个角落，从系统和组织结构的后端、中端移动到前端，完成与终端用户的直接交互，终端用户成为网络生态要素中的重要组成部分。

金融技术的普惠突破了其传统的壁障，催生了金融科技（FinTech），金融科技对传统金融领域的突破主要体现在以下几个方面：（1）时空的转变，金融科技突破了原有线下和物理空间的局限，延伸到线上以及虚拟空间；（2）主客体的转变，金融科技的主体更加多元，服务对象更加下沉，第三方市场和经济主体日益发挥着不可或缺的作用；（3）范围的扩张，金融科技不再局限于传统的金融业务，具有更多科技属性，创新出新的产品和服务，如 P2P 网络借贷、大数据金融、区块链金融、智能金融等。

金融科技的实时在线、跨界、综合、技术集成等特性，让金融风险和科技风险通过互联网的一个个节点迅速蔓延，在蔓延过程中相互交叉，可能形成几何级数的放大。从风险产生和演化的概率上看，可以用风险矩阵①或风险二叉树②等工具模型对风险进行初步的估计和测量。

金融科技在发展过程中，初期主攻开拓市场所涉及的获客科技、产品科技、交易科技和平台科技，不断地开疆拓土，抢占市场。但是，在这个过程中，一些产品和服务逐渐脱离了原本的初衷，演变为为不法目的服务的技术和产品，也有一些产品背离了金融风险控制和消费者利益等目标，不仅不能防范和控制风险，反而通过技术放大了风险。P2P 网络借贷就是其中一个典型例子。基于 P2P 组网技术集成的平台原本仅为信息中介，撮合借款人和出借人达成交易。但是仅仅做信息撮合，P2P 网贷第三方平台盈利能力不强，于是逐渐开始吸收资金，依托平台自身进行放贷，形成信用中介。由此一来，可获得资金产生的利息和手续费，并且平台可以通过资金池做投资，分布式的分散风险变成集中资金，风险开始集聚。

同样，智能投顾的初衷在于运用机器人和智能算法提供投资建议和帮助，以进行投资决策。在这个过程中，机器替代了传统个人和机构面临的合规义务和监管要求，用技术的手段替代了被监管对象的位置，某种程度上改变了投资顾问业务的法律关系，削弱了投资顾问业务中的法律关系和双方的责任义务，存在着以人工智能等科学技术进行监管套利之嫌③。在金融科技后续的发展过程中，其风险变得更加复杂，包括但不限于以下几种情况：（1）新技术/商业模型的不确定性，譬如，区块链提供多个不同的使用案例，从数字货币到作为募集资金手段的首次代币发行（Initial Coin Offering，ICO）；（2）有悖于现行监管规定，例如，为提供低成本财务意见和改善金融服务的包容性，智能投顾多使用电子渠道，缺乏面对面的确认和全面的评估，部分信息有可能有误，违反了多数国家在"投资者适当性"方面的法律规定；（3）与现有企业之间的利益冲突，譬如，欧盟的"支付服务指令2"（Payments Service Directive Ⅱ，PSD2）将要求银行

---

① Risk Matrix [EB/OL]. [2018 - 08 - 31]. https://en. wikipedia. org/wiki/Risk_ matrix.

② 风险中性概率与二叉树. [EB/OL]. [2018 - 08 - 31]. https://zhuanlan. zhihu. com/p/26116064.

③ 高丝敏. 智能投资顾问模式中的主体识别和义务设定 [J]. 法学研究，2018（5）：40 - 57.

在获得客户许可后，通过开放的应用程序编程接口（API）向第三方金融服务提供商提供其客户账户资料。这将使第三方能够利用银行数据提供增值金融服务，包括根据客户的交易记录评估其贷款偿还风险，这也将给金融行业及其他企业带来更多的竞争①。

2. 风险的衍生

金融科技的异化带来了新的风险，在互联网金融发展中期就已出现类似的情况。例如，P2P 网络借贷平台逐渐积累着信用风险、流动性风险、操作风险、市场风险等。而多数 P2P 平台正是基于借新还旧的庞氏骗局活动以维持正常运营，一旦现金流断裂，将会引发较大的信用违约风险和债务危机，由于涉及广大的投资者和金融消费者群体，在群众和舆论的作用下，违约风险还将可能进一步向舆情风险、社会风险、安全风险甚至政治风险转化。

基于另一个视角，风险的衍生也表现在金融科技创新带来的风险泛化。风险泛化与金融业的混业经营和"泛金融化"的趋势有着千丝万缕的联系，金融业的发展突破了传统银行、证券、保险、基金和信托业务的藩篱，打通行业的壁垒，运用产品、服务、平台等方式拉近客户与金融机构之间的时间、空间距离。故而一家公司会涉猎不同金融领域，替代性金融、金融控股公司成为"泛金融化"的典型代表。譬如，以前银行、证券交易所是筹融资的主要渠道，现在 P2P、众筹、小贷公司、担保公司、资产管理公司等也可以替代传统的筹资渠道为中小微企业和创新创业者提供融资。

基于此背景，金融风险之间的传递性和外溢性更加强烈，不同行业、不同市场、不同区域之间的金融风险，会通过金融控股公司内部各组织结构之间的相互联动与外部关联公司、利益公司的生产交易活动产生更为泛化的风险。与传统金融风险相比，泛化的金融风险的范围和规模更为广泛，且存在前者并不具备的一些特征。通过风险的外溢、交叉和衍生，产生了一些新型的风险并增加了传统金融风险的元素和维度，使风险更为复

---

① Deloitte. Financial Services Regulatory Outlook 2018 ［R］. 2018.

杂、多维，以至于会出现传统的风控模型和算法失灵的状况。此外，泛化的金融风险在金融系统内外之间循环传递，经由业务传递和场景嵌套实现线上和线下、实体经济和虚拟经济之间的交叉流动，从而，系统性风险不只是金融系统内的风险，而是延伸为社会、产业乃至整个国家的风险。因此金融风险的治理成为关系到国计民生甚至国家安全的大事，正如习近平总书记提出的那样，防范和化解重大风险是"防范和化解重大风险、精准脱贫、污染防治"三大攻坚战之首。而防范和化解金融风险又是防范和化解重大风险的重中之重，成为牵连社会稳定和经济健康的重要环节。

再者，风险的衍生除了加剧不确定性发生的频次之外，也缩短了风险事件的发展周期。在后危机时代，全球地缘政治和经济贸易中的冲突和博弈演变得越来越激烈，看得见的风险和看不见的风险纷至沓来，未来的金融科技时代将成为蕴含最大不确定性和风险的时代。第四次工业革命和科技革命在改造和赋能传统金融业态的同时，也为金融各个环节和各个场景提供了便利性。譬如交易速度和频率加快，7×24模式的交易状态和"T+0"模式的交割机制让高频交易和投机现象变得更加普遍；资金的跨区域和跨境流动加快，为境外热钱流入和洗钱等违法活动增添了新的渠道；智能投顾架空了传统交易模式中投资者和证券、资管公司的合同中约定的权利、义务和责任状态，让权利主体、义务主体和责任边界趋向模糊；高频交易策略之间的高度关联性，加快了市场震荡的传递速度，增强了市场波动性和不同资产之间的传染效应等①。

当然，金融科技的异化也带来了其他新的风险，如系统性风险、科技与代码风险、算法风险、操作性风险等。

首先是系统性风险。虽然金融科技公司并非系统重要性机构，但是也不能低估。一旦低估了那些小型且去中心化但发展迅猛的金融科技所诱发的系统性风险程度，可能会诱发比中心化的金融机构更大的风险。相较于大型金融机构，金融科技企业的规模与商业模式决定了其易受恶劣经济动荡的影响，而且会将这种动荡传递至行业内其他企业。由于监管者缺乏技

---

① 周仲飞，李敬伟. 金融科技背景下金融监管范式的转变［J］. 法学研究，2018（5）.

术手段来获取金融科技市场结构和运作的可靠信息，因此其对金融科技企业的监管和约束更加困难。

其次是科技与代码风险。Lawrence Lessig 教授的《代码即法律》就谈到了互联网时代的代码风险。网络空间的核心就是严格执行相关协议的程序代码，所有的规则定义都通过代码来实现，而不需要人与人之间的协商与合意。另外，在网络空间进行数据传输和交换时，网络本身并不知道数据内容，也不知道数据的发送者。这段代码对数据而言是中立的，用户对此一无所知。这些特性对互联网上行为的"可监管性"（regulability）产生了影响，使监管行为更为困难。[1]

再次是算法风险，即人们往往用"黑箱"来强调算法决策的复杂性，认为算法在被训练和操作时会无意识地受到人类社会偏见的影响，例如，开发人员缺乏社区多样性会造成无意识的偏见，影响算法运行和决策，造成历史统计偏差或数据集不完整。这种数据算法训练的缺陷往往是可以预防避免的。而技术只有在运营中才能得到改进，虽然这并不能防止所有的算法风险，但是，要求算法的零风险将会大大抑制创新[2]。

最后是操作性风险。操作性风险通常与不适当的操作和内部控制程序、信息系统失灵和人工失误密切相关，该风险可能在内部控制和信息系统存在缺陷时导致不可预期的损失。当科技驱动创新步伐加快时，操作性风险也会随之增加。另外，数据风险与信息安全风险相互交织，增加了信息科技风险等操作性风险。

综合来说，金融科技的技术性风险和操作性风险在特定的情形下会由量变急剧升级为质变，引发系统性风险。因此，金融科技带来的监管问题不仅区别于传统金融，甚至可能会带来不可预期的巨大风险，亟须金融监管予以回应。

---

① Lawrence Lessig. Code is law [J]. Harvard Magazine, 1999.

② 美国数据创新中心. 算法的政府监管边界——创新原则下算法问责框架的构想 [EB/OL]. [2018 - 05 - 21]. http://www2. datainnovation. org/2018 - algorithmic - accountability. pdf.

（二）金融风险防控的监管科技回应

1. 监管科技的必要性

针对不断推陈出新的金融科技，传统监管的运动式执法、应急式执法已经跟不上金融发展和技术创新的形势，金融监管也难以跟上金融发展的步伐，致使一些传统的金融风险防控模型和手段失灵，需要挖掘新的监管和风控手段、模型和方式。国际金融危机之后金融监管逐步收紧，金融机构遵守监管法令的成本增加，随着机器学习（ML）与人工智能（AI）的发展，监管科技可以利用 ML 和 AI 技术为金融机构的决策、降低成本以及合规问题等方面，提供更好的解决方案。

技术性的问题，仍然需要利用技术解决，所以，引入监管科技来防范和化解金融风险，可能是破解风险难题的有效突破口。监管科技的必要性，具体而言体现在以下几个方面。

一是降低机构合规成本的需要。自 2008 年起各国纷纷进行以宏观审慎政策为核心的金融监管体制改革，对金融机构合规管理、创新管理提出了更高要求。一方面，监管要求趋于严格，监管新政策推出的速度明显加快，金融机构需要投入更多的人力、物力、财力等资源去理解和执行监管新规，从而增加了合规管理成本。另一方面，金融创新日新月异，金融机构对监管要求了解不深入、不及时，可能导致创新滞后而贻误商机、丢失市场，也可能因忽视监管、拔苗助长形成风险而面临规范整治，增加了创新管理的成本。为此，金融机构迫切希望借助数字化、自动化手段增强合规能力，减少合规工作的资源支出，在加快金融创新的同时及时跟进监管要求，提高自身的合规效率和市场竞争力①。

二是顺应大数据时代变革的需要。随着大数据时代的脚步渐行渐近，金融业作为典型的数据密集型行业，每天都在生成和处理海量数据资源，对以数据为基础的金融监管产生了深刻影响。一方面，数据已经成为金融服务的重要生产资源，金融机构需要在"了解你的客户"（KYC）基础上

---

① 李伟. 监管科技应用的四大必要性与五大策略 ［J］. 清华金融评论, 2018（3）.

进一步"了解你的数据"（KYD），将尽职调查的对象由每一家机构、每一位客户扩大到每一个字节、每一个比特，甚至实现对每笔交易的精细化、精准化风险管理。另一方面，数量巨大、来源分散、格式多样的金融数据超出了传统监管手段的处理能力。监管科技有助于风险管理理念的转变和风险态势感知能力的提升，运用大数据技术能及时、有效地挖掘出隐藏在海量数据中的经营规律与风险变化趋势，实现金融风险早识别、早预警、早处置。

三是加强国际交流合作、跟上国际步伐的需要。美国监管科技在投融资规模和专业技术上全球第一，同时其监管部门对监管科技发展保持较高管制，侧重于跟踪技术发展趋势。加拿大金融市场管理局已成立金融科技实验室，旨在深入研究相关新兴技术体系，探索如何利用监管科技持续改善监管业务流程。英国在监管科技投融资规模上居全球第二，在监管科技理念和治理方面走在前列，监管科技已作为单独行业分类纳入金融科技监管体系。瑞士金融市场监督管理局明确表态，期待借助监管科技手段降低被监管方与自身的监管合规成本。荷兰中央银行与荷兰金融市场管理局提出要运用技术手段监控金融创新的潜在风险。基于上述情况可以看出，我国监管科技的发展是必要的。

2. 引入监管科技的合理性

监管科技主要是为了防范和化解金融科技带来的风险，同时降低监管成本和合规成本。监管科技存在的合理性主要体现在以下几个方面。

（1）监管科技具有广阔的市场

监管科技是应对金融风险新形势的需要。一是跨行业、跨市场的跨界金融服务日益丰富，不同业务之间相互关联渗透，金融风险错综复杂，风险传染性更强。二是金融科技利用信息技术将业务流转变为信息流，在提升资金融通效率的同时，打破了风险传导的时空限制，使得风险传播速度更快。三是金融产品交叉性和关联性不断增强，风险难以识别和度量，风险隐蔽性更大，传统监管措施很难奏效。在此背景下，金融管理部门通过监管科技手段构建现代金融监管框架，研发基于人工智能、大数据、应用程序编程接口（API）等的金融监管平台和工具，采取系统嵌入、应用对接等方式建立数字化监管协议，有效增强金融监管信息的实时性、准确性、可追溯性和不可篡改性，为及时有效识别和化解金融风险、整治金融乱象提供支撑。①

（2）监管科技能够突破传统监管瓶颈

监管科技助力金融监管突破瓶颈。随着我国金融业快速发展，金融管理部门在规范、管理和监督金融机构、金融市场等的过程中面临挑战。在时效性方面，传统监管模式大多存在明显的时滞性。在穿透性方面，部分金融创新产品过度包装，业务本质被其表象所掩盖，准确识别跨界嵌套创新产品的底层资产和最终责任人存在一定难度。在统一性方面，金融机构合规人员在业务经营范围、数据报送口径、信息披露内容与准则等方面存在理解偏差，造成监管标准难以达成一致。监管科技借助技术手段对金融机构进行主动监管，推动监管模式由事后监管向事中监管转变，有效解决信息不对称问题，消除信息壁垒，有利于缓解监管时滞性、提升监管穿透性、增强监管统一性。

（3）监管科技对金融监管的赋能效应

监管科技对金融监管带来赋能效应。在数字经济时代，大规模、并发、异构多活的数据从底层冒出，连接在移动互联网终端的每个用户、每个公司每天都在产生大量的数据，数据量级已经从 TB 发展到 PB。监管科技能帮助监管机构重构监管系统和监管框架，让部门与部门、中央与地方之间的金融监管更加扁平化、多元化、实时化，促进监管效率提升，降低监管成本，同时也能督促被监管的公司机构合规运作、合规管理。

（三）监管科技的内容和发展特征

1. 监管科技的内涵和外延

监管科技（Regulation Technology，RegTech）是指将科技手段运用于监管中，优化监管机构的底层构架，提升监管的手段、能力、效率，降低监管成本等。主要使用大数据、区块链、人工智能、云计算、ICT（信息

---

① 李伟. 监管科技应用的四大必要性与五大策略［J］. 清华金融评论，2018（3）.

通信技术)、5G、量子等新兴技术赋能监管。监管科技中的监管既包含广义的监管,也可指狭义的监管。广义的监管是指政府等公权力部门的监管事权,其监管权力来源于人民的委托授权和议会投票表决,包括政府行政权的监管、司法权的监管、立法权的监管等,是行政机关对行政相对人和社会生活、社会秩序的规范和监督;狭义的监管主要指针对金融行业的监管,以及与金融行业有关的行为活动的监管。2014 年,英格兰银行首席经济学家安迪·霍尔丹在伯明翰大学的主题演讲中提出了技术主导制度的愿景。2015 年 3 月英国政府首席科学顾问在一份报告中指出,金融科技有可能应用于监管和合规,以使金融监管和报告更加透明、迅速和有效,创造出新的"监管科技"的机制①。2015 年,英国在财政部的政府预算报告以及科学办公室发布的《金融科技的未来》(*FinTech Futures*) 报告中首次提出"监管科技"(RegTech)。

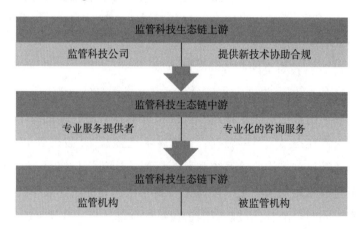

图 3 -1　监管科技生态链②

监管科技是以金融监管科技为主要内容,以专业服务商、被监管者和监管者为主要参与方,能够降低全社会合规成本、提高监管效率的一整套

---

① 金融办顾问主任:足球裁判都用 VAR 了我们却还在"裸奔"[EB/OL]. [2018 - 08 - 13]. http://finance. sina. com. cn/stock/stockzmt/2018 - 08 - 14/doc - ihhqtawy2552041. shtml.

② 资料来源:中国互联网金融安全发展报告课题组。

生态系统①。该生态链的上游为监管科技公司，主要负责提供新技术协助企业合规，如大数据、云计算、人工智能等；生态链的中游是专业服务提供者，他们将技术工具运用到实际问题，形成方案，提供专业化的咨询服务；下游客户包括两方面，一是一般企业，即被监管机构；二是监管机构，也即各种监管法规的制定者。被监管机构运用监管科技是为了快速应对新出现的监管规定，实现持续合规，降低合规成本；而监管机构则是为了更有效提升宏微观监管的水平与效率。

2. 监管科技的特征

根据德勤的研究结果，监管科技具体有以下特征：

（1）敏捷性：对于无序、杂乱和紧密结合的数据集，可以去除杂乱和重新组织。公平竞争，追求数据质量。

（2）及时性：可以快速配置和生成报告。例如，监管科技系统可以提供近乎实时的交易分析、在线注册和开源合规系统。

（3）速度和集成性：监管科技可缩短设计解决方案和实施解决方案的时间。

（4）分析性：借助监管科技可以智能挖掘现有大型数据集，并通过将现成的存储库数据用于多种用途来释放全部潜力。创建风险数据仓库和监控活动工具；甚至在通过例如监管差距分析工具进行立法之前，就有可能建立更智能的监管政策模型，以逐案模拟新政策的影响。同时也会涉及各种管理信息工具的使用以进行分析工作，譬如财务健康检查、交易报告、监管报告和培训工具。

（5）数据驱动性：监管科技可以进行行业的数据收集和数据分析工作。其中，监管科技的核心就是数据，数据连接着监管科技中的各方，在监管科技生态中流动。以数据为视角，监管科技可以分为两大业务和功能板块：数据收集和数据分析，其中数据收集分为报告和数据管理；数据分析分为市场监督、不当行为分析、微观审慎、宏观审慎等。具体如图 3 - 2 所示。

---

① 李建军. 共建监管科技发展的良好生态体系［EB/OL］. ［2018 - 02 - 26］. http://www. financialnews. com. cn/ll/ft/201802/t20180226_133605. html.

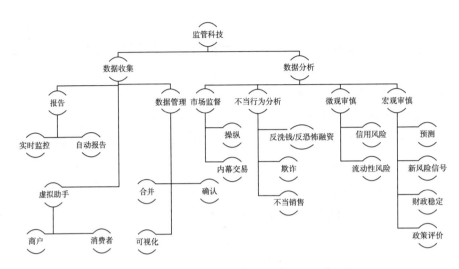

图 3－2　监管科技的数据驱动性特征①

3. 监管科技的框架和结构

监管科技涉及的主体主要有监管方、金融机构、监管科技提供商等。具体的主体结构和各个主体的角色定位如表 3－1 和图 3－3 所示。

表 3－1　　　　　　　　　监管科技生态元素与角色②

参与者	当前的重点	预期的角色
监管者	鼓励对话和收集市场观点	继续围绕监管合规促进创新； 监管科技生态系统的不同部分在提高效率和协作方面发挥积极作用； 协助制定共同的综合标准和参与规则； 管理监管科技产生的内部变革，包括从全球的角度进行思考
监管科技公司和专业服务公司	跨越生态系统，了解业务与监管需求，明确符合框架及与监管相一致的解决方案	推动监管标准、机构需求和供应商解决方案的融合； 使用行业见解和网络连接提供商和用户； 支持新市场进入者的尽职调查； 提供监管、系统和合规转型咨询支持，包括主动管理与实施新监管科技解决方案相关的风险

---

① 资料来源：中国互联网金融安全发展报告课题组。

② 资料来源：中国互联网金融安全发展报告课题组。

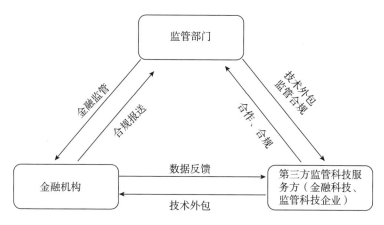

图 3 – 3　监管科技生态架构①

　　监管科技主要是通过构建生态系统以实现对金融科技的监管效果。监管科技当前的焦点主要为：鼓励行业之间的对话，收集市场的一些观点，围绕监管合规推动监管科技和合规科技的创新；促进整个监管科技生态系统的不同部分均发挥积极的作用。监管科技的不同主体应协助创建共同的集成标准，并制定关于参与规则的指南等。监管科技公司应了解企业和监管机构之间的互动，以使其提出的监管解决方案与监管要求和风险管理框架保持一致，开发出满足业务和监管需求且符合风险管理框架和要求的解决方案。对监管科技公司和专业服务公司而言，需要跨越该生态系统工作，了解监管需求，提出合适的解决方案，并推动监管标准、机构需求和供应商解决方案的融合。同时，利用行业洞察力和技术手段实现对新市场进入者的尽职调查，提供监管、系统和合规转型咨询支持。金融机构主要作为监管科技的采用者，基于监管科技解决方案进行内部开发工作。

二、国内外监管科技现状

（一）维度一：监管科技发展历程

　　监管科技虽然是近年来的新词，但监管科技的实践早已有之。监管科

---

　　①　资料来源：中国互联网金融安全发展报告课题组。

技由金融领域技术的不断更新带来的风险驱动其不断升级，具体可以分为三个阶段，即监管科技1.0、2.0和3.0阶段。监管科技发展的每个阶段均有其目标和内容，也呈现出不同特点。本部分以新一代信息技术的特征和相关技术应用为依据，划分监管科技发展过程中的1.0、2.0以及3.0阶段，并结合特定发展阶段的技术和国内外具体实践，从更广泛的时空视域来观察监管科技的兴起和演变。

1. 监管科技1.0阶段：电子化监管

监管科技1.0阶段是指2008年国际金融危机之前，主要由大型金融机构推动，将技术应用于内部流程，以降低遵循《巴塞尔协议Ⅱ》所规定的资本要求而带来的合规成本和监管复杂性；同时也涉及银行与监管者的合作，以量化的内部风险管理系统为基础，但国际金融危机最终毁了这种虚幻的安全和信心。

这一阶段的特点是电子化监管模式。电子化指运用电子信息技术来增强监管的效能。在金融监管领域，电子化和信息化的加载和应用的效果初显，监管效率出现质的变化，监管效率大大提高，监管能力也有较大程度的增强，尤其是交易主体和市场参与者都装备了电子化设备之后；数据报送和报表上传直接通过数据电文、电报等形式完成，大大降低了金融监管的事务性成本。电子化监管包含了信息化监管的软件和硬件设施以及基础设施。

2. 监管科技2.0阶段：网络化监管

监管科技2.0阶段主要指2008年国际金融危机后，主要解决监管严格要求和金融服务行业带来的高昂的合规成本问题。日益增长的监管复杂程度提高了合规成本，比如《巴塞尔协议Ⅲ》规定的资本和流动性监管要求，美国和欧盟的压力测试和风险评估要求等。《巴塞尔协议Ⅲ》与《国际财务报告准则第9号》（IFRS9）等法规的到来，客观要求金融机构采用新技术高效地满足合规要求，并加速在客户开立账户、金融犯罪、监管报告、风险数据分析和交易监控方面的流程合规[①]。此阶段，随着移动互联

[①] 王硕. RegTech技术助力互联网金融监管研究［J］. 农村金融研究，2017（9）.

网的兴起，监管科技更多地通过终端与各种场景结合起来，通过网络节点在线对各方主体进行监管，银行业等金融机构也通过网络进行风控和合规管理。

3. 监管科技 3.0 阶段：数字化监管

随着新技术和创新的不断涌现，以大数据、云计算、人工智能、区块链、5G 通信、量子技术为代表的新兴技术不断与传统生产关系融合，侵蚀着传统技术的生存空间，也给生产组织、经济结构和社会组织结构带来了前所未有的冲击。

在监管科技 3.0 阶段，互联网的普及、自媒体的兴起也深刻改变了信息传播的模式、渠道、内容，舆论呈现出社会表达多元化、批评监督情绪化、诉求冲突显性化、媒体事件常态化、舆论引导复杂化等新特点，给金融机构声誉风险管理带来巨大挑战，而这些都需要利用监管科技进行舆情监控。

监管科技 3.0 阶段的工作核心是建设一个运转高效的监管大数据平台，综合运用电子预警、统计分析、数据挖掘等数据分析技术，围绕资本市场的主要生产和业务活动，进行实时监控和历史分析调查，辅助监管人员对市场主体进行全景式分析、实时对市场总体情况进行监控监测，及时发现涉嫌内幕交易、市场操纵等违法违规行为，履行监管职责，维护市场交易秩序。

在政策层面，国家对监管科技的发展给予了政策支持。2017 年 5 月，中国人民银行成立金融科技（FinTech）委员会，强化监管科技（RegTech）的应用实践，积极利用大数据、人工智能、云计算等技术丰富金融监管手段，提升跨行业、跨市场交叉性金融风险的甄别、防范和化解能力。2017 年 6 月，中国人民银行发布的《中国金融业信息技术"十三五"发展规划》中提出要加强金融科技（FinTech）和监管科技（RegTech）的研究与应用，研发基于云计算、应用程序编程接口（API）、分布式账本技术（DLT）、密码技术等的金融监管平台和工具，应用数字化监管协议与合规性评估手段，提升金融监管效能。

（二）维度二：监管科技主流技术支撑

1. 大数据监管技术

大数据（Big Data）是指无法在一定时间范围内用常规软件工具进行捕捉、管理和处理的数据集合，是需要新处理模式才能具有更强的决策力、洞察发现力和流程优化能力的海量、高增长率和多样化的信息资产。大数据的特征主要有：多维、多活、在线、异构、体量大等。大数据技术是监管科技的主流技术之一，合规科技产业运用大数据分析技术和新的信用评级模型可以对小企业乃至个人消费者的信用进行更为精准的评估。利用大数据抓取生活场景，包括一些非征信体系所征集到的信息，记录并挖掘企业上下游、生产经营、信用状况、商品流、资金流等多维度、立体化信息，运用大数据、云计算和人工智能技术，能够建立全新的征信、授信与信用风险定价系统，克服单个小微企业信用信息不透明的难题，从而有效提升风险管控能力。

平安银行的信用卡智能反欺诈系统，在业内最早实现首笔欺诈交易防堵。该系统从亿级别的海量金融数据中建立用户行为画像、训练大数据侦测模型，同时搭载高效的决策引擎，实现了毫秒级决策响应的全天候实时反欺诈监控，可有效防堵首笔欺诈盗刷交易。在信用风险领域，兴业银行智能风控产品"黄金眼"以随机森林机器学习算法为核心，辅以网络爬虫和搜索引擎，能够对未来 3 个月内可能降为"关注"类别以下的企业进行风险预警，准确率达到 55%；在合规内控领域，兴业银行推出"啄木鸟"智能风控系统，用机器学习算法改进数据模型，支持业务逻辑多维配置，能够从一年数十亿条交易流水中准确筛选高风险特征流水，加强操作风险预警与控制。

2. 云计算监管技术

云计算是一种按使用量付费的模式，这种模式可提供可用的、便捷的、按需的网络访问。云计算包括多个层次的服务：基础设施即服务（IaaS）、后端即服务（BaaS）和软件即服务（SaaS）等。

IaaS（Infrastructure-as-a-Service）：基础设施即服务。消费者通过 Internet 即可以从完善的计算机基础设施获得服务，如硬件服务器租用。

BaaS（Backend-as-a-Service）：后端即服务。BaaS 为应用开发提供后台的云服务，在当前的移动互联网＋云计算热潮中，尤其为这类应用提供了大量的技术支持。BaaS 既提供存储、托管环境，也提供推送等通行后端技术能力。BaaS 作为应用开发的新模型，进一步实现专业分工，有助于应用的成本下降和市场的进一步繁荣。BaaS 可分为公有云和私有云，公有云面向开发者提供运营服务；企业私有云是企业构建移动信息化应用的基础平台，大量的移动应用基于该平台开发、管理，能有效降低企业的移动信息化投入成本。

SaaS（Software-as-a-Service）：软件即服务。这是一种通过 Internet 提供软件的模式，用户无须购买软件，而是通过向提供商租用基于 Web 的软件，来管理企业经营活动。

经过十余年的发展，云计算技术已经被广泛运用于各个行业，并深入生活，云计算的政策监管也随之发生变化。云计算隐私、安全、合规性等的监管也会进一步加强。中国证监会正式印发的《中国证监会监管科技总体建设方案》指出，要积极应用大数据、云计算等科技手段进行实时数据采集、实时数据计算、实时数据分析，实现对市场运行状态的实时监测，强化市场风险的监测和异常交易行为的识别能力，及早发现、及时处置各类证券期货违法违规行为。

3. 区块链监管技术

随着区块链理念的传播和技术的普及，区块链从数字货币的底层技术逐渐拓展到应用领域，区块链本身的价值逐渐被人们发掘。与互联网的信息传递相区别，区块链通过连接用户的全息节点实现全网广播，可以形成共识机制和自信任机制，也可以进行价值创造和传递。区块链不再是数字货币的专属底层技术，而是逐渐渗透到政府、金融监管、物联网、征信、溯源防伪等领域，与监管科技（RegTech）和金融科技（FinTech）的结合越来越紧密。区块链在监管领域开辟了新的路径，并对传统的监管思路和监管范式产生重大影响。

由于区块链具有去中心化、匿名化、不可篡改、可信任、透明度高等

125

特点，通过区块链技术给金融监管赋能，可以打造技术驱动型和数据驱动型监管科技，优化监管科技构架和运行逻辑。

借助区块链改进监管的尝试，在国内外监管部门、监管科技企业以及国际组织广泛开展，区块链在数据存储、数据传播、证券结算、第三方支付、保险、票据、产权、风控、KYC、反洗钱、反欺诈等方面有着明显的效果。随着新兴技术革命对金融行业的冲击，金融创新日新月异，金融监管不得不跟上创新的步伐，运用科技提升监管能力，让监管当局跟上技术和市场的创新链，使监管科技的功能和作用日益凸显。

"区块链＋监管科技"的新型金融监管范式的运用前景体现在：

（1）区块链能保障监管数据安全透明。区块链的一大核心功能就是记账，从远古时期人类文明起源时的结绳记账、刻石记账，到近代以来发展出的单向记账、复式记账，再到以区块链技术为基础的分布式记账方法，反映了记账模式的进化演变逻辑。在区块链技术背景下，在区块中记录的信息通过加密算法和哈希函数进行保存，每个区块与前一个区块间都有唯一的哈希值。由于哈希函数的不可逆性，前后区块之间也是不可逆的，按照生成的时间先后顺序以时间戳的形式标记。已经记录上链的信息在区块链中全网广播，所有区块节点中都有备份，都可以看到通过其他节点上链的信息，仅仅修改某个节点区块的数据无法实现修改的目标。由于区块链的防欺诈和难以篡改、可回溯查看的优势，用区块链记账的金融机构数据和监管数据将更加安全透明。相比传统金融监管耗费大量的人力、时间和财力成本，以区块链构建的监管科技平台可以实时存储企业数据和监管政策，企业定期把公司报告、财务报表等上链，也可以在区块链上进行信息披露和发布行业公告，一旦信息上链就不可修改，可以有效减少实践中出现的财务造假、获取内幕信息等问题，同时监管机构可以及时得到真实数据，也可以随时进行查看和复核分析。

（2）区块链有助于打造新型信任机制和线上监管。区块链技术推动互联网进化，不仅仅在于其提供了一种新型的底层架构和记账模式，更重要的是在普遍缺乏信任的互联网环境中建立起了信任，将以往的信息互联网转变为信任互联网，让网络两端甚至全球不同地区的网络主体，都能在没有接触过的条件下建立起信任，从而促进交易的达成。区块链信任是基于算法、技术而产生，技术、算法乃至建立在数学问题上的奖励机制具有中立性和客观性，人们自然会相信其逻辑的自洽和真实性，这实现了信任的重构。传统金融监管存在的问题中比较明显的就是监管者和被监管者之间缺乏信任。基于区块链的监管平台的打造，有利于促进监管机构和被监管方在线上交流互动，及时沟通计划和动向，开展线上研讨、论证，增强金融监管生态中各方主体的信任。

（3）区块链合约能促进监管政策智能化。以智能合约为代表的区块链2.0，将智能合约置于分布式结构的上层，用编程式的合约规制经济关系。智能合约也可以应用到行政规制的金融监管领域，通过假设条件、事实和结果三段论的逻辑结构来构建监管政策。智能合约具有良好的兼容性和延展性，可以根据实际情况进行调整和迭代。因为底层框架是稳定不变的，在这个基础上修改逻辑层和应用层的代码，其成本将比监管层从无到有地制定法律法规，以及增删修改现有法规的成本更低。由于在代码层和技术层作出的变动，对金融机构产生的直接效果更明显、约束力更强，通过底层合规和技术合规推动金融机构智能化调整并符合监管规范，可能是未来区块链智能合约发展的趋势之一。另外，由于智能合约降低了监管当局的政策法规成本，监管机构和监管科技企业将能根据金融机构的动态和风险情况，灵活调整监管阈值，以编程化、数字化的法规、部门规章以及软法代替制定成文的监管政策和文件，在智能化过程中促进动态合规，让监管科技和监管政策能够智能化应变、协同化调整。

4. 人工智能监管技术

人工智能是计算机科学的一个分支，它企图了解智能的实质，并生产出一种新的能以与人类智能相似的方式作出反应的智能机器，该领域的研究包括机器人、语言识别、图像识别、自然语言处理和专家系统等。人工智能从诞生以来，理论和技术日益成熟，应用领域不断扩大，可以设想，未来人工智能带来的科技产品，将会是人类智慧的"容器"。人工智能可以对人的意识、思维的信息过程进行模拟。

2017 年，中国人民银行金融研究所所长孙国峰指出，RegTech（监管科技）的核心是人工智能[①]。人工智能监管的优势在于，一是解决监管者的激励约束问题，通过人工智能提升监管的智能化水平；二是具有更高水平的全局优化计算能力。基于人工智能的智能监管系统也可以充分利用人工智能强大的计算能力，发现更多监管漏洞和不合规情况。

随着机器学习（ML）与人工智能（AI）的发展，监管科技可以利用ML 和 AI 技术为金融机构的决策、降低成本以及合规问题等方面，提供更好的解决方案。AI 将替代目前由人工手动执行的昂贵功能，帮助银行开展对反洗钱或员工不当行为的监测。

（三）维度三：监管科技应用领域

1. KYC/KYD

KYC（Know Your Customer），即了解你的客户，这是对账户持有人的强化审查，是反洗钱用于预防腐败的制度基础。KYC 政策不仅要求金融机构实行账户实名制，了解账户的实际控制人和交易的实际受益人，还要求对客户的身份、常住地址或企业所从事的业务进行充分的了解，并采取相应的措施。

金融的实质是管理风险。金融机构的一个最基本的工作就是了解你的客户，即 KYC。原有了解客户的方式为调查问卷，以得出其风险偏好，对客户有一个基本的了解。随着金融科技的发展，了解客户的信息变得被动，客户提供的信息可能不客观。需要改变为更好的 KYD（Know Your Data），要了解客户的数据。

例如，证券行业积累了大部分数据，包括交易数据和行为数据，但仅凭这些数据给客户画像却不够丰满。这就需要更多的金融业态数据，需要银行、保险等方面的数据，甚至消费数据和社会类属性的数据等。这些数据本身就是客户行为的反映，聚合起来可以更好地做客户的画像，从 KYC 升级到 KYD，从而众多领域内数据的获取便可依托监管科技来实现。

---

① 孙国峰. RegTech 核心是人工智能［EB/OL］.［2017－06－20］. https：//baijiahao. baidu. com/ s? id = 15706992 85522196& wfr = spider&for = pc.

2. 反洗钱（AML）、反恐怖融资（CFT）、反欺诈

反洗钱监管的要点在于客户身份识别（KYC）、业务识别（KYB）、交易记录保存、资金流向分析、异常账户监控，对大额资金变动、跨境资金转移等业务环节采取实时监控措施。随着金融机构的业务逐渐线上化和跨国化，应利用内外部大数据技术，将尽职调查对象从客户维度扩大到字节维度，实现对每笔交易的精细化、精准化管理。

此外，由于大体量、非结构化金融数据的引入，传统的技术架构和数据架构均不适用于现代以数据驱动的监管要求。建设分布式架构的大数据平台，汇总多源异构金融数据，可以从更多维度刻画客户身份，建立客户风险视图，利用规则引擎和算法模型，减少反洗钱误报率；并可以通过知识图谱技术，刻画资金流向整体视图，及时洞察账户风险。

3. 报告自动生成

报告自动生成一般为一个系统，该系统是为金融行业譬如证券信托投资行业量身定做的投资报告生成系统，通过预定义的报告模板，可以自动生成所需要的各种报告。所涉及的报告分为两大类：资金管理类报告，如股权类、地产类、证券类、质押类、资产类、固定收益类、资转类报告；清算类报告，如清算报告、期间分配报告。从报告制作流程和管理流程上，实现了报告制作的流程管理自动化、业务逻辑模块化、岗位操作角色化，也非常符合金融行业投资报告的应用需求。

4. 智能监测和预警

金融监管的本质是金融风险管理，基于人工智能的技术实现风险的智能监测，能够提高风险识别的时效性和精准性。机器学习算法（如神经网络、SVM、XGBoost、GBDT等）应用于风险监测预警，通过模型对数据集进行模型评估，能提升风险甄别能力，提高监管自动化程度。

例如，现场检查模型监控可以分析被查机构检查期内在不同支行取得且存量躲避贷款的客户疑点数据，检查是否存在支行违规为在其他支行存量贷款的客户开立新编号并发放新贷款的情况。通过非结清状态的新发放对公贷款信息交叉筛选客户名称相同但放款机构不同的疑点。

又如，决策树、逻辑回归模型对银行客户的评级分析可以作为监管部

门的有效参考。对监管部门来说，主要不是通过这种方式比较银行对客户评级的差异，而是可以通过类似的方式对其他风险点做横向比较和整体分析，找出一些关键属性，与监管方法相结合，以便对银行风险偏好和风险管控情况有具体的掌握①。

5. 网络安全

参照现行等级保护制度要求和科技金融代表企业的最佳实践，下面从业务应用角度给出网络安全建设的内容。

互联网金融机构应采取有效技术措施保证客户端处理的敏感信息、客户端与服务器交互的重要信息的机密性和完整性；应保证所提供的客户端程序的真实性和完整性，以及敏感程序逻辑的机密性。

客户端程序上线前需进行严格的代码安全测试，如果客户端程序是外包给第三方机构开发的，互联网金融机构应要求开发商进行代码安全测试。此外，互联网金融机构应定期对客户端进行安全检测，每年至少开展一次。如客户端版本迭代频繁，可以借助第三方的自动化测评平台开展测试服务。自动化测评平台具备快速、准确、稳定、成本低廉等优点，可以对客户端各版本的测评结果进行纵向对比，发现代码的薄弱环节，并给出针对性的修复建议，大大提高代码安全测试效率，降低测试预算和时间成本。

为了防止盗版应用、钓鱼应用给企业和用户带来不必要的危害，可以对客户端程序进行数字签名，标识客户端程序的来源和发布者，保证客户所下载的客户端程序来源于所信任的机构。客户端程序在启动和更新时应进行真实性和完整性校验，防范客户端程序被篡改或替换。客户端程序的临时文件中不应出现敏感信息（临时文件包括但不限于 Cookies）。客户端程序应禁止在身份认证结束后存储敏感信息，防止敏感信息的泄露，并且用户输入敏感信息时客户端应该提供保护功能，如防录屏、防截屏、键盘随机布局等。客户端程序应提供敏感信息机密性、完整性保护功能，如采取白盒加密、数字签名、消息认证码等技术。

---

① 金融科技智能化浪潮中，监管智能化如何实现？［EB/OL］．［2018 – 07 – 25］．http：//wemedia. ifeng. com/70699877/wemedia. shtml.

综上所述，监管科技主要实现的功能或者应用汇总如下：

监管政策建模——基于代理的建模等新兴技术可以用来模拟立法前新政策的可能影响（如 MiFID Ⅱ、欧盟 FFT）以及现有监管的实际影响，包括监管者之间的冲突。

报告标准——跨多个管辖区制定共同的合规性标记和报告标准，可以支持要求具有重叠管辖区的监管机构之间强制共享信息的呼吁。

系统性风险工具——如鼓励英国学术界调查一系列风险数学技术，这有可能为监管机构提供重要工具。

协调——整合国家、欧洲和全球金融监控系统可能是有益的。在多个司法管辖区，机构面临着不同的监管要求。例如，一家欧洲银行据说有个人"监管者"。因此，标准化和统一的报告对机构和监管机构都有好处。

统一的合规工具——由于法规遵从性越来越具有分析性，监管机构可能会鼓励开发一套开源法规遵从性工具。这对新兴的金融技术界来说本身就是一个机会。

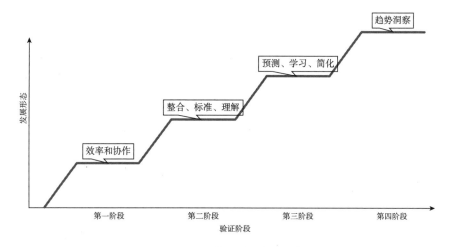

图 3-4 监管科技概念验证①

协作和选定的数据共享——可以在不同的国际监管机构之间得到鼓

---

① 资料来源：中国互联网金融安全发展报告课题组。

励，如在系统内的"不良行为者"方面。例如，了解哪些英国银行正因其他市场的不良行为而受到调查，这对英国是有益的。

监管机构与金融科技合作——查看正在收集的数据类型以及收集数据的新方法，例如，将位置数据与交易数据一起记录下来。

（四）维度四：监管科技主要代表性发达国家

2016 年，监管科技的融资规模达 7.3 亿美元，较 2012 年增长 266%。KPMG 和 H2Venture 持续跟踪全球金融科技公司发展情况，其发布的"2016 金融科技公司 100 强"排行榜显示，2016 年共有 8 家监管科技公司上榜，而 2015 年尚无监管科技公司上榜。这些公司主要有三个特点：一是大部分公司成立于 2012 年左右；二是成立地点多为英国、美国等发达国家；三是业务领域较为集中，多为监管合规、风险管理、身份认证等方面。

1. 英国

英国 FinTech 行业已初具规模①，这时市场创新与科技的结合对监管合规的需求呼声越来越高，于是 FCA 开始探索监管要求和技术如何通过RegTech 结合起来。从 2014 年 10 月 FCA 启动"创新项目"计划，到 2015年"RegTech"首次发声，再到举办 RegTech 双边会议、RegTech 圆桌论坛，在商业计划中进一步明确创新和技术的优先性，到 2016 年在报告中呼吁加大对 RegTech 的投入，表现出 RegTech 被 FCA 和市场合规端的关注呈快速攀升的趋势。其中董事会和高层领导群体中约有 60% 的人大力呼吁尽快引入 RegTech，反映了行业对这一新生业态的重视程度②。

---

① FCA 于 2014 年 10 月设立了"创新项目"计划，通过向个别创新者提供直接支持，支持创业个人在监管框架内孵化初创企业，2014 年第一年，"创新项目"计划就直接支持了 177 家公司，到 2015 年 6 月该计划支持的创新企业数量达到 300 家。

② 张家林. 监管科技（RegTech）发展及应用研究——以智能投顾监管为例 [J]. 金融监管研究，2018（6）.

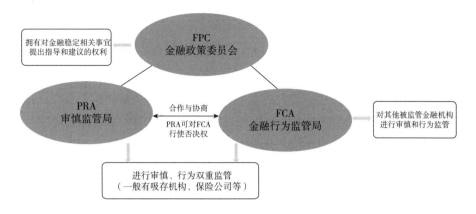

图3-5　英国金融监管框架①

英国 FCA 和行业对 RegTech 的关注主要集中在四个方面，一是效率和合作，利用替代性的数据收集、报告工具来报告监管数据，同时可以通过共享解决方案来提高合规要求的可扩展性和灵活性，以此来降低行业负担和监管成本。二是 RegTech 能促进资源整合、标准设立和监管/合规认同，通过引入自然语言学习和数据点模型技术将监管文本转化为机器可读的编程语言，能够有效缩小监管者和立法机关的意图与实际实施的差距；三是运用 API 技术实现监管者和被监管者系统的交互和协同一致。四是预测、学习和监管②，监管机构通过大数据分析对结构化和非结构化数据组成的"数据潮"进行解析，对交易、行为和通信实施"非侵入式"监管，利用建模、可视化、机器学习和认知技术来评估系统风险和重构传统监管模型（算法）。此外，监管科技未来的发展还有利用区块链和分布式技术（DLT）、编码实现内置的法规遵从性、生物识别技术和系统监控等。在整个系统的迭代和重构中，监管依据的发展从规则监管，逐步发展为原则监管，未来则逐步向基于洞察力的监管（提前预测和尽早布局）迈进③。

目前实施项目之一是"数字监管报告"（Digital Regulatory Reporting），即通过技术帮助公司的监管报告更加符合要求并提高监管报告质量。FCA

①　资料来源：中国互联网金融安全发展报告课题组。

②　CBinsights. 全球监管科技发展趋势报告［R］. 2017.

③　Accenture. Regtech for Regulators Re‐architect the System for Better Regulation［R］. 2018.

与英格兰银行合作，通过为期两周的 TechSprint 来监测技术是怎样帮助监管报告实现更准确、高效、统一的。

2. 新加坡

根据全球金融中心指数（Global Financial Centres Index），新加坡金融中心排名全球第四。新加坡政府较早就意识到了 FinTech 的影响力，从 2015 年下半年开始，新加坡将建设"智慧国家"作为政府的重点发展任务。2015 年 8 月，新加坡政府在新加坡金管局（MAS）下设立金融科技和创新团队（FinTech & Innovation Group，FTIG），在 FTIG 内建立支付与技术方案、技术基础建设和技术创新实验室三个办公室，并投入 2.25 亿新加坡元推动《金融领域科技和创新计划》（*Financial Sector Technology & Innovation Scheme*，FSTI），鼓励全球金融业在新加坡建立创新和研发中心，全面支持地区金融业发展。

新加坡 MAS 以开放的态度，广泛与被监管端企业和技术服务提供商接触，通过"金融科技节"（FinTech Festival）、金融科技黑客大赛、金融科技实验室、设立金融科技创新奖等系列论坛、研讨会、技术创新大赛等活动，将 FinTech 和 RegTech 与市场、与政府监管更紧密地连接起来，打通金融机构和监管机构之间的藩篱，直面 RegTech 在实操中面临的问题，避免放大 RegTech 的优点而忽略了其存在的缺陷。

此外，新加坡正在建设一个亚洲监管科技中心，致力于成为亚洲 RegTech 领导者。新加坡 MAS 610/1003 条款显示，目前该国金融业数据量总量出现大幅增加，比如超过 100000 个数据点，数据粒度增加，报告复杂性增加，BearingPoint 新闻发言人表示，监管变化将对银行和商业银行构成间接挑战，要求它们采用正确的报告解决方案，以优化性能、实现可扩展性并实现及时高效的报告。该公司开发了 Abacus 360 Banking，这是一个用于报告、风险计算和控制监管 KPIs 的集成平台，旨在应对这一挑战。

3. 加拿大

2017 年 11 月，安大略省政府宣布打算建立监管超级沙盒，以提供金融科技商业模式和产品可以在其中进行试验的框架，同时启动一个名为安大略省金融科技加速器办公室的机构，以协助初创企业①。加拿大也成为世界上最早颁布数字货币立法的国家之一。

加拿大在监管科技监管方面的监管措施有：（1）众筹和监管沙盒，启动板和黑客马拉松计划；（2）与若干外国司法管辖区的金融技术合作协议和证券澄清；（3）在适用的情况下，加密货币部门的衍生品法律要求；（4）联邦和省级也提供重要的税收激励措施，包括旨在发展区域金融科技创新。

4. 德国

德国联邦金融监管局（BaFin）对证券业、银行业和保险业实施统一监管。BaFin 认为，目前对于金融科技/保险科技企业的监管面临着一些挑战，一方面政府不能采取过度严厉的监管，否则可能会扼杀创新；另一方面也要避免监管原则失效导致金融科技/保险科技在真空中运行，因此金融科技/保险科技的业务模式也需要符合监管要求和消费者保护的原则。德国财政部与德国联邦金融监管局共同对推动德国金融科技/保险科技发展采取了一系列措施。德国财政部推出了 FinCamp 系列活动，旨在通过促进德国财政部、传统金融业以及德国联邦金融监管局（BaFin）与金融科技企业的对话，探讨金融科技未来的发展。这项活动有利于鼓励德国金融科技的发展，聚焦金融科技的发展前沿。2016 年 4 月 14 日，FinCamp 推出第一个活动，活动主题为"数字银行的未来"。

三、被监管端：合规管理

合规科技是金融科技与监管科技的连接点。2008 年国际金融危机以来，金融监管不断升级，全球金融机构的合规成本节节攀升。美国经济发展资源中心 Good Jobs First 在 2016 年发布报告时称，自 2010 年以来，24 家来自不同国家的银行向联邦政府支付的罚款与和解的金额累计超过 1600 亿美元。我国也是如此，2017 年中国人民银行作出的行政处罚共计 903 张

---

① Feng, SE. 加拿大 FINTECH 监管：政策、关键技术、数据保护、金融犯罪及消费者保护［EB/OL］．［2018－07－05］．http：//www.linkingapi.com/fintech/8658.

（并未全部披露），对金融机构的罚没金额共计 7980 万元。

监管科技在具体表现形态上有两大分支——运用于监管端的监管科技（SupTech）和运用于金融机构合规端的监管科技（CompTech）。换句话说，RegTech = SupTech + CompTech。

对金融机构和第三方的监管科技公司而言，监管科技的一个重要作用是在被监管端进行合规管理，降低合规成本，迭代和优化公司内部组织管理架构，运用科技手段来达成合规管理的目的，这种科技手段被称为合规科技（Compliance Technology），即运用合规的科学管理手段来促使公司内部和外部的经营管理符合法律规范。

（一）互联网支付结算

支付工具的出现，是整个互联网经济的基石。如果没有把节点的账号变成金融账户的能力的话，那么互联网经济就无从谈起。支付作为基石，奠定了整个互联网经济、互联网金融大厦的基础。互联网支付，又被称为"第三方支付"。

互联网支付结算的一个重要支柱是网联清算有限公司（NUCC），它成立于 2017 年 8 月 29 日。随着《中国人民银行支付结算司关于将非银行支付机构网络支付业务由直连模式迁移至网联清算平台的通知》（银支付〔2017〕209 号）的发布，标志着政府对第三方支付市场的规范与整顿的进一步加深。截至 2017 年 10 月 15 日，几乎全部的持网络支付牌照的非银行支付机构以及 400 余家商业银行已与网联平台启动对接，可完全覆盖原有支付机构和商业银行间的合作关系。以网联替代过去第三方支付公司与银行直联的支付结算方式，避免了二清市场的出现。与此同时，网联平台压力测试、业务切量等与业务迁移有关的工作均在紧锣密鼓地推进，另外，网联平台已启动条码标准研究工作，旨在解决金融乱象、断开直联、普惠金融、优化生态。

作为金融基础设施，网联清算有限公司在防范和化解金融风险方面发挥着不可或缺的作用。网联通过利用先进的分布式云架构体系，在北京、上海、深圳 3 地建设了 6 个数据中心，实现了平台系统高性能、高可用、高安全、高扩展、高可控、高一致性等全面高标准，适应行业高速发展态势。网联清算有限公司及非银行支付机构网络支付清算平台的建立，实现了网络支付资金清算的集中化、规范化、透明化运作，节约连接成本，提高清算效率，破除二清现象，化解第三方支付垄断带来的不正当竞争等风险，支撑行业创新，促进公平竞争，助力资金流向有效监控，保障客户资金安全，并推动行业机构资源共享和价值共赢，实现市场长远健康发展。

（二）互联网银行

互联网银行相比传统商业银行而言，无论是资产业务、负债业务、中间业务、运营管理还是战略决策，都与合规密切相关，运用科技进行合规和风险管理成为大势所趋。

互联网银行通过整合挖掘内外部数据，实现风险的预警与评估。例如，招商银行以多维度、多标签数据实现360度客户画像，开展以数据驱动的客户经营和风险预估。在实施精准营销及个性化推荐的同时，将客户交易引入基于设备、位置、关系、行为和偏好等大数据风险识别模型，及时预警客户异常交易行为及欺诈行为，其客户预警模型可成功预警60%以上的对公逾期及不良资产，预警时间比逾期时间平均提前8个月。招商银行依托金融科技手段，有力地提升了风险经营能力，为提升资产收益水平奠定了坚实基础。招银云创作为招商银行的全资子公司，主要提供金融基础云服务、云安全服务、金融IT SaaS服务、IT咨询服务和基础运维服务等一系列云计算服务。

| 案例 | **招商银行应用区块链业务** |

招商银行于2016年9月加入R3联盟，是第二个加入R3联盟的中国商业银行，与当时的40多家国际大型银行共同合作研发能够服务于全球金融市场的区块链应用。在此之前的5月，招商银行还加入了被称为中国版R3的金链盟。2017年3月，招商银行通过自主研发的区块链直联跨境支付应用技术，完成了首笔FT（自由贸易）区块链跨境支付业务。2017年12月18日，招商银行作为代理清算行，完成了从香港永隆银行向永隆银行深圳分行的人民币头寸调拨业务；12月20日，三方又完成了以招商海

通贸易有限公司为汇款人、前海蛇口自贸区内海通（深圳）贸易有限公司为收款人的跨境人民币汇款业务，这是全球首笔基于区块链技术的同业间跨境人民币清算业务。目前招商银行已将区块链技术用于跨境直联清算、全球账户统一视图以及跨境资金归集三大场景，提升了业务处理效率和安全性。

微众银行通过构建 A（人工智能）＋B（区块链）＋C（云计算）＋D（大数据）的金融科技基础服务功能，让自己成为一个赋能者，帮助合作金融机构提高金融科技水平，降低成本。微粒贷也是综合运用 ABCD 推出的产品，通过 QQ 和微信的入口获客，是微众银行首创的国内首个基于社交数据风控的移动端自助式小额信用贷款。同时，在银行消费金融类产品的来源上，微粒贷在资产端和资金端都有着与众不同的表现。

表 3-2　　　　　　银行业代表性合规科技实践①

项目	工商银行	中国银行	京东金融	北京银行
战略定位	e-ICBC3.0：服务无所不在、创新无所不包、应用无所不能	从传统银行服务向电子银行服务转型	科技引领创新，提供技术输出服务	智慧银行、科技兴行
组织架构	新设网络金融部	新设网络金融部	新设金融科技事业部	新设直销银行事业部
顶层组织	网络金融组织推进委员会	互联网金融委员会、金融科技创新办公室	无	筹建创新研究中心
IT 架构	基础设施层、平台技术层、技术应用层	小核心、大外围系统布局，互联网金融生态系统和大数据平台	分布式 IT 架构，各模块均可技术封装为标准化可输出的产品	建立数据仓库，形成大数据平台和生物识别平台两大集群

① 中国银行业协会，金融科技背景下商业银行转型之路［R］. 2018.

项目	工商银行	中国银行	京东金融	北京银行
技术应用	区块链扶贫、大数据营销与风控、智能服务、云计算	区块链扶贫与信贷估值、大数据营销与风控、智能服务、云计算	区块链 ABS 投融资、大数据营销与风控、智能技术输出、云平台	区块链贵宾权益系统和电子签单、大数据营销与风控
数据管理	由管理信息部统筹数据整理与提取，信息科技部做 IT 系统运维	由信息科技部统筹数据整理和系统运维	技术研发部统筹数据管理	信息科技管理部

微众银行的大数据技术应用主要在于构建其大风控体系，一是借助传统征信数据源＋腾讯特色数据源，构建微众银行自身专有的征信数据源。二是在专有数据源的基础上，运用大数据技术，开发一系列带有"互联网风控"特色的模型对客户进行全面信用评估，实行贷前、贷中、贷后全流程风险管控：第一，高质量数据来源奠定了高风控水平的基础。微众银行依托腾讯公司专有数据源和传统信用评级数据源，建立自有的信用评级数据源，全面评估信用风险。其中，在腾讯公司专有数据源体系中，包含微信、QQ、财付通、TC 安全平台（国内最丰富的反欺诈数据平台之一）等深度的社交、生活财务数据。第二，建立全流程风险管控。微众银行基于上述两大数据源，运用大数据技术，建立了风险计量等一系列模型，广泛用于贷前、贷中、贷后的白名单筛选，以及反欺诈等日常风险控制工作。贷前筛选，即微粒贷基于大数据信用评级进行白名单筛选，运用了数千个维度的数据构建模型，包括人民银行征信数据、社交数据、公安数据、人口登记数据、学历数据、交易记录等，综合评价申请用户的信用级别，决定是否发放贷款以及发放额度。这一切均可在客户打开微粒贷页面的数秒之内完成。传统银行线下审批的依据要素在微众银行的模型中都有，而微众银行的模型还包括传统银行所无法触及的部分——模型的有效性已经过近三年数亿笔交易的验证。

（三）互联网证券

一直以来，互联网证券行业的合规与风控问题是困扰各大互联网券商的首要问题之一。例如，国内港美股头部品牌的老虎证券 2014 年就已创立但现在用的还是 IB 盈透证券的交易通道，至今没有拿下牌照，究其原因是它的合规风控水平无法达到监管部门的标准。① 监管之严格由此可见一斑，头部集团尚且如此，二三梯队小券商机构的漫漫合规路将更为艰难。

在这条漫漫合规之路上，多数证券经营机构也进行了积极探索。例如，将大数据、人工智能技术应用于客户服务效率提升和内部运营优化等金融科技领域，比如投资者画像系统等；应用云计算，自建私有云，或者借助行业云来部署内部的开发测试、灾难备份和互联网信息系统，增强系统的建设扩容的能力，降低建设成本。如九州证券北京数据中心是完全采用私有云构建的数据中心，所有的应用全部部署在基于青云技术构建的私有云数据中心上。② 这是证券行业全面应用云计算技术以防控风险、迈入合规管理的一大步。

从风险防范的角度来看，互联网证券将对金融科技和监管科技有多方面应用。例如，利用大数据和人工智能技术提升证券公司投行部门流程化、自动化的处理；对海量资讯实现自动化、全面的监控，促进行业提升工作效率，也可以帮助行业机构对影响本机构的虚假信息进行舆论引导。此外，还可利用人工智能技术对业务流程和合同文本进行错误检查，实现合同的自动起草、自动审核、履行管理，减轻合规部门的工作强度；自动识别所有的投资策略，构建投资组合的防火墙，自动生成投资池或者净值池，减少人为投资失误风险；改造监察系统，提升监察系统的分析能力。③

---

① 易欢欢. 浅析：互联网金融冲击券商 改变证券行业竞争格局 [EB/OL]. [2018 - 10 - 25]. http：//b2b. toocle. com/detail - - 6131574. html.

② 证券行业科技实践与前瞻 [EB/OL]. [2018 - 11 - 01]. https：//www. sohu. com/a/201629580_499199.

③ 刘铁斌. 利用监管科技全面掌控和防范市场风险 [EB/OL]. [2018 - 11 - 02]. http：//futures. hexun. com/2017 - 12 - 02/191847952. html.

（四）互联网保险

保险的一大功能就是保障和分散风险，通过大数法则将风险转移和化解。2017年，我国保费收入达到3.7万亿元，位居全球第二，对全球保费收入的贡献接近一半。在这样一个保险大国中，保险行业也积极进行探索，在互联网上进行线上保险的销售、审核、定损、理赔，运用金融科技和监管科技发展"保险科技"（Insurance Technology）。中国互联网保险行业从2014年开始大规模爆发，到2017年和2018年演化为保险科技，借助大数据、区块链、人工智能等新技术优化保险服务链和产业链，在产品设计、定价承保、分销渠道、理赔服务和技术系统方面进行了全流程的迭代升级。在此过程中，险企可以通过海量数据持续优化。从国外来看，保险科技的发展如火如荼。

图3-6　中国互联网保费收入和渗透率情况

互联网保险运用大数据精准画像在数据挖掘、相关性分析、实时跟踪和欺诈侦查等方面进行管理，以此来实现精准管理、风险评估、核保流程自动化、识别高退保风险保单等，在风险评估方面，通过构建定价和反欺诈模型，可以有效把握和评估客户承保前、承保中和承保后的风险。

在互联网保险的参与主体中，传统保险公司、互联网保险公司、技术服务公司都在积极向保险科技转型。国内互联网保险平台有平安保险、众安保险等，创新的保险服务如蚂蚁金服联手信美推出"相互保"，创新的保险产品如"赏月险""分手险"等极具个性和迎合新兴消费心理与偏好的险种纷纷出现。国外的保险行业也纷纷布局，运用科技进行风控合规。以英国的 ThreatInformer 为例，该公司成立于 2016 年，旨在向保险行业提供网络风险情报。这家创业公司为用户提供了改变风险承保的工具。基于"安全即服务"平台，ThreatInformer 将威胁数据、安全评估和环境因素结合在一起，帮助用户了解整个风险状况。公司团队专注于网络保险、事故响应、威胁情报和数据科学，主要支持保险公司和经纪公司进行风险管理等商业活动。

（五）互联网资管

互联网资管就是在互联网上进行资产管理，即将传统意义上的理财方式通过互联网媒介转到线上，突破传统金融行业的时间和空间限制，运用互联网的高效敏捷，实时为客户提供方便快捷、低成本的资管服务，分散和降低资产风险。

资管行业在快速发展的进程中涌现了两大主要模式，即以银行理财为代表的资金池模式和以余额宝为代表结合互联网金融的货币基金模式。2018 年 3 月 28 日，中央全面深化改革领导委员会专门通过了《关于规范金融机构资产管理业务的指导意见》。资管新规对资管资金池和互联网理财作出了相关规定，禁止金融机构开展或参与资金池业务，明确非金融机构不得发行、销售资产管理产品。未来这两种业务模式都将面临规模萎缩乃至 2020 年底前的过渡期间全面清理的情况，资管业务规模的持续增长将依赖投资端的主动管理能力和渠道端的客户营销能力，对金融机构的资管业务提出了规范、统一、公平的要求。

以智能投顾为例，2016 年以来，随着大数据、云计算、人工智能、区块链等技术创新应用于财富管理领域，智能投顾掀起了市场热潮，智能投顾优选基金逐渐铺展开来。目前，新兴金融科技企业创必承旗下个人导向型智能投顾产品"谱蓝"，以及京东旗下"京东智投"的综合竞争力位列金融科技企业智能投顾第一梯队。2016 年，招商银行在国内银行业中率先推出了智能投顾产品"摩羯智投"，不设置风险评测机制而是由用户自行选择风险偏好，同时加入了对投资期限的考量，基于这两个维度进行资产配置，组合数量达到了 30 个。工商银行于 2017 年 11 月推出了智能投顾产品"AI 投"，"AI 投"的起购金额为 10000 元，用户选定可承受的投资风险等级及投资期限后，点击"一键投资"即可完成基金组合购买。而当基金组合不符合市场投资形势时，"AI 投"将建议客户调整基金组合，客户可通过"一键调仓"完成基金组合调整。截至目前，15 个资产投资组合表现稳定，涨幅在 0.68% ~3.03% 之间，年化收益率在 3.14% ~14.59%。

浦发银行 2016 年推出了智能理财顾问"财智机器人"；兴业银行 2017 年正式推出智能投顾产品"兴智投"，通过基金选择模型算法、资产配置模型等方面的实践，实现了组合回测与归因分析、穿透式风险监控、动态再平衡等功能；中信银行的智能投顾产品已开发完成并在内部试用，应用时间周期理论、蒙特卡洛随机、约束求解等多个计算框架，形成售前（寻找匹配基金）、售中（市场变化提醒）、售后（基金组合检视调整）一整套完整的财富管理体系。

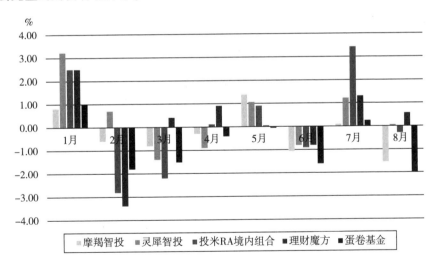

图 3 - 7　2018 年智能投顾产品月度累计收益率比较①

---

　　① 中国智能投顾行业 2018 年 8 月报．无惧 A 股疲弱　智投优势显著［EB/OL］．［2018 - 09 - 18］．http：//fund．jrj．com．cn/2018/09/18153625108136．shtml．

除了银行系智能投顾之外，还有专做智能投顾的公司，如金融界的灵犀智投、灵犀定投两大智能投顾和智能定投产品，宜信财富投米 RA、理财魔方、蛋卷基金等。其中，理财魔方以"千人千面"和动态调仓功能为重点，为用户提供个性化的配置管理方案以及用户心理的调整与跟踪服务。

（六）互联网征信

信用是数字经济时代个人宝贵的财富，也是社会经济体系赖以生存的纽带和基石。通过任意两方或多方的连接，可进行信用的再造和增值，而移动互联网、金融科技正是这样的节点和平台。运用移动互联网和科技手段进行的互联网征信有望改变以往的中心化、单向、多层级征信体系，在网络空间和实体空间的交互中实现征信和信用的数字化，并通过技术和理念创新促进征信体系的合规建设和合规发展，在此基础上推动整个互联网征信行业的规范、健康发展。

目前正在加快完成征信系统的接入测试工作，小额贷款公司、汽车金融公司、民营银行等典型新兴互联网机构都被纳入接入测试范围内。在加快基础设施建设的同时，百行征信也在研发布局身份核验、反欺诈等增值产品，以更好地为金融风险的防范和化解的长效机制打基础。

人民银行征信中心也加快了运用金融科技和监管科技转型。征信中心提供自助查询机和柜台两种信用报告查询服务，方便用户查看、了解自身信用记录，其中自助查询机以人脸识别技术、简单便捷操作等特点受到市场青睐。此外，征信中心积极布局，扩大征信用户覆盖面，2015 年开始将小微金融机构接入征信系统①，扩大基层、偏远地区的征信对象调查和覆盖面。

互联网征信目前主要的应用是将征信和数据运用于身份核验、反欺诈、信用评估、贷后管理、授信增信等，甚至在反洗钱（AML）、工商质检等领域都有广泛的应用。以天创信用为例，通过"数据＋风控＋场景"

---

① 中国人民银行征信中心. 小微金融机构接入征信系统服务介绍［EB/OL］.［2018－10－13］. http：//www. pbccrc. org. cn/zxzx/kefzx/201503/5cd9f9a88bdd4038b1a5e5ee6af064a2. shtml.

的模式，运用大数据和风控能力连接金融端和产业端，一是整合风控数据，完善用户信用视图；二是赋能金融企业，助力智能转型；三是打造智能风控平台，护航金融业务运营；四是拥抱场景金融，打通产业链壁垒。

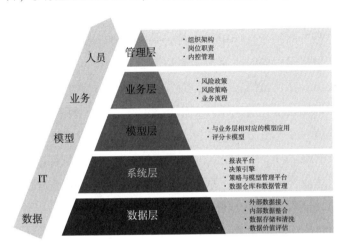

图 3 - 8　天创智能风控体系

（七）互联网头部企业

在企业端，企业在运营管理的过程中，存在着各种不确定性。随着金融科技的渗透，一些技术在发展中走向异化。同时，随着监管和市场对企业的高要求，BATJ 纷纷运用监管科技助力自身和外部市场合规，在与金融市场的业务发展过程中，蚂蚁金服沉淀了非常优秀的科技能力，如金融的知识图谱、超大引擎的图数据库。此外，蚂蚁金服还有丰富的业务场景。蚂蚁金服的风控是全类型的风险防控，在保护用户账户和资金安全的过程中，也会对集资、赌博、欺诈等各类风险进行防范。

度小满金融使用百度金融大脑作为底层基础架构，开发出智能获客、大数据风控、身份识别、智能投顾、智能客服、金融云、区块链七大核心能力，构建出一个覆盖金融业务全流程的 AI FinTech 解决方案。在此基础上，度小满为银行机构提供多业务方向一体化解决方案。其中，与中国农业银行围绕金融科技领域开展战略合作，包括共建金融大脑以及客户画像、精准营销、客户信用评价、风险监控等方向的具体应用，并围绕金融产品和渠道用户等领域展开全面合作，通过 AI FinTech 的联合创新，践行普惠金融。

京东金融将继续对金融机构全面开放产品、用户、风控技术能力，支持发卡银行精准化获客，并提升其审批效率，同时，也将在风险防控、客户运营能力等方面给予合作银行支持，共同为"小白卡"的持卡人带去优质的消费支付体验。同时，京东金融以其强大的技术研发能力，以开放的态度加大输出。在信贷风控领域，京东金融利用深度学习、图计算、生物探针等人工智能技术，实现无人工审核授信和放款，坏账率和资损水平低于行业平均值 50% 以上，帮助银行在信贷审核上效率提高 10 倍以上，客单成本降低 70% 以上。目前已与 400 余家银行、60 余家保险公司、100 余家基金公司达成合作。另外，京东金融与中国银联合作还先后推出了区块链底层设施、银联二维码支付、京东闪付等金融科技产品。

腾讯也将战略转向监管科技方向。腾讯通过自建或与金融机构、监管机构合作，搭建第三方监测平台，进行市场情报收集和数据分析，充分了解公众参与情况与市场反应，进行消费者保护。利用大数据、金融云、智能算法等技术综合集成的第三方监测平台，及时跟踪市场和舆情风向，助力金融风险精准预判、精准隔离和精准处置，打击非法集资、集资诈骗、传销等违法犯罪活动，守住金融监管底线。如图 3 - 9 所示，腾讯金融安全大数据监管平台，在运用技术实现自身合规的同时，助力政府打击黑产，密切连接监管层和被监管对象。

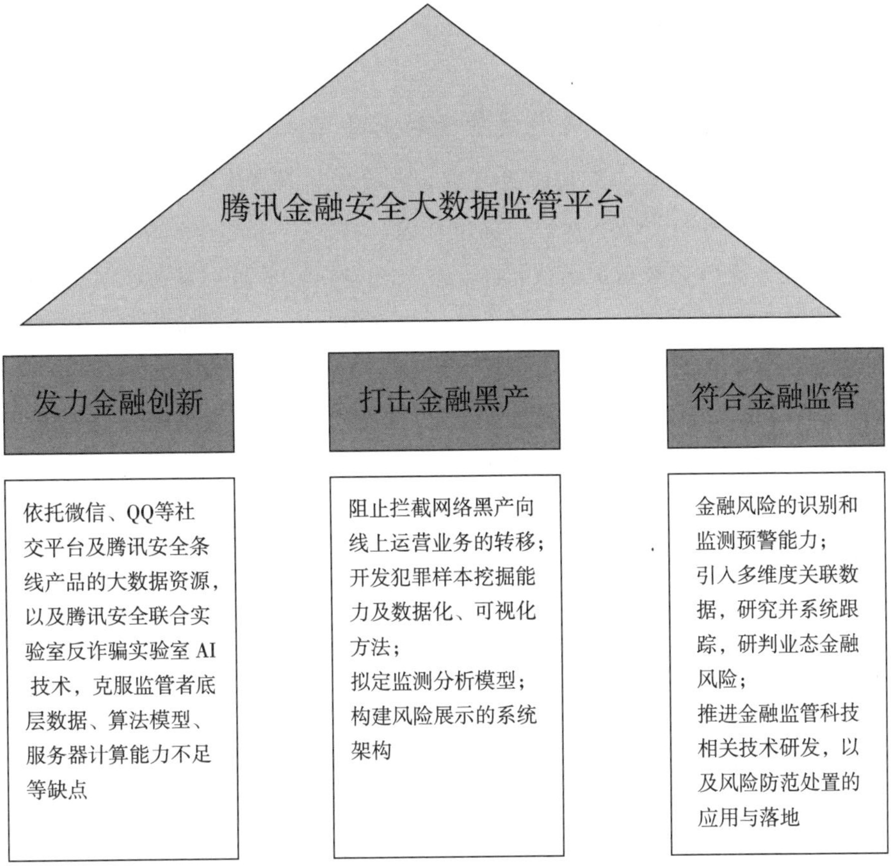

图 3 - 9 腾讯金融安全大数据监管平台①

（八）互联网新兴平台

生态化成为领先企业的普遍选择。为了适应瞬息万变的市场需求，平台企业积极利用掌握的用户资源、数据优势、技术优势，通过与用户、金融机构、政府、高校及其他企业等不同主体的协同互动，打造全链条生态系统②。同时，在新兴平台的金融科技运用中，也会出现一些风险的扩散

---

① 资料来源：中国互联网金融安全发展报告课题组。

② 国家信息中心分享经济研究中心，中国互联网协会分享经济工作委员会. 中国共享经济发展年度报告（2018）［R］. 2018.

和外溢，如通过社会舆论、网络、科技以及与金融行业的连接口的场景嵌入而形成的金融风险衍生和扩散。

案例　安全内容推送和消费金融业务的风险防范

以今日头条为例，在 2017 年中国国际大数据产业博览会上，今日头条推出了确保网络新闻真实性的"精准辟谣"功能，通过"机器算法＋用户反馈"的方式，高效识别虚假信息。当有大量用户举报一篇文章为虚假信息或在某篇内容的评论区中密集出现"假新闻"等类似关键词时，机器即可自动识别，将其提交至审核团队，进行高优先级的复审。甄别虚假信息后，运营团队将立刻停止虚假信息的推送和展示，并对虚假信息的来源进行处罚。信息平台还通过虚假信息的阅读记录，将阅读过此信息的用户识别出来，进行定向辟谣，避免了辟谣时可能发生的次生传播。机器通过收集分析各类用户反馈识别虚假信息的准确率达到 60%，结合人工复审可进一步提升到 90%[①]。

共享内容识别技术主要是鉴黄模型、谩骂模型以及低俗模型。今日头条的低俗模型通过深度学习算法训练，样本库非常大，图片、文本同时分析。这部分模型更注重召回率，准确率甚至可以牺牲一些。谩骂模型的样本库同样超过百万，召回率高达 95% 以上，准确率 80% 以上。如果用户经常出言不讳或者有不当的评论，我们就会有一些惩罚机制。

泛低质识别涉及的情况非常多，像假新闻、黑稿、题文不符、标题党、内容质量低等，这部分内容由机器理解是非常难的，需要大量反馈信息，包括其他样本信息比对。目前低质模型的准确率和召回率都不是特别高，还需要结合人工复审，将阈值提高。目前最终的召回率已达到 95%，这部分其实还有非常多的工作可以做。今日头条人工智能实验室目前也在和密歇根大学共建科研项目，设立谣言识别平台[②]，可以说，今日头条通过大数据和智能算法对新闻信息进行筛选，在此过程中收集用户偏好、内

---

① 今日头条推出"精准辟谣"功能　高效识别虚假信息［EB/OL］．［2017 - 05 - 29］. http://media. people. com. cn/n1/2017/0529/c40606 - 29306285. html.

② 曹欢欢. 今日头条算法原理（全）［EB/OL］．［2018 - 01 - 17］. https：//mp. weixin. qq. com/ s/udsv2 PGWpp5I1 qlhfPt3 5Q.

容领域、行为特征、消费行为等关联数据，针对不同用户的画像提供定制化的推送，力求达到精准推送、精准获客。某种程度上来看，内容运营互联网新兴平台掌握着用户的新闻信息接收内容，对社会和网络舆论有较大的引导作用，以今日头条为代表的市场主体的安全科技对于金融包括股市、房市等微观细分市场安全以及宏观经济金融安全有着重要的规范、识别、监测、预警和化解作用。

（九）国际组织

1. IMF

国际货币基金组织（IMF）从 2016 年起就着手考虑未来的监管框架，并且对加密资产和金融科技的风险保持持续关注。IMF 秘书长克里斯蒂娜·拉加德曾指出"IMF 通过了解创新技术并从中学习，甚至采用其中的一些技术来改进规则、管理和监管。在某些情况下，可以应用现有的法规。在另一些情况下，随着新风险（包括网络安全）的出现，可能需要新的方法。"

对于金融风险和异化产生的新型风险，IMF 特别指出，最迫在眉睫的一个风险就是加密货币以及把加密货币用于犯罪目的的风险。这是因为加密货币具有匿名性，而且在 P2P 交易中超越了任何的中介，并且加密货币也是一种跨境交易的货币，特别是用于犯罪目的。据统计，截至 2018 年初，欧洲有 3% 到 4% 的犯罪非法所得通过加密货币进行洗钱销赃。另外，还有一些恐怖分子运用加密货币从事或资助恐怖活动。

另外，网络犯罪等诸多不确定性因素也是一个新兴威胁，它们共同构成了全球经济发展中的"黑天鹅"和"灰犀牛"。例如，利用网络薄弱地带进行黑客式攻击的行为越来越多；还有法律风险，围绕这些技术的法律框架的模棱两可性，使得法律的适用变得困难；目前金融科技的活动并没有给金融活动带来威胁，但是在将来可能有这样的威胁，如果一些金融科技公司用这些技术扰乱现有的金融机构的现金流和收入的链条，就有可能带来系统性的风险①。

2. FSB

目前，FSB 正致力于拟定全球监管科技框架。各国对金融科技的监管范围主要集中在四大板块：一是支付结算板块，尤其是电子支付行业，美国已形成完整的监管体系。二是存贷款与资本筹集板块，包括金融机构线上化运营、P2P 借贷和股权众筹等。三是投资管理，特指智能投顾。四是市场设施板块，其中征信领域已实施具体监管政策。在各国的监管科技改革举措中，最有代表性的是美英等主要发达国家的监管部门运用大数据分析、数据可视化等技术手段完成监管报告、建模与合规等工作。监管科技的具体应用体现在监管资料数字化、预测编码、模式分析与人工智能、运用先进算法侦测全网络可疑金融交易行为等方面。监管主体除了关注金融科技公司的持续运营能力和风控能力，还需将金融科技公司的基础设施纳入监管体系，建立和完善技术基础设施监管方案，在大数据和云计算的基础上建立实时、动态的监管系统，并结合既有金融监管规则推动监管科技方案的落实②。

2016 年 3 月 16 日，FSB 在日本召开了第 16 届全会，首次正式讨论了金融科技的系统性风险与全球监管问题，这标志着金融科技的监管告别了各国各行业单打独斗的局面，正式迈入全球协调协作的新阶段，金融稳定成为重要的考量因素。此次 FSB 全会审议了题为"金融科技的全景描绘与分析框架"的报告，初步评估了各主要类别金融科技的微观和宏观影响，认为从金融稳定角度出发，的确有一些潜在的监管关注点，需要各国监管者之间协调一致共同应对。因此，FSB 要求各监管机构既要积极监测国内金融科技的发展，也要与国际组织和制定国际规则的机构在业务监测、风险分析和共同应对等方面展开合作。BCBS（巴塞尔银行监管委员会）也成立了相应的工作小组，专门推动这方面的国际研究和合作。

---

① RossLeckow. 金融科技监管体制设计的五个原则［EB/OL］. ［2018 - 09 - 03］. https：//www. leiphone. com/news/201809/6kPxCyyenzKZroIk. html.

② 王勇. 以监管科技优化金融监管力量时不我待［EB/OL］. ［2018 - 03 - 09］. http：//finance. sina. com. cn/roll/2018 - 03 - 09/doc - ifysavih3246055. shtml.

FSB 最近提出了对金融科技的监管评估框架，这个框架分为三个评估步骤。

第一步是背景分析和情况描述。该步骤主要解决创新产品或创新服务是什么、推出此项产品或业务的金融机构或非金融机构具有哪些特征等问题。

第二步是分析驱动因素。该步骤主要解决创新产品或创新服务推出的主要驱动因素是什么；是否满足市场需求、降低金融服务成本及优化风险管理；监管与技术环境如何等。

第三步是金融稳定评估，分为微观层面和宏观层面分析。微观层面旨在分析创新对金融市场和金融机构的直接影响，包括其对金融机构商业模式、行为方式、风险状况、风险激励机制的影响，在市场层面产生的脆弱性因素，以及相关国际标准的制定情况，其中重要的一点是该创新是否接受监管，监管套利是否是其产生的因素之一，如果是，那么具体又是哪些监管提供了这一套利空间。而从宏观层面分析，主要考虑的是创新活动对金融稳定的影响，包括对市场行业结构、系统性风险、跨市场跨境关联度等方面的影响①。

案例　**区块链在合规科技中的应用**

1. 区块链银行合规

北爱尔兰银行运用区块链开发合规账单和合规报告自动报送平台。在2014 年德勤会计师事务所开发的一站式区块链平台中，德勤会计师事务所给企业提供了定制化的、可扩展、兼容性高的合规区块链服务，不同的企业可以根据行业环境、商业模式、合规要求、风险程度、行为机构和组织架构等内生变量和外生变量，搭建符合自身需求的区块链配置的综合性解决方案。Rubix 基于全栈式区块链环境进行的灵活开发和应用，以开源社区的方式，通过交互式的操作和多场景的应用，带动区块链原型的进化。其本身具有良好的弹性，初期搭建和后期迭代升级成本小，并且可以适应

---

① 廖岷. 以全球视野探索中国金融科技监管路径 [EB/OL].［2018－06－01］. https：//m. sohu. com/n/452430106/？wscrid＝32576_5.

多维度、多场景的应用。这些特点对监管科技而言，无疑是开创性的创新。

另外，早些时期德勤会计师事务所还运用区块链帮助银行达成合规要求。德勤会计师事务所通过区块链技术帮助北爱尔兰银行将业务系统数据整合上链，打造出一个区块链的分布式报表系统，在系统中数据公开透明、不可篡改，并且可以随时调用，与银行内其他部门，甚至其他银行跨链建立相关关系，实现报表和数据在节点之间的传输。德勤会计师事务所的合规区块链报表系统让北爱尔兰银行提前达到了《欧盟金融市场法规》的要求，高效实现监管的合规要求。德勤会计师事务所还为R3区块链联盟中的会员行提供智能数字身份验证的区块链概念原型，让银行能够自动化实现KYC、客户身份验证、管理，有利于进行用户画像和信贷风险识别，为银行资本充足率和风险管理提供技术支持。基于区块链，德勤会计师事务所正在成为数字化服务提供商和合规科技服务提供商，为全球监管科技发展作出了开创性的贡献。

2. 区块链证券合规

对于发挥交易所的一线监管功能，美国纳斯达克交易所早在2015年底就进行了试水，基于区块链对非上市公司在IPO前股票所有权进行监测和记录、存储。通过使用分布式账簿将企业股票发行、增资配股、分红等信息转化为数字化的形式记录上链，目的是提供证券发行和转让的全部历史记录，并提高可审计性。LINQ是一个开源的区块链分布式数据库，可以为其他公司提供可供接入的接口，保证股票发行过程中权属清晰、公开透明、数据可查。LINQ还为公司发行股票提供登记和公示，在pre-IPO阶段发行和转让信息上链，全网节点确认并更新，并通过设计好的合约发布权属证书，提高证券市场的透明度和秩序。

纳斯达克交易所的LINQ系统一经发布，在市场上引起了巨大反响。2015年12月，一家私人区块链开发公司通过纳斯达克交易所的LINQ平台向特定群体发行股票。美国一些众筹平台也在探索运用区块链追踪私人证券的所有权变动情况。实践表明，将区块链技术和证券活动结合，对于降低证券发行、承销、尽职调查成本，以及与公司行为有关的其他成本的需求高度契合。同时也便于证券交易所跟踪证券所有权变动情况，及时发现并对操纵市场、虚假买卖、内幕交易等违法违规行为进行规制。与之类似的还有电商平台 Overstock.com 通过其开展金融科技业务的子公司 T0，运用区块链技术平台发放加密债券。

3. 区块链支付结算合规

纳斯达克与花旗银行联合推出了一个整合的区块链支付解决方案，这将会是区块链技术商业应用的一个里程碑。花旗银行与纳斯达克的此次合作利用了 Chain 的区块链平台 Chain Core。

Chain 与花旗银行已经合作推出了花旗银行的新服务——CitiConnect for Blockchain，将其支付能力与块链网络结合，并结合了纳斯达克的私募市场区块链解决方案 LINQ。目前，已经利用 CitiConnect for Blockchain 和纳斯达克的 LINQ 完成了花旗银行的跨境支付自动处理流程（WorldLink）。

花旗银行通过提供一个无缝的端到端交易流程，让人们通过纳斯达克的 LINQ 平台使用 CitiConnect for Blockchain 和 WorldLink 支付服务来进行全球支付。WorldLink 支付服务是花旗银行对于跨境、多币种支付所推出的交易解决方案。区块链账本上实时交易活动的可见性提高了运营效率，降低了对账过程中的操作风险并免除了对账的需要。

表 3-3　　　　　　　国际部分监管科技公司简介

监管科技公司	国家	投资机构	业务领域
Contego Fraud Solutions	英国	FinTech 创新实验室	反洗钱/客户识别。提供自动化反洗钱和用户识别服务，多主体欺诈监测和实时合规检查
Elliptic	英国	数字货币集团	区块链/比特币。监测比特币区块链的非法活动，自动跟踪比特币交易活动，为数以千计的比特币地址提供可供审计的身份证明
Cloud 9 Technologies	美国	巴克莱银行、摩根大通、NEX 集团	企业风险管理。云通信服务提供商利用互联网和先进的 WebRTC 技术为机构客户提供高性能语音和协作的云服务
Flexeye	英国	毕马威资本	一般合规管理。与业界合作搭建物联网和智能化运营系统，优化质量，提高可持续性能

监管科技公司	国家	投资机构	业务领域
Druva	美国	耐克赛斯投资基金、红杉资本	信息安全、网络安全。保护和治理企业防火墙外部的边缘数据，提供数据合规、治理、取证等服务
Rsam	美国	JMI 公司	经营风险管理。提供灵活的应用程序，覆盖审计、业务连续性、IT 风险、事件管理、安全情报、供应商风险管理等
Governance. io	卢森堡荷兰	卢森堡国际银行、欧洲投资银行	监测报告生成、嵌入。创新"投资基金管理平台"，帮助基金管理人透明安全地管理和交换基金数据、文件
Compliance science	美国	爱迪生投资	金融交易监测。为经纪人、私募基金、对冲基金、银行、养老保险和上市公司提供合规服务

四、监管端：主动防控

金融市场的健康平稳发展事关国计民生和社会安定，当前金融科技和监管科技已经成为全球性的热点话题和创新趋势，在企业和市场主体运用监管科技达成合规要求并降低成本和提高经营效率的同时，以监管机构为代表的监管端也在运用监管科技迭代监管理念、监管手段和监管机制，以便更好地跟上金融创新和科技创新的节奏，应对金融科技创新带来的各种风险。因此，防范互联网金融风险和传统金融的风险，仅仅依靠金融机构和科技公司在市场端、合规端的发力远远不够，还需要国家和政府的大力支持，推动和引领监管科技的发展，政府、企业和市场第三方上下一心，通力合作，共同防控金融风险。

（一）监测平台

在监管趋严的背景下，各大互联网公司纷纷与地方政府展开紧密合作，地方政府也积极引入企业的技术优势，协助监管单位打造全流程式的监管体系。在大幅度提高企业的合规能力的同时，政府监管能力也大大增强。

除此之外，其他的一些技术监测平台也同样被应用到金融机构和监管部门中。比如，能够克服并解决现有监管行业"数据、算法、计算力"不足的问题的灵鲲金融安全大数据监管平台，该平台可以实现现金贷、P2P、虚假投资理财、金融传销等场景的风险预警，同时也可提供金融风控 SaaS 服务，服务区域性地方银行、信用社等风控能力弱的金融部门，最大限度实现金融风险监测全覆盖。目前，腾讯金融安全全息大数据监控科技平台连接并赋能不同监管主体，除了接入企业端的银行体系（中国银行、建设银行、招商银行、华夏银行、江苏银行等）之外，还与公安、工商等部门和运营商开展合作，配合参与"打击黑产"行动，目前已上报超过 5 万条线索网站、日拦截传销网站访问逾 1000 万个，及时帮助挽回消费者潜在损失预计超过 500 亿元。[①] 于 2018 年 10 月由京东金融和中国银联正式推出的"分布式风险信息共享平台"，利用区块链技术建立机构间去中心化数据共享协议，通过"事后计账、事后审计"的机制设计，从技术上确保多家机构间一对一的独立数据加密传输。

（二）国家主要监管机构及协同部门

我国主要金融监管机构包括中国人民银行、中国银行保险监督管理委员会、国家外汇管理局以及中国证券监督管理委员会。

1. 中国人民银行

金融科技是技术驱动的金融创新，为金融发展注入了新的活力，也给金融安全带来了新挑战。中国人民银行组织深入研究金融科技发展对货币政策、金融市场、金融稳定、支付清算等领域的影响，切实做好我国金融科技发展战略规划与政策指引。2017 年，人民银行成立金融科技（FinTech）委员会，旨在加强金融科技工作的研究规划和统筹协调。为进一步加强国内外交流合作，建立健全适合我国国情的金融科技创新管理机制，处理好安全与发展的关系，引导新技术在金融领域的正确使用，人民银行

---

① 腾讯灵鲲金融安全监管平台预判准确率超 95%［EB/OL］.［2018－05－03］. http：// www. sohu. com/a/230275282_161623.

反洗钱监测分析中心截至 2018 年 11 月已与境外金融情报机构签署 48 份合作文件。① 同时，人民银行也积极强化监管科技（RegTech）应用实践，利用大数据、人工智能、云计算等技术丰富金融监管手段，提升跨行业、跨市场交叉性金融风险的甄别、防范和化解能力。

2. 中国银行保险监督管理委员会

中国银行保险监督管理委员会（以下简称银保监会）在 2018 年机构改革中声称要在金融监管上坚持改变金融监管的"宽松软"，做到敢于监管、精于监管，要牢记"有风险没有及时发现就是失职，发现风险没有及时提示和处置就是渎职"，持续加大防风险、治乱象、补短板的工作力度，切实守住不发生系统性金融风险的底线。在实践过程中，银保监会适应时代发展，利用技术有效提升自身监管水平。比如，为提高银保监会对银行业金融机构现场检查的力度和效果，银保监会信科部开发了具有自主知识产权的检查分析系统（Examination & Analysis System Technology，EAST）。该系统包含银行标准化数据提取、现场检查项目管理、数据模型生成工具、数据模型发布与管理等功能模块。EAST 在实际应用过程中成效显著，查出了商业银行大量疑点数据，挖掘出了一些隐藏的问题。如查出某商业银行在部分企业贷款风险加权资产计量过程中未考虑表外授信敞口，导致信用风险加权资产少计。在信贷管理方面，发现某公司将流动资金贷款 2000 万元分拆为 2 笔并挪至保证金专户开立银行承兑汇票；某房地产公司通过空壳公司从银行获得 1900 万元贷款，经多次周转用于房地产开发。在信用卡业务方面，发现某特约商户每月固定从自家 POS 刷卡套现等。

3. 国家外汇管理局

当前，金融科技领域存在一些无序发展的行业现象和监管真空的管理问题，而监管部门一直在努力消除监管短板、填补监管真空。金融监管正从传统走向科技与监管的融合，未来应该广泛思考如何构建面向数字时代的金融生态系统，同时严厉打击各种违法违规行为。2018 年 4 月，国家外

---

① 中国反洗钱监测分析中心与厄瓜多尔金融经济分析组签署反洗钱反恐怖融资金融情报交流合作谅解备忘录 [EB/OL]．[2018 - 11 - 11]．http：//camlmac. pbc. gov. cn/fxqzhongxin/3558093/3558105/3569290/index. html.

汇管理局发表声明称要适应金融监管体制改革要求，研究强化监管科技应用，进一步增强打好系统性金融风险防控攻坚战的信心。在反洗钱合作上，国家外汇管理局实时了解信息，积极利用监管科技与金融科技搭建新的交流基础和对话平台，为反洗钱、反欺诈提供数据交流。在跨境金融监管上，国家外汇管理局正在推进"数字外管"建设，以此形成大数据实时监测和管理平台。[①]

4. 中国证券监督管理委员会

中国证券监督管理委员会（以下简称证监会）于 2018 年 8 月正式印发《中国证监会监管科技总体建设方案》（以下简称《总体建设方案》），标志着证监会已经完成了监管科技建设工作的顶层设计，并进入全面实施阶段。《总体建设方案》详细分析了证监会监管信息化现状、存在的问题以及面临的挑战，提出了监管科技建设的意义、原则和目标，明确了监管科技 1.0、2.0、3.0 阶段各类信息化建设工作需求和工作内容。

其中，监管科技 1.0 阶段的工作内容主要是通过采购或研制成熟高效的软硬件工具或设施，满足会内部门和派出机构基本办公和特定工作的信息化需求，提升监管工作的数字化、电子化、自动化、标准化程度。监管科技 2.0 阶段的工作内容主要是通过不断丰富、完善中央监管信息平台功能，优化业务系统建设，实现跨部门监管业务的全流程在线运转，为大数据、云计算、人工智能等技术在监管科技 3.0 阶段的应用打下良好的基础。监管科技 3.0 阶段的工作核心是建设一个运转高效的监管大数据平台，综合运用电子预警、统计分析、数据挖掘等数据分析技术，围绕资本市场的主要生产和业务活动，进行实时监控和历史分析调查，辅助监管人员对市场主体进行全景式分析，实时对市场总体情况进行监控监测，及时发现涉嫌内幕交易、市场操纵等违法违规行为，履行监管职责，维护市场交易秩序。

在稽查执法工作中，证监会积极推动法律制度不断完善；充分依托运用大数据监控技术，通过对历史交易数据跟踪拟合、回溯重演，市场监察部门精准锁定了一批可疑账户跟随资管产品先买先卖、同进同出的异常交

---

① 金融监管从传统走向科技与监管融合 ［EB/OL］． ［2018 - 11 - 11］．http：// news. 10jqka. com. cn/20180709/c605546191. shtml.

157

易线索；证监会还主动拓宽执法行动的覆盖领域，在密切监控公募基金产品趋同交易的同时，对私募产品、券商资管、专户理财、信托计划、保险投资等各类账户伴生的趋同交易组织案件调查；并且联合公安机关开展打击和防范"老鼠仓"交易专项行动，有力遏制"老鼠仓"多发蔓延态势。下一步，证监会将积极探索跨部门信息共享、联合检查，健全综合防控长效机制；推动出台"老鼠仓"司法解释，明确执法标准；综合运用行政处罚、市场禁入、刑事追责等方式加大违法成本，切断利益输送暗道。比如联合公安部加强监管。目前神州数码和公安部合作开发的国政通系统基本上被用于所有的银行、旅社、机场、铁道，这是一项"保护隐私、展现真实"并有效保护用户身份信息防盗用的"互联网身份证"服务系统。另外，证监会还将进一步建立健全证券基金经营机构的合规管理和内部控制，并充分发挥行业自律组织的培训宣教功能。通过综合施策、标本兼治，努力实现资产管理市场秩序的根本好转，有效防范市场风险。

此外，这几大国家主要监管部门也一直在加大协同力度。2018 年 4 月，中国人民银行协同银保监会、证监会、国家外汇管理局发布关于规范金融机构资产管理业务的指导意见①，其对于规范金融机构资产管理业务，强调金融监督管理部门的职责具有重要作用。为防范化解金融风险，公安部、中央宣传部、最高人民检察院等多部门也积极投入进来，协同各部门打好金融风险防范攻坚战。

（三）行业自律组织

互联网金融是我国近年出现的新产业领域，潜藏着诸多风险。但其尚在不断的分化组合与发展中，因此由国家直接立法对其实行规制并非万全之策。为了控制风险，应由监管机构引导互联网金融从业机构形成企业标准，然后提炼成行业标准，最后形成社会组织的自律章程，即软法。② 我

---

① 中国人民银行、中国银保监会、中国证监会、国家外汇管理局关于规范金融机构资产管理业务的指导意见［EB/OL］．［2018 - 11 - 11］．http：//stock.eastmoney.com/news/1350，20180427864964246.html.

② 邓建鹏，黄震．互联网金融的软法治理：问题和路径［J］．金融监管研究，2016（1）：64 -73.

国金融行业自律组织在发挥互联网金融行业软法治理、柔性监管上发挥了重要作用。这些自律组织主要包括中国互联网金融行业协会以及各地区互联网金融协会、各地区银行协会、中国中小商业企业风险管理工作委员会、网络借贷协会、互联网金融科技委员会等。

1. 中国互联网金融行业协会

中国互联网金融行业协会在着力构建我国金融科技领域行业自律和行政监管有效协调配合的金融监管机制上发挥了重要作用。中国的监管者通过中国互联网金融协会（National Internet Finance Association of China, NIFA，以下简称协会）对监管政策的指引和监督执行，来与金融科技部门打交道。针对目前金融科技所带来的一系列新机遇、新挑战，协会正按照国家治理体系和治理能力现代化的总体要求，努力建立完善法律约束、行政监管、行业自律、机构内控、社会监督"五位一体"的多层次金融科技治理体系，加强金融监管部门以及中央和地方监管的统筹协调。

其主要实施了以下工作：一是加强数据统计，为穿透式监管提供数据统计支撑。自2016年起，协会制定了《互联网金融统计制度》（非金融企业部分），开发、上线了互联网金融统计监测系统（一、二期），陆续向从业机构采集数据。二是加强风险监测预警，为穿透式监管提供及时的风险信息。鉴于互联网金融领域网贷行业风险问题突出的现象，协会重点开展了网贷行业风险监测预警，依托统计数据采集渠道，自主开发了互联网金融风险预警系统，重点关注从业机构基本信息、股东信息、资产负债利润信息、业务经营信息、产品异常信息以及项目逐笔投资融资信息六类数据。通过利率期限、杠杆、资产、平台运营、诚信、技术安全和正面信息7个维度，设定23项异常平台判别规则和风险阈值，筛查形成异常平台名录。三是加快集中式登记披露平台建设，为穿透式监管提供全面核查信息。协会在认真研究大数据、云计算、智能合约、区块链等新技术的基础上，充分吸收监管科技的相关理念和技术，抓紧推进集中式登记披露平台建设。该平台建成后将提供监管部门统一监测和社会公众统一查询的入口，可实现相关产品全生命周期监测和穿透式监管。四是加强行业标准体系建设，为穿透式监管奠定标准化基础。自正式成立以来，协会按照"顶层设计"和"急用先行"相结合的思路，在国家标准委的支持下，在金标委的指导下，牵头成立金标委互联网金融标准工作组，全面承担起互联网金融标准化工作职责，发布团体标准管理办法，启动互联网金融标准体系研制工作，推进国家首批标准化服务业试点，发布实施网贷信息披露标准，起草制定互联网消费金融信息披露标准，迈出标准化工作坚实的第一步。①

2. 地方互联网金融协会

各地互联网金融协会在地方金融监管上发挥了一定的影响力。比如，北京市互联网金融行业协会在2018年2月发布了《关于"虚拟货币"、ICO、"虚拟数字资产"交易、"现金贷"相关风险的提示》，规定金融从业者不得参与跨境非法集资、跨境洗钱、跨境金融诈骗、跨境传销、非法交易、侵犯个人隐私、操纵市场、非法发行证券以及非法发售代币票券等犯罪行为。又在年中分别发布了《北京市网络借贷信息中介机构业务退出规程》和《关于防范以"虚拟货币""区块链""ICO"及其变种名义进行非法集资的风险提示》，对网贷平台退出做了具体规定，并提示各互联网金融企业共同主动抵制和防范以"虚拟货币""区块链""ICO"及其变种名义进行非法集资行为和活动。这些文件对于行业规则的形成具有重要意义。

3. 中国中小商业企业风险管理工作委员会

中国中小商业企业风险管理工作委员会（以下简称中小风险管理工委）的成立为我国中小商业企业风险防范水平的提高和互联网金融风险研究提供了极大的支持。为了能够深入了解风险所在、风险预判和风险防控，中小风险管理工委联合国内风险管理专家和权威人士，协商组建风险管理专家委员会，致力于风险管理研究和风险管理咨询。目前互联网金融问题频发，行业性失信问题严重，中小风险管理工委针对互联网金融行业风险，组建专业团队，成立了专门的行业风险管理研究部门——互联网金融风险管理中心，对互联网金融行业现状、风险所在、风险隐患、风控措施等方面进行分析，以期发现风险规律、风险隐患，找到有效的风控预防和控制措施。此外，中小风险管理工委通过互联网金融管理智库的建设、互

---

① 陆书春. 发挥行业自律作用助力金融科技穿透式监管［EB/OL］.［2018 – 11 – 07］. http：//www. vccoo. com/v/wy1ya2？source = rss.

金风险管理信息查询平台的搭建，组织投融资风险管理师培训，引进国际金融官培训项目，以及举办"中国互联网金融风险管理创新发展论坛"，加强互联网金融风险研究交流等方式，提高企业的互联网金融风险抵御能力。在与监管部门的沟通与合作方面，中小风险管理工委先后与山东金融办、深圳金融办、青岛金融办等监管部门进行了多次交流和沟通，就金融风险现状和地区金融业态特点进行交流，并就金融风险管控达成初步的合作意向。

　　监管机构应根据已有社会规则形成规范。在该领域，社会规则的形成主要包括以下流程：企业规范业务流程，细化操作要点，严格风险管理规则和企业标准；通过行业自身努力、企业间沟通，制定行业标准，形成行业自律准则和行业公约。其中，互联网金融行业协会应注重发挥自身作用，引导企业形成产品规则、企业规则和标准流程，由此提炼并形成行业标准、行业自律公约（即软法）。互联网金融软法的制定主体一般是国家与政府之外的社会共同体（如 P2P 行业组织、众筹协会、互联网金融专业委员会等）。软法主要由共同体成员的承诺、诚信、舆论或纪律来保障执行。此外，软法的争议由行业组织民间调解、仲裁机构处理或争议当事人自行协商解决。互联网金融的软法治理应在政府主导、行业自律、机构内控、社会监督下，综合发挥功效。在此基础上，监管部门可将已得到市场检验和认可的部分行业规范、社会规范转化为法律。由于这样制定的国家法已被社会广泛认可，且其实行效果已大部分获得社会检测，因而在日后执行中能更充分地发挥其法律效力。①

---

　　① 邓建鹏，黄震. 互联网金融的软法治理：问题和路径 ［J］. 金融监管研究，2016（1）：64－73.

第四章 "监管沙盒"制度设计：将风险装到"盒子"里

《互联网金融报告 2017》（以下简称报告）以金融创新与规范发展为主题，提出"推动中国互联网金融健康可持续发展的十条高级原则"。"转变监管理念，实施主动式、包容性监管""创新监管新机制，引入中国版'监管沙盒'"是其中重要的两条原则。由于监管缺位，互联网金融初期野蛮发展，出现了诸多风险事件和群体性事件。要建立监管机构与市场之间的信息互动共享机制，监管机构和金融服务提供商之间应定期进行知识共享；建立互联网金融风险监测和预警机制，主动识别和防控金融科技整体风险和个别高风险领域；实施监管机制创新，设立"监管沙盒"。"监管沙盒"就是要构建一个金融创新的"安全空间"，在这个安全空间内，金融科技企业可以测试其创新的金融产品、服务、商业模式和营销方式。监管者在保护消费者权益、严防风险外溢的前提下，通过主动合理地放宽监管规定，减少金融科技创新的规则障碍，从而实现金融科技创新与有效管控风险的双赢局面。

一、"监管沙盒"理念

"监管沙盒"是指以金融科技创新为契机，构建并发展相对的安全空间，围绕此空间，金融科技公司对所创新的产品、服务以及商业营销模式等予以全方位的测试。监管沙盒中的"沙盒""沙盘"（Sandbox）来源于计算机安全研发和应用领域。沙盘/沙盒，顾名思义可以看作一种容器，里面所做的一切都可以推倒重来，军事上常用沙盘来进行一些战争区域的地形模拟，不用了可以把沙子推平重来。

沙盘是一种安全软件，可以将一个程序放入沙盘运行，这样它所创建、修改、删除的所有文件和注册表都会被虚拟化重定向，也就是说所有操作都是虚拟的，真实的文件和注册表不会被改动，这样可以确保病毒无法对系统的关键部位进行改动从而破坏系统。另外，沙盘一般都有部分或完整的类似 HIPS 的程序控制功能，程序的一些高危活动会被禁止，如安装驱动、底层磁盘操作等。目前沙盘主要有两大类，一是采用虚拟技术的传统沙盘，二是采用策略限制的沙盘。目前比较主流的沙盘有 Sandboxie、Defensewall、Safespace、Bufferzone、Geswall 等。沙盘的工作原理是，比如在玩游戏的时候，运行一个游戏程序，它会先读取保存在硬盘中的数据记录，然后在你玩游戏的过程中显示出来，最后再写回硬盘以待下次使用。Sandboxie 的作用就是改变程序写入数据的地点，不让它写回到硬盘中，而是写到由 Sandboxie 创造的一个虚拟区域。一些游戏和软件的测试和体验版就是用沙盘的这个虚拟区域创造一个虚拟空间供程序运行和数据写入。

监管沙盒/监管沙盘就是将沙盘的工作原理和蕴含的理念运用到金融监管方面，尤其是对金融科技风险的监管中。在应对新业态、新形势的金融服务和产品时，不知道风险、漏洞有多大，市场消费者接受程度如何，模式是否可持续等，就可以将新兴产品和服务放入虚拟的环境中，提供配套的环境和变量供其测试，在测试中积累数据，调整产品服务策略，优化产品性能，评估风险指数。通过监管沙盒测试才能获得监管机构授权，进入更广阔的市场开展业务。

二、"监管沙盒"原则

（一）监管、创新、风控协同共进

监管沙盒把监管主体和创新企业都装到一个盒子里，同时在线、同频共振，与风险防控并行共进。在沙盒中，监管者通过沙盒接口接入创新链，利用云计算、大数据、人工智能、区块链等技术支持提供监管指导，及时获取数据和信息反馈，为企业"画像"，并进行风险评估和可行性评

163

估。在新技术驱动场景嵌套的创新链式发展和新板块轮动过程中，由于金融科技创新的多维度、宽领域和技术性强等特性，监管往往"看不懂""跟不上"，不能在早期进行及时有效的引导规制，等风险累积到一定程度或者事故发生时再来"一刀切"，这不但会打击市场创新，也不利于风险化解和监管效能的充分发挥。而监管沙盒的制度设计能改变监管"慢半拍"的情形，实现监管与创新的协调共振：监管机构与创新者同时在线，可以通过"聊天室"、研讨会、行业论坛沙龙等方式了解创新企业最新动态，学习金融科技企业的新技术和产品理念，升级监管理念，改造监管技术手段，收集创新企业提供的信息和数据。监管与创新协调共振的监管沙盒能有效避免"摆钟式"监管，为科技初创企业提供较稳定可预期的动态监管指引，为金融科技初创企业赋能。监管赋能、生态合作，是监管沙盒本质特征的体现。

以巴克莱银行为例。在 FCA 的第三轮监管沙盒测试中，巴克莱银行的测试目的是在沙盒中测试银行内部政策和风控指标，以符合 FCA 的合规要求，让企业合规跟上监管的步伐；同时，监管政策也可依据测试企业的情况动态更新，以监管促进创新，以创新带动监管，实现同频共振、动态协调，从源头上防范和化解风险。

（二）线上创新探索与风险防范

以前我国改革试点的做法不是放在线上的网络空间和生态环境中，而是工作主要在线下的环境中完成。金融科技或互联网金融则不一样，监管沙盒更多的是针对在线的区域和主体开展创新探索，把技术运用在监管上。互联网时代的到来和移动互联网的飞速发展，极大拓宽了人们的生产生活空间，加上互联网相关的配套设施逐步完备，一个与现实世界平行的网络空间建立起来，电商、物联网、支付结算平台、大数据、区块链、人工智能都可以在这个虚拟空间中运行。在初始阶段，现实空间与网络空间是相对独立和相互隔离的，现实中的金融风险不会传递到网络空间中，同时网络空间中的风险也不会扩散到现实世界。但随着移动互联网的进一步发展，线上世界和线下世界之间的联系越来越紧密，现实空间和网络空间越发融合在一起，成为不可分割的一部分。现实空间和网络空间的风险再也无法隔离，一方产生的风险将迅速传递，扩散到另一个空间中。在这个背景下，改革试点的线下运作受移动互联网和新兴技术的冲击不可谓不大，纯粹的线下运作已经不能适应时代的发展，已有的风控机制已经不能化解线上传导的新风险，对试点效果也有不利影响。因此，就算是运行模式已渐趋成熟的线下试点，也会不可避免地受到移动互联网和金融创新科技的影响。

在线是一种新的业务状态和模式，线上空间更大、兼容更好、成本更低廉，可以节省线下的时间、人力、物力成本。加上金融科技的运用，网络空间可以实现分布式运行，多方同时运行，可以极大地提高金融监管的效率和风险防范能力，降低成本。把区块链技术纳入监管沙盒中，能帮助实现分布同时运行的功能。网络在线不仅是技术、内容的在线，监管者、金融科技企业、消费者都可以转移到线上，沙盒监管的整套流程也可以放在线上，还可以引进在线的区域。这样就可以在线上进行沙盒监管，创造沙盒的生态环境，包括前期的申请环节、中期的评估环节以及后期的测试环节都可以在线上完成。运用技术手段设定一个特定的网络空间，让监管者、目标测试企业、消费者入驻，监管者可以利用网络技术实时在线监测目标企业的动态，随时与企业交流沟通；金融科技企业可以在线上发布自己的产品和服务，并实时与监管者对接，接受监管层的线上指导和监督；金融消费者使用产品和服务，可以在线上评价、提议，也可以申请在线赔偿损失等。线上的主体和区域运行将发挥线下试点不具备的优势。

（三）构建多方、同时、一体化监管风控体系

以前我国的改革试点没有进行多方、同时、一体化构建，大多是在相对隔离的地方或行业试点。而监管沙盒是多方同时在金融科技领域共同探索，不仅"产学研用"全部在内，技术研发主体、市场主体和监管主体也同时参与互动。以前的试点监管研究创新往往在经营创新之后，常会出现监管跟不上创新的情况。现在多方同时在线，监管主体和市场主体可以同时进行监管技术研发和市场技术研发，不需要等到市场创新之后监管才向

前追赶。此外，监管沙盒没有之前改革试点的顾虑。之前的改革试点若是分布在几个不相邻的地方，这几个试点之间很可能相对隔离，相互之间不会有交互沟通，各自为政。而监管沙盒不存在这个问题，整个网络空间是一个大平台，就算是地域空间相隔甚远的两个地区或国家，也能实时地进行沙盒监管测试，除网络技术的原因外，很少会出现时空衔接困难或者延迟等情况。监管沙盒解决了不相近地域的沟通联络问题。

同时，"多方"而不是"一方"，体现了参与主体的多样和多元，多方在线的情景下，可以相互监督，加深对各方的了解，相互支持，构建多层次的反馈机制。

"产学研用"和多方主体的一体化构建，将打造一个强大的金融创新生态和风险防控体系。在知识经济时代，知识就是价值，就是生产力。把知识运用于知识，产生新的知识，就是创新。监管沙盒的模式充分重视知识和技术的力量，重视知识生产和技术研发，无论是金融科技（FinTech）还是监管科技（RegTech）都能在这个大的生态体系中得到发展，"产学研用"的生态模式也会为监管沙盒提供持续长久的动力，帮助监管沙盒自身不断进化，有效化解潜在风险。

（四）基于技术的实时动态监测和互动

以前改革试点的方法论是走一步看一步，发现错了再改，有了风险再防。而监管沙盒有互联网、大数据、区块链等新技术和方法的支持，实时动态在线的监管互动大大提高了监管效率。改革试点与监管沙盒相比，一个显著的差异就是改革试点相对于沙盒而言处于静态状态，而监管沙盒则是实时动态的。改革试点中的监测是阶段性的，监管者不能够在任意时间节点查看试点情况，且政策、信息的传递和执行往往具有滞后性，有一定的时间差；信息的传递也大都是单向的，缺乏必要的交流互动。

监管沙盒能解决这些弊端，基于互联网与金融技术支持的监管沙盒能够在线上实现实时的监测和数据获取，并且能够及时更新数据和动态，真正做到全过程掌控和管理。针对测试过程中出现的问题或突发状况，各方都能通过实时的信息交互平台通知和共享，监管者、消费者、测试企业可以及时交换信息，避免紧急情况时找不到人等信息传递不力的窘况发生。监管沙盒能够把一切不确定的因素和潜在风险降到最低。

（五）金融风险管理理念的创新

互联网金融的风险，既带有金融风险的一些属性，又具有互联网自身的特点。与一般金融风险不同的是，互联网金融风险大致可以分为四类：一是战略风险，这是最主要的风险。互联网金融时代是信息大爆炸和瞬息变幻的，准确把握行业发展和监管发展的动态和方向，就意味着抓住了行业的先机，能够站在时代和潮流的前沿。若是没有把握住战略方向，甚至出现方向错误的情况，企业可能就会随波逐流、不温不火，严重的还可能带来灭顶之灾。之前出现的一些非法集资平台就是典型的战略失误和方向错误。二是政策性风险。政策具有策略性和阶段性的特点，过去不实行不代表未来不会实行。原先利用政策空白进行监管套利的时代渐渐消失，例如，人民银行等部委给互联网金融提出三到五年的观察期，企业若没有"政策窗口"的概念，对政策的错误估计和判断可能会带来风险。三是技术风险。基于互联网从事金融业务，技术平台的风险隐患很常见。有数据反映，中国的金融APP百分之七八十都有安全漏洞。金融安全就在我们身边。另外，经过深度测试和检验，发现国内知名的大品牌，对抗黑客攻击的防护和手段欠缺。这些都反映了消费者资金安全面临很大的隐患。四是互联网金融的系统性风险。人民银行、银保监会、证监会基本是分业监管，虽然有协调监管机制，但是"一行两会"之间的联动和系统性风险防范工作没有很好地解决。目前没有机构明确检测出互联网金融系统性风险的"系统"到底有多大，跨市场到底跨了多远，这些都是悬在我们头上的达摩克利斯之剑。

因此，互联网金融的风险和传统的金融风险存在些许区别，不能套用原有的风险理论和模型。相应地，改革试点中出现的风险与互联网金融领域的监管沙盒中出现的风险可能有所不同，需要调整风险管理的理念和方法。以前改革试点用的风控方法主要是隔离和转移，现在有大数据技术对风险源进行实时动态的监测，用区块链分布式结构分布式匹配风险和资金，从而降低系统性风险。可以说，监管沙盒中运用的风控理念和方法是分散和减少的方法，而不是单纯的转移隔离。

（六）监管沙盒与金融改革试点的逻辑自洽

1. 金融改革试点理念与方法论

金融改革试点作为我国改革开放的重要试点，集文化、理论和实践于一体，独具中国特色，在过去四十年的改革开放中发挥着引领改革开放和中国经济社会腾飞的先锋队和试验田的作用。其方法论从"摸着石头过河""要坚决地试，大胆地闯，杀出一条血路来"等经典论断中萌芽，在经济特区、沿海经济开放区、自贸区等实践中迅速成长，到以温州金改为代表的一系列地方金融改革试点的开拓创新，再到习近平关于金融改革试点的论断的提升发展，越来越成熟，作用也更加明显。

根据习近平总书记的方法论，金融改革试点通过对局部地区或某些部门、领域的改革试验，总结成败得失，完善改革方案，寻找规律，把解决试点中的问题与攻克面上共性难题结合起来，探索改革的实现路径和实现形式，为整体改革提供可复制、可推广的经验做法。同时，从法学的角度看，金融改革试点与软法、柔性的法律逻辑相似，即根据具体情况对政策进行变通，营造宽松的试点环境，在动态中探索合规条件。

以温州民间金融改革试点为例。2012 年国务院批准下发《浙江省温州市金融综合改革试验区总体方案》，拉开了金融改革试点的序幕，重点针对民间金融探索金融监管经验。在试点期间，温州成立了民间借贷登记服务中心，实行民间借贷登记备案制度；制定了《温州市民间融资管理条例》等地方性法规，取得大批可复制的经验和成果。截至 2017 年，温州金改 9 项成果被推广到周边省市并在全国复制，其中以"温州指数"为基准的民间融资监测网络在全国 46 个城市设立了 600 多个监测点；全国约 23 个省试点设立了 200 多家负责备案登记的民间借贷服务中心；其民间融资管理条例则推动了全国范围内民间融资管理立法的进程。温州金改在全国范围产生了巨大的示范和复制效应。

2. 金融改革试点与监管沙盒运行逻辑

细究中国金融改革试点和西方监管沙盒的运行逻辑，可以发现二者在运行结构上具有相似性，大致都由顶层设计、法律授权/豁免、测试、评估几个环节组成。

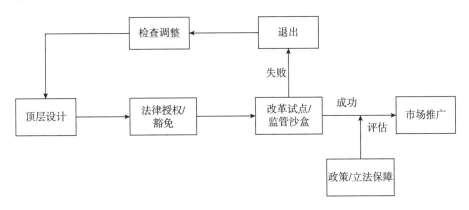

图 4 - 1　改革试点/监管沙盒运行逻辑

根据该运行逻辑，若测试成功，可以进入市场推广；若测试或试点失败，则反向检查调整，重新制订新方案、优化新产品。灵活柔性的授权和闭环机制，加上各个环节的安全阀的设置，能够有效控制试验节奏，防止风险外溢。这是监管沙盒和金融改革试点的共性所在。

3. 监管沙盒和金融改革试点的兼容性和承继性

金融改革试点和监管沙盒都有良好的兼容性和承继性。兼容性在于，监管沙盒和金融改革试点都具有适用领域广、可自主设计、灵活试错、风险可控的特点，可与不同场景、不同概念相结合分化出不同试点场景、沙盒场景，比如规制沙盒、合规沙盒、风控沙盒等。未来，可能不仅在金融监管领域设计监管沙盒，各行各业都可推出与监管沙盒理念相似的沙盒。承继性在于，金融改革试点和监管沙盒都不是一次性的制度设计，而是可以循环使用和迭代升级，在多个领域、多个地区甚至多个国家多线程使用，然后将成功的产品和经验推广。若测试失败，则进行反馈调整，对测试方案和监管政策调试修改。兼容性和承继性蕴含的"柔性"促使金融改革试点和监管沙盒内部自成生态，是催化制度内生创造革新的动力和生命力。这既是金融改革试点在中国改革开放四十年而不衰，并呈燎原之势的原因，也是监管沙盒没有在实践中被淘汰，而是迅速蔓延全球，被数个国家吸纳移植的原因。

对比金融改革试点和监管沙盒的运行逻辑可以发现：（1）顶层设计是可变的，根据国家和监管政策可及时作出调整；（2）法律法规和监管政策也需要在保持定力和稳定可预期的前提下，提供一定的敞口和变通通道；（3）金融改革试点和监管沙盒都是在特定空间和持续时间内对特定数量的参与者进行试验的制度，都具有良好的容错机制、灵活的调整机制和容忍期；试点/测试完成之后，二者都有配套的过渡推广和反馈评估机制。此外，监管沙盒中蕴含着兼容的"柔性"与动态承继的合规等监管理念，与金融改革试点的理念也具有一致性①。

三、"监管沙盒"测试的实质

（一）有限的监管、有限的创新

"监管沙盒"的本质是将风险锁在箱子里，实现风险防控的前置化和流程化。在创新产品和服务进入市场前增设一个创新试验和风险测试环境，一是将新技术的风险与外部市场隔离开来，切断风险扩散传导的接口，沙盒内的风险盒内化解；二是提前发现创新理念和项目的风险，及时向监管机构汇报商讨，制定相应的风险预案和化解措施，将风险扼杀在摇篮中。在这个层面上，监管沙盒机制对风险的发现、识别、处置、预警功能，与计算机领域的虚拟机、沙盘和航空领域的"试验风洞"有异曲同工之妙，充当了金融风险观察、测量、缓冲和缓释的"润滑剂"。

监管沙盒是监管科技的产物，兼顾时间和空间的维度提出新监管思路，在"变"中寻求金融创新与金融安全的平衡。根据FCA对监管沙盒的功能定位，监管沙盒是在一个缩小版的真实环境中测试创新产品和服务，为没有市场准入的金融许可的初创企业以及创新活动可能不符合监管要求的企业提供时间和空间范围可控的测试环境，吸纳有限数量的金融消费者

---

① 黄震，李英祥. 互联网金融的软法之治［J］. 金融法苑，2014（2）：35－53；黄震，龙曙光. 互联网金融法治的混合法之路［J］. 中国党政干部论坛，2015（4）：42－44.

进入沙盒参与体验，测试产品和服务的可行性和市场接受度等参数，并收集参与者数据。在沙盒中，监管者和被监管者转变了以往"猫捉老鼠"的严格层级关系，实现了某种程度上的"平等"，沙盒测试者可就相关监管政策、业务经营风险、法规遵从性等问题向监管者咨询，监管者也需要密切关注测试者的创新和测试动态，收集测试对象的建议反馈，甚至为测试对象量身定制具体的沙盒测试方案。

在英国、澳大利亚和新加坡、中国香港等国家和地区的监管沙盒的制度设计中，监管沙盒内适用的并非是完全的监管标准和监管要求，而是有一定程度上的放宽，如英国 FCA 设计了五个主要的沙盒工具"限制性授权、个别指导、豁免或修改监管规则、无强制执行函、非正式引导"①，新加坡 MAS 规定了可以放宽和需要保持的监管要求，澳大利亚 ASIC 则制定了行业集体豁免、个别指导等更为宽松的沙盒监管框架。相对于完全的金融监管要求，监管沙盒无疑是"有限监管"的创新。在有限监管和负责任创新的监管框架内，保持监管规范和要求的弹性和灵活性，是有限范围内的放宽。另外，监管沙盒内的创新活动也不是完全开放的，需要受到沙盒边界的限制，表现为有限的授权、有限的资源、特定的创新项目和产品、特定的测试方案。再者，监管沙盒内的金融消费者也是有限的。监管沙盒就是"有限监管 + 有限创新 = 有监管的技术创新"，本质上是金融活动。因此，监管沙盒测试的就是金融创新活动的影响与可承受边界，通过一系列场景模拟和压力测试综合评估金融创新和科技创新的外部性和风险传导等因素，通过观察消费者的体验和满意度来预测市场接受度。在不断测试边界的过程中改进创新项目和产品，从而实现测试边界的逐步扩大，直到走出"沙盒"，向更广范围的市场开展业务和发布产品。

监管沙盒设计的边界调适与扩大的机制，是对"创新链"和创新边界的测试和延展，将市场、业界与金融监管有机结合起来，是回应创新张力和监管压力的平衡机制，也是变监管压力为创新动力，驱动科技创新和金融创新在合规框架内运行的转换器。在科技、市场和监管一体化的发展趋

---

① FCA. Sandbox Tools［EB/OL］.［2017 – 12 – 15］. https：//www.fca.org.uk/firms/regulatory – sandbox/sandbox – tools.

势下①，监管沙盒将技术创新、市场创新和监管创新都放到特定的生态环境中，让三个子系统一起联动，协同创新。

（二）测试流程

在现有的监管沙盒框架中，各个国家和地区的设置都有所不同，但在具体操作中均参考借鉴了英国监管沙盒，大致分为申请、审核、评估、测试、反馈、退出几个环节，测试时间从 6 个月到 2 年不等。为了应对众多金融科技创新企业和不同领域的创新项目，大多数国家和地区都制订了较为完备的进入和退出方案，以及筛选申请企业的标准。

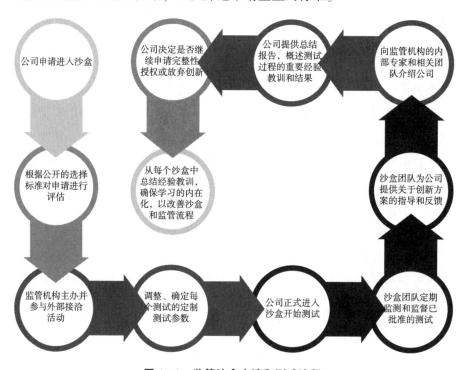

图 4 - 2　监管沙盒申请和测试流程

---

① 黄震. 区块链赋能监管科技　未来大有可为 ［EB/OL］. ［2018 - 07 - 12］. https：// www. jinse. com/blockchain/212888. html.

（三）测试标准

在设定测试标准时，大多数国家采用的都是比例原则，即在基本的沙盒准入框架外，根据具体企业情况和创新案例调整标准，标准的审查首先由申请测试的企业填写自我评估表格和报送的材料，具有一定程度上的主观性。英国 FCA 主要从以下四个方面审查申请公司是否具有进入沙盒的资格：（1）公司规模；（2）是否具有真实创新；（3）是否为消费者的利益；（4）背景调查。

表 4-1 　　　　　　　　　　　FCA 沙盒测试标准①

标准	关键问题	积极指标	消极指标
公司规模	您是否希望在英国金融服务市场提供监管业务或支持监管业务的创新？	该创新是为了在英国市场应用	该创新并不是为了在英国市场应用
是否具有真实创新	您的创新是否具有突破性或者明显区别于市场上的其他产品？	市场上类似产品很少或者没有建立，是否是规模上的逐步变化	市场上已经有很多类似的产品，仅仅是既有产品的差异化改进
是否为消费者的利益	该创新是否为消费者提供了一个明确的利益前景（无论是直接的还是通过激烈的竞争）？	这项创新可能直接或间接地为消费者带来更好的交易； 已经确定任何可能出现的消费者风险并提出了减轻风险的建议； 这项创新将促进有效竞争	可能会对消费者、市场或金融体系造成不利影响； 这项创新旨在规避监管

---

① FCA. Applying to the regulatory sandbox ［EB/OL］. ［2018-02-14］.

标准	关键问题	积极指标	消极指标
是否真的需要沙盒	是否真的需要在沙盒中测试创新？申请人无须沙盒工具即可满足此标准	这项创新并不容易适应现有的监管框架，因此将创新推向市场会很困难或成本高昂；将从使用沙盒工具在活动环境测试中获益；没有其他方式可以参与 FCA 或实现测试目标；完整的授权过程对于短期可行性测试来说太昂贵/困难	没有必要进行实时测试来回答您想要回答的问题（达到测试目标）；即使没有 FCA 的支持，也可以轻松地进行测试；专门的主管或我们的直接支持团队可以回答这个问题
是否准备好进行测试	是否准备好在真实的市场和真实的消费者中测试这项创新？	有一个完善的测试计划，具有明确的目标、参数和成功标准；到目前为止，已经进行了一些测试；有可以在沙盒中测试的资源；有足够的保障措施来保护消费者，并能够在需要时提供适当的补救措施	不明确的测试目标和/或测试计划尚不完善；几乎没有进行过任何测试；没有进行测试的资源；建议的客户保障措施不够充分和/或无法提供适当的补救措施

表4－2   **监管沙盒测试生态**①

序号	共同特点	对创新者的影响	监管机构的责任
1	测试目标为新的商业模型或技术	监管机构将对违反现行监管制度或在监管上带有不确定性的商业模型进行测试； 监管重点也会因地区发展而有所不同。例如，由于韩国的财富管理行业面对急速的发展，其沙盒侧重于智能投顾平台的设计与监督	识别对当地发展相关的金融科技商业模型； 了解新模型对财务和运营的影响
2	测试拥有特定目标和范围	不同市场的范围和目标也有所不同。 常见测试包括：区块链的场景应用、P2P网贷的风险管理、机器人投顾设计、算法交易的安全性和稳定性、财富管理平台的"投资者适当性"、生物识别的安全性	识别会受益于现实环境试验的金融科技领域
3	对生产环境的影响有限	将根据监管风险偏好制定相关的客户保障措施，包括：对用户数量的限制，或禁止高风险或复杂金融产品在测试阶段使用	为不同金融科技的商业模式制定目标和客户保障措施
4	监管机构在生产前进行了严格的测试	公司必须提交定期状态报告以持续评估风险，以便监管机构评估不同商业模型带来的影响； 如出现任何违规行为，监管机构保留终止测试的权利； 最终测试后，监管机构有权对某部分不适用的条文作出特别豁免和重新定义	设计和优化监管沙盒的运行模式，包括目标企业类型和审阅方法； 基于沙盒获得的经验，改善当前监管规定

---

① 安永．随着金融科技的发展，金融服务创新能否符合监管要求？——监管沙箱在英国和亚太区的兴起与影响 [EB/OL]．[2017－10－11]．

(四) 消费者保护

互联网金融在给消费者生活带来便利的同时，也引发了大量的风险事件。消费者在面对互联网金融时缺乏风险防范意识，加上互联网金融本身的高风险特性、互联网金融监管及产品销售等方面的原因，导致互联网金融重大风险事件频发，破坏了金融市场秩序，给消费者造成巨大的经济损失。[1] 因此，大多数国家和地区都将监管沙盒中消费者保护的活动纳入现有消费者保护体系中，并配套对参与沙盒测试的企业提出要求。例如英国"监管沙盒"在金融消费者权益的保护方面，金融行为监管局（FCA）要求，只能对知情且自愿参加的消费者进行测试，并且消费者在测试过程中同样享受英国金融服务补偿计划（FSCS）和金融申诉服务（FOS）的保护，并要求测试机构在此基础上制定经 FCA 审核的详细的金融消费者保护及补偿方案。[2]

主流的监管沙盒的消费者保护主要分为四个方面：第一，消费者知情权。只有知情且同意的客户才能参与沙盒测试，并且这些客户必须清楚潜在的风险和可能的补偿措施。第二，测试对象的披露义务。沙盒公司决定披露、保障、补偿的水平，监管机构与公司合作，以确保他们对这些提议感到满意。第三，损失补偿权。沙盒公司同意补偿客户的损失（包括投资损失），并能证明他们有足够的资源去这样做。第四，沙盒内适用同等的消费者保护，包括参与沙盒的金融消费者拥有与其他金融消费者同等的权利，并适用同一套纠纷解决系统。

---

[1] 王胜伟. 互联网金融重大风险事件中消费者保护问题研究 [J]. 金融教育研究，2018，31（5）：50－55.

[2] 余建川，常健. 英国金融监管：缘起、法律变革及其启示 [J]. 商业研究，2018（8）：99－107.

四、"监管沙盒"分布地图

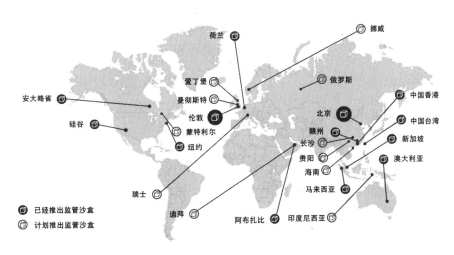

图 4 – 3　"监管沙盒"分布地图

已经推出监管沙盒 （实心圆）	英国（伦敦）、中国内地（北京、赣州）、澳大利亚、荷兰、新加坡、巴林岛、美国（纽约、硅谷）、加拿大（安大略省）、中国香港、中国台湾、马来西亚、泰国、阿拉伯联合酋长国（阿布扎比）
计划推出监管沙盒 （空心圆）	巴西、文莱、丹麦、迪拜、印度尼西亚、印度、爱尔兰、日本、约旦、肯尼亚、卢森堡、毛里求斯、墨西哥、摩洛哥、挪威、沙特阿拉伯、塞拉利昂、西班牙、瑞典、瑞士、土耳其、俄罗斯、乌干达、乌克兰、泽西岛、中国内地（长沙、海南、贵阳）、英国（爱丁堡、曼彻斯特）、加拿大（蒙特利尔）

（一）国际代表性国家/地区"监管沙盒"实践

"监管沙盒"的创设是以保护消费者的合法权益为基础，以有效地预防与规避风险外溢现象为前提，妥善放宽监管的范畴，为金融科技创新消除规则方面的阻碍。部分发达国家采取"监管沙盒"的方式，实现了金融科技创新与有效管控风险的双向协调发展。

1. 英国

英国监管沙盒为创新者提供创新空间，旨在在金融风险监管与金融科技创新中寻找一个平衡点。英国监管者为了让金融科技企业更好地向客户测试产品和提供服务，对金融科技企业进行充分授权，并给予测试费用支持，在监管空间中为已经被授权或者未被授权的公司提供创新产品测试、服务测试、商业模式测试和支付机制测试等。这个"监管空间"是个真实的市场，里面有真实的消费者。

英国金融行为监管局（FCA）推出的监管沙盒机制，包括沙盒的作用定位、目标客户、沙盒工具、申请流程等。英国监管沙盒创设的目的主要有六个：一是减少将新的、有益于消费者的创意推向市场的时间和费用；二是确保在新的产品和服务中建立了适当的消费者保护和保障措施；三是更好地获取资金；四是消除不必要的针对创新的监管壁垒；五是允许企业在真实的市场环境中测试创新型的产品服务和商业模式，同时确保安全措施到位，从而促进更有效的、有益于消费者的竞争；六是在给定的管辖范围内促进某一领域或某一类公司的市场发展，如金融科技公司。监管沙盒适用的企业大致可以分为三类：寻求授权的企业、已经被授权的企业、支持金融服务的技术企业（这些技术企业可以为监管者提供技术服务）。监管沙盒使用的工具有：限制性授权、个人指导、放弃或修改规则、免强制执行函。在解释说明运作流程时，FCA 为企业提供监管沙盒申请表，并定期公布被同意加入沙盒的企业。目标企业第一批有 18 家公司纳入监管沙盒，第二批有 24 家金融科技企业纳入监管沙盒。第三批名单正在征集中，报名尚未结束。对于提出申请的企业，FCA 利用线上问卷形式对报名企业进行筛选，符合资格标准[①]的企业将被 FCA 接受并为测试做准备。

2. 美国

美国尚未像英国 FCA、新加坡 MAS 和澳大利亚 ASIC 一样提出正式的"监管沙盒"的实施和运行框架，但也在金融监管理念中提出了"监管沙盒"和类似监管沙盒的创新监管理念和做法。美国货币监理署（OCC）作

---

① 资格标准（Eligibility Criteria）包括：范围、真实创新、消费者权益、需要沙盒、准备测试。每一项衡量标准都包括积极指标和消极指标（负面清单）。

为银行业监管的重要监管机构，率先在银行业和与银行业相关的合作领域提出了"负责任创新"的总体框架，作为指导、纳入和贯穿 OCC 创新监管的创新理念。2015 年 8 月，OCC 货币审计长托马斯·柯里宣布了一项倡议，旨在制定一个全面的框架，以提高 OCC 识别和理解金融服务业趋势和创新以及金融服务消费者不断变化的需求的能力[1]。"负责任的创新"（Responsible Innovation）意为"使用新的或改进的金融产品、服务和流程来满足消费者、企业和社区不断变化的需求，其方式与健全的风险管理相一致，并与银行的整体业务战略相一致"。OCC 提供了八条指导原则，分别为：（1）支持负责任的创新；（2）培养与负责任的创新相适应的内部文化；（3）充分利用机构经验和专业知识；（4）鼓励负责任的创新，提供公平获得金融服务和公平对待消费者的机会；（5）通过有效的风险管理健全安全和运行框架；（6）鼓励各类规模的银行将负责任的创新纳入其战略规划；（7）通过正式外联促进持续对话；（8）与其他监管机构合作[2]。

在此框架范围内，OCC 成立了创新办公室（Office for Innovation），目标是充当金融创新相关问题的中央信息交换中心，旨在成为一个"非监管论坛"，可以让人们更容易获得坦率的监管建议。创新办公室为其成员提供了一个与知识丰富的监管者互动并及时收到反馈的独特和理想的机会。此外，就金融科技公司向 OCC 监管的机构提供供应商服务而言，创新办公室可以提供一个论坛，让行业参与者在论坛中充分讨论并审查适当的第三方供应商。

除"监管沙盒"的提议外，OCC 还提出了"安全港"（Safe Harbor）、项目催化剂（Project Catalyst）模式，为金融科技创新者和银行提供安全的交流互动环境，让企业和创业者及时咨询 OCC 关于监管政策和运行指南的问题，并向 OCC 和相关部门提供真实客观的反馈。如果没有监管沙盒和"安全港"的制度设计，与创新办公室的互动可能会让金融科技公司面临

---

① Office of the Comptroller of the Currency (OCC). Supporting Responsible Innovation in the Federal Banking System：An OCC Perspective [R]. 2016.

② Office of the Comptroller of the Currency (OCC). Supporting Responsible Innovation in the Federal Banking System：An OCC Perspective [R]. 2016.

意外公开披露独特商业模式、放弃某些合法权利或承认意外违规的风险。OCC 认为，"监管沙盒"对创新的潜在好处超过了监管风险，其他金融监管机构也表示接受这一概念。但是如果没有完整的监管沙盒，也建议为与创新办公室互动的实体建立某种形式的"安全港"保护，作为鼓励诚实和有意义互动的最有效方式。目前，OCC 并没有寻求一个沙盒来免除参与者对消费者欺诈或其他犯罪行为的执法行动。相反，它寻求一个监管沙盒，在满足监管要求方面提供灵活性，并为非故意的违反监管要求的创新和活动提供安全港①。

美国还在中小企业融资领域尝试了"Smart Box"的创新，OCC 与企业机会协会（AEO）合作发起倡议，成立"Smart Box"的小微企业贷款披露工具来促进通用和标准化，"Smart Box"将向一家小企业展示包含标准化披露和解释的图表，包括各种美元总成本指标和月份。"Smart Box"在整个夏天开放90天的全国参与期，为最终披露提供信息，并帮助小企业导航其贷款选项②。

3. 新加坡

新加坡金融管理局（MAS）在2016年12月发布了一份《金融科技监管沙盒准则》，对新加坡监管沙盒制度做了简要而整体的概述，对沙盒介绍、准则目的、目标受众、沙盒的目标和原则、评估标准、扩展和退出机制、申请和批准程序等内容做了解释和说明。新加坡致力于建造一个智能金融中心（金融智库），来鼓励创新和推广技术，并以此提高价值、增加效率、更好地管理风险、创造新机会和改善国民生活。沙盒鼓励更多的金融科技实验在一个设定好的时空范围内进行测试，同时 MAS 会提供必要的监管支持，共同打造一个运用创新技术的监管环境。这个"监管环境""监管生态"就是金融科技监管沙盒。目标受众和英国监管沙盒相似，主体是金融科技公司，另外还有金融机构（Financial Institutions）、专业的金融服务公司以及与这些公司合作和提供支持的其他企业。相比之下，对于

① Luke G. Thomas. The Case for a Federal Regulatory Sandbox for Fintech Companies, 22 N. C. Banking Inst. ［R］. 2018.

② OCC. Innovative Lending Platform Association ［R］. 2016.

目标受众的范围限定，新加坡的规定比英国监管沙盒更加具体，受众更加广泛。但也提出了两条负面清单：一是正在或者准备在新加坡国内推广运用的技术服务不适合监管沙盒；二是申请人不能证明已做过尽职调查①的不能申请进入沙盒。

金融科技监管沙盒运作流程分为三个阶段：申请阶段、评估阶段和试验（测试）阶段。在申请阶段，申请人向 MAS 提交申请表，经过 21 个工作日的审核，看是否具有初步潜在适用性，具有初步潜在适用性的产品和服务随后进入评估阶段，在评估的沙盒中不断进行调整，得出申请人申请进入沙盒的最终结果，不适合进入沙盒的申请人会被排除出流程。被批准的申请会进到测试阶段，进入测试沙盒中的产品、服务在不同条件下进行多元化的测试，监管者也会不断变更要求反复测试。最终测试成功的产品会被扩展到更广的范围运用，测试失败的产品排出沙盒，将不会被授权。如果把整个测试流程看作一个广义的沙盒，那么企业从递交申请书开始就在某种程度上进入了监管沙盒，对金融科技企业的初审、评估、测试等环节都是沙盒的一部分，是一个又一个"小沙盒"。这样的监管沙盒逻辑运行模式，能最大限度地实现分布式、多方同时、平行推进的目标，能有效提高效率，节省时间、人力、物力等成本。这样的技术无疑具有显著的创新和极大的吸引力，短时间内就被多国重视。这种制度设计有效解决了创新与监管之间的矛盾，让创新在指定区域和范围内及时开展，提高了创新开发能力；另外，技术创新有很高的失败风险，可能会影响创业者和消费者的利益，如果控制不好甚至会酿成系统性风险，破坏金融系统稳定，"监管沙盒"能够将风险保持在可控范围内，降低了创新的风险性。

4. 澳大利亚

为适应飞速发展的市场和技术革新，在鼓励创新与严格监管之间寻找平衡点，澳大利亚证券和投资委员会（ASIC）于 2016 年 12 月推出监管沙盒框架，用技术帮助初创企业在现行监管框架内合规经营，为企业在市场进入、许可授权与资金募集三个关键领域提供解决方案。

---

① 这里的尽职调查（Duediligence）指在实验室环境测试金融服务，以及了解法律法规和监管要求。

ASIC 为创新型初创企业提供灵活有弹性的测试环境和豁免机制，主要包括三种类型的豁免方案：（1）提供额外指导和示例，说明在现行监管政策下 ASIC 如何按照审慎原则评估申请人的组织能力[①]；（2）修改 ASIC 有关某些规模有限、高度自动化的被许可企业的组织能力的政策；（3）实施有限的行业范围许可豁免，在消费者保护到位的前提下允许符合条件的企业测试具体服务的期限最长可达 12 个月（Regulatory Guides：257，2017）。

ASIC 的监管沙盒豁免本质上是一种"轻接触"[②] 的监管环境，强调在有消费者保护措施的环境下，允许符合条件的企业对最多 100 个零售客户（批发客户无数量限制）指定的服务开展最长 12 个月的测试（ASIC，2017）。ASIC 监管沙盒采取白名单管理的方式，普遍运用有限行业授权（集体授权）的方式为某个或某些规定行业提供沙盒服务，区别于 FCA、MAS 监管沙盒的个别指导、专门定制的方式。

根据 ASIC 的统计数据，监管沙盒框架构建运行以来，取得了以下几个方面的积极成效：

（1）大大缩短了创新型初创企业获得 AFS 或信贷许可执照的时间；

（2）初创企业在支付合规成本（如获得 AFS 许可证）之前可以吸引早期投资，或在商业谈判中获得更有利的谈判地位；

（3）有效降低企业产品、服务的创新、转型和迭代成本；

（4）增加了 ASIC 与他国政府、国内外企业、科研机构的接触，促进了金融科技的多元发展。

5. 中国香港

香港金融管理局（HKMA）在 2016 年 9 月 6 日推出了金融科技监管沙盒（FSS），以在进入更全面的市场前进行金融科技试点实验和测试认可机构的其他技术倡议。在金融科技和创新技术日新月异的当下，移动支付服务、生物特征识别、区块链、人工智能和虚拟现实等技术正在飞速改变着人

---

① 组织能力（Organizational Competence）指创新型初创企业获得授权或许可所需的条件，包括培训、经验、公司架构等综合能力。

② 轻接触（Lighter Touch）指对获得豁免进入监管沙盒的公司制定限制和严格条件，并且根据豁免进行的活动仅限于早期测试，仅用于概念验证，把豁免行为对市场和监管的影响控制在最小范围内的"轻接触"。

类和人类社会。这些技术和银行业联系紧密，香港不少有实力的大银行都在进行金融技术的研究和开发，有些技术甚至已实现了现实运用。在这个背景下，金融监管有必要作出一些改变，在原有的体制基础上增加更多灵活性。金融科技监管沙盒正是寻求监管和创新平衡点过程中的产物。它让被授权的金融机构（Authorized Institutions，AIs）在正式发布新产品、新技术前先进行及时、现场的测试；同时这样的测试也能帮助 AIs 在受控环境内更容易地收集金融科技产品和服务的真实数据和消费者反馈，更好地改进产品和服务；监管者也可以根据数据和反馈对监管体系、制度、理念酌情做调整。

香港金融管理局也为运营监管沙盒制定了原则和理念。第一，在目标受众方面，香港的金融科技和授权机构计划在香港实行的技术创新可以纳入监管沙盒。侧重点是银行业金融机构，与英国、新加坡的目标受众有细微区别。在香港，银行业金融机构是金融科技创新的主体，具有小型金融科技公司所不具备的资金、技术实力，也是系统重要性机构。香港金融管理局把银行业金融机构纳入监管沙盒，是一步大胆的尝试。第二，在监管沙盒内，允许授权企业在包含真实银行服务和数量有限的参与客户的环境下开展新技术、产品的试点实验。其中，那些特定的参与者可以是公司职员，也可以是消费者中的特定群体。纳入沙盒的企业机构无须在试验期内完全符合金融管理局的一般要求，只需要接受比平时宽松的要求就行。第三，香港金融管理局对监管沙盒的界限规定得十分清晰。对试验的范围和阶段，如涉及的消费者和技术的规模与类型、涵盖的银行服务的类型等都有相应的规定，另外，对沙盒测试持续时间、终止安排都有具体规定。第四，FSS 设置了相应的消费者保护措施。包括遴选参与试验消费者的合适程序、纠纷处理程序、试验失败时给消费者造成损失的赔偿机制，以及合理的消费者退出机制。第五，风险管控方面。香港金融管理局对合理的赔偿控制机制很重视，这一机制既可以解决沙盒内的风险和客户损失，又能解决风险外溢，避免不参加试验的其他消费者和被授权机构的产品系统的毁坏和损失。第六，试验中需要密切监测，以防可能出现的任何问题（包括和公众、客户的沟通交流）。

表 4 – 3 参与监管沙盒测试的新产品技术领域①

涉及的技术	测试数量/次数
生物识别	7
代币通证	4
聊天机器人	2
分布式账本技术	5
应用程序编程接口（API）	3
其他（社交媒体平台的通知服务）	15
总计	36

6. 中国台湾

根据月旦网的新闻报道，为了因应金融科技（FinTech）的发展趋势，2017 年 12 月 29 日，台湾地区立法机构三读通过所谓"《金融科技发展与创新实验条例》"（又称监理沙盒条例），成为继英国、新加坡、澳大利亚以及中国香港之后全世界第五位拥有监理沙盒制度（Regulatory Sandbox），也是全世界第一个实施大陆法系并将监理沙盒机制纳入法律的地区。

监理沙盒条例自 2018 年 4 月 30 日生效，台湾地区金融监管机构从 5 月开始受理申请，根据规定，申请实验规模的资金、交易以及曝险金额不得超过 2 亿元新台币。监管沙盒条例包括三项授权子法草案："金融科技创新实验管理办法""金融科技创新实验审查会议及评估会议运作办法"及"金融科技创新实验民事争议处理收费办法"。此外，监管沙盒条例也有订定退场机制及补偿机制，包括实验者必须设计退场机制、如何退还款项以及如何赔偿损失，并且预计在 2018 年第三季度相关业者开始进行实验。

台湾是将监管沙盒制度法制化做得较好的一个地区，从监管沙盒条例中就可以看出，它分为总则、创新实验之申请及审查、创新实验之监督及管理、参与创新实验者之保护、法令之排除适用及法律责任之豁免、附则六部分。总则中的立法目的表明监管沙盒"为建立安全之金融科技创新实验（以下简称创新实验）环境，以科技发展创新金融商品或服务，促进普

---

① FinTech Supervisory Sandbox [EB/OL]. [2018 – 08]. http：//www. hkma. gov. hk.

惠金融及金融科技发展，并落实对参与创新实验者（以下简称参与者）及金融消费者之保护"。条例中规定创新人的法律资格可以是自然人、独资或合伙事业、法人，可以申请台湾地区金融监管机构核准办理创新实验。关于监管沙盒的测试对象和准入标准，台湾地区金融监管机构采用监管沙盒让受监管的金融机构或具有利害关系的公司（如合作或提供此类业务支持的科技公司及专业服务公司）申请金融科技创新产品与服务之实验。申请监管沙盒实验者的准入条件包括：资金来源说明、拟办创新实验之金融业务、创新性说明（包含科技创新或经营模式创新）、创新实验之范围及规模、执行创新实验之主要管理者资料、对参与者之保护措施、洗钱及资恐风险评估说明及依风险基础原则订定之降低风险措施等十四项要求。该条例还规定了审查会议的召开和组成人员，创新实验审查要件，其中审查期限一般为60日（受理案件申请后60日内完成），创新实验则以一年为限，申请人可于届满一个月前，向主管机关申请核准延长，仅能延长一次，最长不超过六个月。

该条例还较为健全地规定了对参与创新实验消费者的保护，包括对实验者施加的损害赔偿责任；契约订立之原则及善良管理人之注意义务；刊登、播放广告及招揽活动之内容与责任；申请人对参与实验者之责任，并应符合个人资料保护法相关规定；申请人与参与实验者所生之民事争议，由财团法人金融消费评议中心办理申诉及争议处理，并向申请人收取服务费；等等。由此看来，台湾地区监管沙盒制度化设计较为全面，现在就需要看具体实践过程中出现的情况和存在的问题。

7. 阿布扎比（阿联酋）

阿布扎比国际金融中心推出了该地区第一个金融监管实验室和全球第二个最活跃的金融科技沙盒。这项针对金融科技参与者量身定制的监管体系，旨在促进阿联酋金融服务市场内新兴市场参与者和现有金融机构的创新。考虑到金融科技参与者的独特商业模式、风险、所需要的个性化的测试边界和监管要求，金融监管实验室允许参与者在安全的环境中开发和测试其金融科技命题，并尽量避免给参与者带来不适当的监管负担[1]。

---

[1] FSRA. Supervision Laboratory [EB/OL]. http：//cn. adgm. com/fintech/channels/175. html.

　　阿布扎比国际金融中心金融监管实验室有一个专门定制的监管框架，为金融科技参与者开发和测试创新的金融科技解决方案提供了一个可控的环境。金融监管实验室通过创建一个规范的环境来控制特定测试的特定风险及影响，其设计目的是让金融科技创新能够在不受制于传统金融服务公司的监管要求的情况下进行测试。金融监管实验室的保障措施将允许金融科技参与者在一个风险适当且成本效益高的环境中探索和开发金融科技解决方案。阿布扎比监管沙盒的实验对象为所有活跃在金融科技领域的参与者，包括初创企业以及已经成立的受监管的公司。沙盒准入条件为：（1）参与者必须能够演示一种创新的技术解决方案；（2）这种方案处于开发阶段，准备进行测试；（3）解决方案应有助于阿联酋金融业的发展，具体表现为，一是促进增长、效率或竞争，二是促进风险管理和带来更好的监管结果，三是改善消费者的选择。此外，FSRA（金融服务监管局）会评估每个金融科技申请者的商业模式所构成的风险，并根据具体情况个性化定制（比例原则）一套适当的监管控制。金融监管实验期限最长2年（这个阶段所需的时间取决于各种因素，如产品的性质、目标客户、产品带来的风险等），此后，金融科技参与者的状态将变为阿布扎比国际金融中心内部的全面授权的金融服务状态，未准备好发行金融创新产品的参与者将退出金融监管实验室（两年的注册和监管服务费共6800美元）。

　　阿布扎比金融科技监管实验室（监管沙盒）自2016年建立以来，欢迎全球各地的金融科技初创企业或金融机构来参与实验。到目前为止，已经进行了三轮测试活动。第一轮实验从2016年5月开始，参与金融科技沙盒的有5家本土和国际公司，其中阿联酋有两家公司（Now Money和Titanium Escrow）、印度有两家公司（Capitaworld和Rubique）、美国有一家公司（Finalytix）；第二轮实验于2017年10月被批准开始，来自中国香港、印度、英国、加拿大、黎巴嫩、新加坡、意大利、毛里求斯、沙特阿拉伯等国家和地区的11个金融科技公司进入沙盒；第三轮实验于2018年5月10日关闭申请，第三轮实验聚焦中小企业，加强中小企业获得金融服务的机会。

表 4-4　　代表性监管沙盒汇总①

国家或地区	英国	新加坡	澳大利亚	中国香港
宗旨/初衷	提供更有效竞争；降低成本；缩短创新产品上市时间；鼓励金融科技创新	打造智能金融中心	发展监管科技，寻求国际广泛合作，减少监管负担	通过银行创新带动金融科技创新
监管主体	FCA	MAS	ASIC	HKMA
对象	金融科技企业、金融机构和为其提供专业金融科技服务的公司	金融机构、金融科技企业	金融类和非金融类机构	银行业金融机构及其伙伴金融科技公司
期限	6个月	测试期不确定，可提前一个月申请延长测试期限	最长12个月	3~9个月
准入条件	1. 适格范围 2. 真实创新 3. 为消费者增添福利 4. 有使用沙盒的需要 5. 背景调查	1. 新技术或以创新的方式使用现有技术 2. 能够解决问题或增加消费者福利 3. 沙盒测试后申请人有意愿和能力在更广范围提供服务 4. 事先申明测试场景和预期结果 5. 明确边界和风险披露 6. 明确退出和过渡战略	1. 不超过100个零售客户 2. 客户总交易金额不超过500万美元 3. 有充足的赔偿保障门赔偿保险 4. 有争端解决机制 5. 满足信息披露和行为要求	1. 香港本地银行及其伙伴金融科技公司 2. 银行管理层需清楚界定试运行范围和阶段、时间和终止安排 3. 制定完善的客户保障措施和风险管理措施 4. 试行系统和程序准备就绪，密切检查试行情况

① 资料来源：中国互联网金融安全发展报告课题组。

续表

国家或地区	英国	新加坡	澳大利亚	中国香港
退出机制	1. 未向创新中心（Innovate Hub）报告 2. 未能以开放、协作的方式处理FCA的业务（违反FCA业务原则）	成功：测试结果达到预期并且符合法律和监管要求 中止：1. MAS对测试结果不满意或测试结束后申请人不能满足相关法规和监管 2. 测试中发现缺陷带来的风险大于所得利益 3. 停滞不前、违反测试条件 4. 自愿退出	1. 监管当局豁免后测试者出现不良行为 2. 测试过程中不满足一项或多项豁免条件，如不符合信息公平要求 3. 先前的不当行为	1. HKMA对测试结果不满意 2. 新科技产品风险高，商业价值低，不适合向市场推行
合规范围	无强制执行意见（NAL）/个别指导（IG），豁免	1. 维持的要求（信息保护、诚实正直等） 2. 可放宽的要求（资本维持、现金余额、信用评级）	1. 法律豁免 2. FinTech许可豁免 3. 个别许可豁免	与FCA类似，参与者在无须完全符合金管局（HKMA）监管规定的情况下开始试行
消费者保护	1. 通知消费者潜在风险和可获得的赔偿 2. 参与测试的消费者与一般消费者享有同等权利，可向FOS①和FSCS寻求救济 3. 测试企业承诺赔偿消费者全部损失并承诺就此向公众做 4. 根据具体情况调整披露、保护和补偿信息	1. 制定最大损失赔偿机制和风险化解机制、防范沙盒风险传递 2. MAS和测试企业设置完备的客户查询、信息反馈和投诉渠道 3. 要求测试企业制订客户退出和过渡计划，妥善解决好客户的交易与数据	1. 测试者需披露与测试产品、服务有关的全部信息 2. 有充分的赔偿安排，包括消费者赔偿保险 3. 测试企业保证可赔偿由过失导致的全部损失 4. 内部纠纷解决（IDR）、外部纠纷解决（EDR）和金融申诉专员（FOS）	1. 挑选明白所涉风险且自愿参与试行的客户 2. 客户可向测试银行寻求HKMA投诉，寻求救济 3. 银行对客户财产损失的公平赔偿机制 4. 制定完善的客户退出安排机制 5. 合理的补充管控措施

① FOS（Financial Ombudsman Service）即金融申诉专员，指根据FCA手册第16部分的规定，某些特定争端可由单独设立的监察专员以最少手续迅速解决的制度，作为民事诉讼的替代性解决方式，对象可以是消费者、中小企业等；FSCS（Financial Services Compensation Scheme）即金融服务补偿计划，根据2000年《金融市场与服务法案》设置，在金融机构出现破产、倒闭时"违约"情形时为消费者提供补偿。

续表

国家或地区	英国	新加坡	澳大利亚	中国香港
进展	1. 沙盒经验总结报告 2. 开始第四轮测试 3. 提出"全球沙盒"设想	1. 收集市场、行业对监管沙盒的反馈，并给予回应 2. 2017 年 11 月举办"全球 FinTech 节"，评选 RegTech 解决方案	2017 年 2 月召开悉尼监管科技圆桌讨论会，讨论监管科技未来运用风险，开展全球性跨区域监管科技合作	1. 推出监管沙盒 2.0 版 2. 建立金融科技监督聊天室 3. 在 FinTech 与 RegTech 方面与 FCA 达成战略合作
存在的问题	1. 难以获取银行服务 2. API 弱耦合，数据更新不及时 3. 对一些小企业、初创企业而言，沙盒准入门槛较高	1. 评估、测试期限不确定、稳定性不强，可预期性不强 2. 申请人提交的申请材料不完整，监管政策缺乏理解，难以提高效率	1. 行业集体授权范围广，容易导致减损消费者利益的风险 2. 信息披露器的高要求可能会扭曲测试结果	1. HKMA 与证监会、保监会沙盒间的统筹协调，交叉分工机制尚不完善 2. 未与银行建立伙伴关系的金融科技公司难以获得的金融服务

(二) 中国国内代表性"监管沙盒"实践

随着行业监管的深入，风险管理成为维护金融稳定、把握互联网金融行业发展的首要任务。"监管沙盒"模式能有效地为监管主体找到一条平衡金融科技发展与防范金融风险的途径。而由于中国的相关政策、金融环境的不同，属于舶来品的"监管沙盒"如何在本土化应用中克服所遇到的瓶颈，引导我国金融科技业态朝着有效管控风险、促进金融创新的方向发展显得尤为重要。各地在引入"监管沙盒"的同时，因地制宜地进行"本土化"探索，以逐步构建适应我国金融发展的监管沙盒机制，更好地鼓励金融科技创新，达到防范金融风险的目的。①

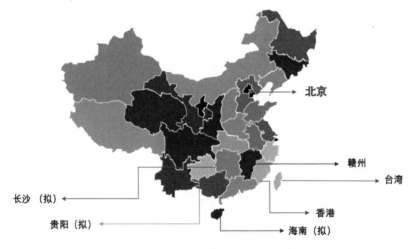

图 4 - 4　中国"监管沙盒"分布地图

1. 北京互联网金融安全示范产业园

北京互联网金融安全示范产业园（现改名为北京金融安全产业园，以下简称产业园）于 2015 年 6 月 18 日经北京市金融工作局授牌成立，是迄今为止全球唯一的以互联网金融安全为主题的产业园。在其发展转型过程中，北京市政府以产业园作为"监管沙盒"模式的试验地，着力解决互联网金融安全问题，打造以风险防控为核心，以数据安全、网络安全、信息

---

① 彭景，张莹. 制约"监管沙盒"本土化应用的瓶颈及制度建议 [J]. 西部经济管理论坛，2018，29（5）：66 - 70.

安全、系统安全为龙头，以互联网金融企业为主体的产业生态体系。

在实际应用方面，中金云金融（北京）大数据科技股份有限公司、BBD数联铭品科技有限公司（以下简称BBD）、北京金信网银金融信息服务有限公司、中诚信国际信用评级有限责任公司四家平台分享了各自企业基于移动互联网、大数据、云计算、区块链、人工智能等创新信息技术在"监管沙盒"中的底层技术支撑。监管沙盒现已汇集了多套系统对创新项目进行检测，它将在解决金融监管与科技发展不同步、金融监管对金融创新的制约以及金融创新对消费者的保护、金融科技企业间不平等竞争等方面发挥作用。此外，中金云金融（北京）大数据科技股份有限公司推出"金融黑匣子"，通过对电子数据进行存储、整理及服务，用对电子数据及其校验值妥善保存的办法，对电子交易中的数据进行固化，确保电子数据的防篡改、可追溯、不可逆，是为互联网金融行业的金融电子数据提供真实性完整性保护及长期保存的系统平台。

在风险监测方面，产业园基于集成金融科技—金融风险分析监测平台，加强金融风险研判及重点领域风险防控，完善金融风险监测、评估、预警和处置体系，建设"监管沙盒"试点。产业园结合国务院下发的《国务院关于印发北京加强全国科技创新中心建设总体方案的通知》中"加快国家科技金融创新中心建设"的意见，瞄准"金融＋科技"的定位，依托现有资源，发挥优势，牵头成立集成金融科技—金融风险分析监测平台，推动金融监管体系进一步完善，提升金融风险防控能力。该平台旨在通过集成顶尖金融科技手段，健全金融监管体系，防范金融风险。该平台最核心的特征在于对诸多金融科技的集成性，发挥监管部门、行业自律组织、科研机构、产业实体等的突出优势，实现联动发展，让掌握数据的部门获得最优算法框架与非结构化处理能力的支撑，让拥有技术方案的机构助力监管效率的提升。具体实践上，该平台将集成清华交叉信息学院人工智能金融监管技术、北大大数据研究院非结构化数据处理技术、国家计算机网络应急中心互联网金融风险分析技术平台、香港应用科技研究院区块链技术，采纳中科院自动化所专项设计的MaPU芯片保证基础算力，基于国家计算机网络应急中心、中国互联网金融协会与北京市金融工作局提供的核心数据，共同开发全覆盖、穿透式、基于人工智能无监督模型下的分析预警、应急响应金融风险分析监测平台，实现从金融、类金融企业中筛查；单个企业信息穿透式、可视化监测；单个企业实时业务行为监管及风险预警的全覆盖、智能化监控，并基于该平台建设"监管沙盒"试点。该平台将率先应用于北京地区P2P整改备案工作，助力区域金融风险的预警和防范。

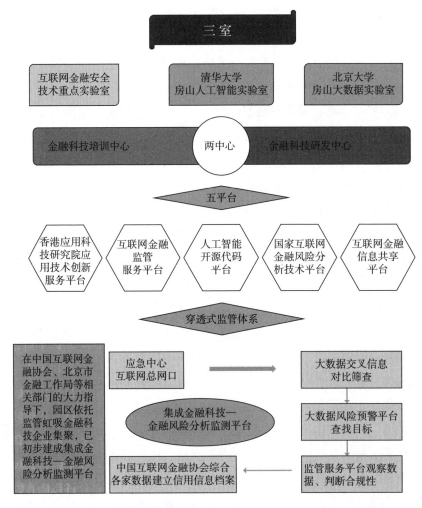

图4-5 北京互联网金融安全示范产业园"监管沙盒"流程①

---

① 资料来源：北京互联网金融安全示范产业园。

2. 赣州市监管沙盒园

为应对金融科技和新型业态带来的操作风险、经营风险和技术风险等，兼顾金融创新和消费者保护，也为了探索整顿规范数字货币、区块链和 ICO 一哄而起的乱象的方法和经验，赣州市探索将区块链用于金融监管，打造合规区块链（Regchain）①，在赣州市政府发布的《合规区块链指引（2017）》中首次提出合规区块链的概念，旨在尝试用分布式的数据库对数字货币的发行和交易进行备案、登记。准备发行代币、通证的企业和平台需要到合规区块链上登记团队信息、白皮书、项目流程、私募信息等内容，以及后期的发行、运作情况。在区块链上备案的信息由赣州市政府、金融办先行审核、上链，不可篡改、不易灭失、真实可追溯，可防止伪区块链、伪代币给市场和金融消费者带来的损害。

同时，基于合规区块链的底层架构和基础设施，赣州市政府推出监管沙盒的监管科技创新，通过智能合约、开放接口、非对称加密等技术措施，一是根据监管和市场创新的双重需求设计沙盒框架，将金融监管移动到创新层面，与市场的金融科技创新一起协同创新；二是开放主链接口，接入各种监管对象，变传统的单一单项监管为多方同时监管；三是存证溯源，用公钥和私钥非对称加密，实现对金融消费者数据和隐私安全的全方位保护；四是监管沙盒的合规要求、合规监管会随着监管主体、对象、范围、策略等的变化而变化，提供实时有弹性的试错环境；五是区块链监管沙盒具有互操作性，可与其他非区块链系统连接，在规模和并发带宽上具有较好的延展性和兼容性。赣州区块链监管沙盒的试点，为我国其他地区、其他行业开展沙盒试点提供了宝贵的经验，也极大促进国内金融科技的发展繁荣②。

3. 贵阳区块链监管沙盒

2017 年 5 月 23 日，区块链金融沙盒计划启动仪式在贵阳举行，这是

---

① 参见赣州市《合规区块链指引（2017）》，合规区块链指：一方面，在技术和应用上符合一定监管规范要求的区块链；另一方面，承担监管功能的区块链，作为工具系统对其他领域，特别是金融领域进行合规监管，降低合规成本的区块链。

② 黄震．区块链在监管科技领域的实践与探索改进［J］人民论坛·学术前沿，2018（12）．

中国第一个由政府主导的沙盒计划，在贵阳地区试点区块链行业的"监管沙盒"，具有一定的中国特色。贵阳区块链金融沙盒计划最初主要是针对 ICO 活动的，"区块链 ICO 沙盒计划"开展 ICO 的创新试点，在 ICO 制度建设、监管模式、信任机制、投资者教育方法等方面寻求成熟的解决方案，以更好地保护投资者的利益、规范金融市场秩序。在确保投资者利益保护的前提下，在监管沙盒内对 ICO 的上市审批、投资者限制、项目公开宣传和推介等方面实施豁免或有限授权，允许 ICO 项目开展测试活动而不需要担心监管后果，为 ICO 项目创造"安全"的创新空间，降低创新成本和政策风险。贵阳 ICO 达成了一些共识和包容性豁免，共识主要体现在以下几个方面：一是额度管控与白名单管理；二是 ICO 融资计划管理；三是对发行人施予持续、严格的信息披露要求，强调反欺诈和其他责任条款；四是强化中介平台的作用；五是监管部门主动、及早介入，加强行为监管，全程保留监管干预和限制权利；六是合作开发相关监管技术，如数字资产管理、自动化沙盒测试、在线实时监管、大数据分析；七是支持和鼓励 ICO 产业自律和产业沙盒发展；八是加强国际监管合作与协调，包括互通信息。

对于 ICO 监管如果采取"一刀切"或者监管过严，势必会影响区块链这个新兴行业的发展与进程。但如果没有监管就会给一些不法分子可乘之机，利用 ICO 传销骗钱、非法集资、洗钱、恶意操纵二级市场代币价格等损害金融市场秩序和投资者利益，引发风险事件。为此，针对 ICO 实施"监管沙盒"既可以弥补现有金融监管机制的不足，又可以相对控制风险、保障投资者的利益，也是平衡区块链行业创新与 ICO 风险的有效监管手段。

4. 青岛监管沙盒

青岛监管沙盒是政界与业界、研究机构、高校和产业基金等机构合作的产物，以赛迪区块链研究院落户青岛崂山区为引，推出区块链沙盒计划。青岛的沙盒计划包含三种类型的沙盒，分别是产业沙盒、保护伞沙盒和监管沙盒。产业沙盒"泰山沙盒"以区块链和分布式账本技术为底层构架，采用公链的方式搭建了 200 多条"崂山链"。同时，产业沙盒平台运用大数据支持进行区块链测试，除了大数据、区块链、云计算等热度较高的技术之外，沙盒内还集成了容器技术、自动化测试、自动化监测和网络安全等技术，"泰山沙盒"通过将区块链服务器资源池化，基于资源池的区块链云环境，为存储和分析大规模区块链数据共享计算资源，在参与机构之间提供合作平台。不断细化规则，形成切实可行的产业监管体制，可防范、识别、预警、处置区块链产业应用的风险[①]。产业沙盒运用区块链的时间戳、可溯源、公开透明、防篡改和全息节点的特性，发力产品溯源、数字积分、移动支付、跨境支付、清算登记等实物商品和数据交易的全流程，将先进的区块链技术和知识产权向实体产业赋能，向国内国际相关区块链行业赋能。

5. 长沙区块链产业园

2018 年 8 月 26 日，长沙经济技术开发区、长沙县共同设立了星沙区块链产业园。设立当日即有 10 家区块链企业正式入驻，这些企业大部分是来自北京、深圳等地以及湖南当地的区块链应用企业，涉及云计算、大数据、新能源、航空高铁新材料、区块链技术、影视制作等方面。这一区块链产业园是湖南长沙首个区块链产业园，也是中部地区首个区块链产业园。

在星沙区块链产业园内，湖南天河国云科技有限公司开发了一款基于区块链技术的经验知识分享应用，取名为优享（Ushare），它颠覆了传统内容创业者的获利模式：出版商、推广商等不再是主要获利者，作者、用户将成为最大的受益方。作为一种新型互联网底层技术，区块链可以应用于很多行业，如金融服务、合同契约、慈善公益、物联网等，尚是一片经济蓝海。区块链作为下一代颠覆性技术，可为经济社会转型升级提供技术支撑。此外，产业园将搭建 4 个区块链专业平台，即陈晓红院士工作站、区块链研究院、区块链安全检测技术中心以及潇湘大数据中心，努力将该区域打造成为全球有影响、全国领先的区块链产业集聚区。同时，成立了区块链监管工作领导小组，确保区块链技术研究和应用工作健康有序开展，

[①] 全球首个区块链产业沙盒在青岛成功上线 ［EB/OL］. ［2017 - 12 - 29］. http：//www.sohu.com/a/213519490_118392.

严格防控金融风险。①

2018年6月，《长沙经济技术开发区关于支持区块链产业发展的政策（试行）》发布，对新入驻区块链企业（机构）最高给予200万元扶持资金；为每家企业（机构）提供3年的免费科研办公场地；对获得金融机构资金贷款的企业（机构）给予利息补贴和保费补贴②……由于干货多、力度大，这份扶持区块链产业的政策成为行业焦点。提前布局，抢占先机，长沙有望成为区块链产业的领跑者、行业标准的制定者。

6. 海南自贸区（港）区块链试验区

2018年10月9日，海南自贸区（港）区块链试验区正式在海南生态软件园授牌设立，这意味着海南自贸区（港）发展区块链等数字经济产业正式拉开序幕。同日，作为海南自贸区（港）区块链试验区的重要支撑平台，由海南生态软件园和牛津大学区块链研究中心共建的"牛津海南区块链研究院"揭牌成立。同时，园区牵手中国人民大学大数据区块链与监管科技实验室，共建"区块链制度创新中心"。海南自贸区（港）的成立，让区块链有了一个真正意义上的政府沙盒雏形。

牛津海南区块链研究院是海南生态软件园和牛津大学区块链研究中心的战略合作内容之一，和牛津区块链研究中心是"姐妹研究院"。据了解，伦敦时间10月3日，双方在伦敦达成战略合作，将在搭建产业平台、建设研发中心以及人才培养三大方面紧密合作。其中建设研发中心方面，将在海南、伦敦、克罗地亚乃至以色列建立24小时无时差区的国际化区块链研发中心。双方还将在电子政务、科技监管、国际支付等领域深入研究，助力海南自贸区（港）打造"自由数字港"。海南生态软件园的制度创新、创新项目示范试点等优势与牛津大学区块链研究中心技术与人才优势碰撞出火花，这次跨越国界的"校企合作"，引起行业的极大关注和期待。区块链比互联网更具全球性特征，凭借牛津大学的国际影响力，牛津海南区

---

① 中西部首个区块链产业园星沙亮相［EB/OL］.［2018 - 09 - 17］. http://hn. people. com. cn/n2/2018/0917/c195194 - 32063346. html.

② 参见《关于印发〈长沙经济技术开发区关于支持区块链产业发展的政策（试行）〉的通知》。

块链研究院将聚集一批世界级的顶尖科学家，共同为推动区块链行业发展献力献策。目前，包括牛津大学系统安全中心主任、爱沙尼亚总统顾问、爱沙尼亚"数字国家"首席专家 Ivan Martinovic（艾文·马丁诺维奇）教授、以色列驻英国信息安全首席代表 Isaac Livne（艾萨克·利文）等在内的首批专家代表正在海南生态软件园开展前期项目调研。

牛津海南区块链研究院将针对区块链技术突破所面临的耗能、科技监管、稳定性、商业应用的用户培育、交易的安全与效率等问题研究解决方案，推动区块链成为主流技术，赋能实业，赋能社会治理，赋能海南自贸区（港）建设。

五、"监管沙盒"监管手段探索

（一）监管沙盒存在的问题和反思

1. 难以获取贷款等金融服务

在银行严格控制金融风险和资本充足率的背景下，实践中一些金融科技初创公司难以获得银行服务，包括开通账户、筹集资金、信用担保等方面，尤其是涉及 DLT 技术、移动支付和电子货币等类型的初创企业。这类企业普遍具有轻资产、技术型驱动的特点，风险负担能力弱，银行为其开户和提供资金支持的意愿较低。在无法获得银行服务的情况下，一些申请企业甚至无法满足 FCA 监管沙盒的准入标准[1]。同时，不同银行在审批信贷业务时也存在着不同的标准，这关系到初创企业是否能融到资金、融资的成本以及融资期限，也可能导致与最初的测试计划出现偏差[2]。MAS 和 ASIC 的监管沙盒实践中也存在初创企业融资难的问题。在调查中有企业建议 MAS 设立创新基金支持项目，或运用 2.25 亿新加坡元创新基金扶持测试企业的初期测试。出现这一问题的原因可能在于沙盒计划和银行及工商、税务、海关等外部机构缺乏完善的合作协调，导致部分小微企业难以

---

① FCA 监管沙盒准入标准分为几个部分，包括范围、真实创新、消费者福利、背景调查、真实需要等，其中申请者应该"接入银行账户"的要求在背景调查中有体现。

② FCA. Regulatory Sandbox Lesson Learned Report［R］.

在测试阶段获得资金，不利于沙盒测试计划的顺利展开。当前几个实施监管沙盒的国家/地区在沙盒内部环境与外部环境的衔接与掌控方面的配套措施均不完善①。制度负担会阻碍监管沙盒的体验，影响测试效果。

2. 审核评估期限过长

沙盒园区的申请企业普遍反映，沙盒测试环节的审核评估期限过长，缺乏明确的时间安排。这可能会影响初创企业成长时机。就整个沙盒流程来看，英国 FCA 监管沙盒的申请审核窗口期在 6 个月左右，加上测试期限 6 个月接近一年；新加坡 MAS 监管沙盒在申请审核阶段是 21 个工作日，评估阶段没有明确期限，测试期时长没有明确规定；澳大利亚监管沙盒测试期限一般为 6 个月，最长可达 12 个月；香港 HKMA 监管沙盒测试期限为 3～9 个月不等，期满可申请延长。在新加坡 MAS 的监管沙盒反馈中，一些申请者建议把申请审核阶段由 21 个工作日缩减到 10 个工作日，理由是沙盒环节的不确定性可能会使初创公司长时间处于不确定状态，不利于企业及时补充文件、调整策略；也有申请者建议 MAS 采用自动审核批准沙盒进入条件的方式，通过提前设定监管框架范围（如 AML、CFT 等）或提供一套更严格的边界条件，降低人工审核的时间成本。在金融科技和监管科技日新月异的当下，过长的审批和评估测试期限，无疑会增加初创公司的成本，甚至延误创新探索时机和风险化解时机。

3. 测试者信息披露程度和要求

在消费者进入沙盒并参与交易的过程中，各国对消费者知情权的保护程度不同，对沙盒测试者信息披露的程度要求也不同，表现在测试结果上会出现差异，特别是那些希望获取真实、客观市场数据和消费者行为信息、对数据依赖程度较高的测试企业。不难发现，ASIC 监管沙盒对申请者的信息披露要求较高，它要求沙盒公司向零售客户清楚和明确地披露有关金融服务是在测试环境中提供，以及与测试产品有关的一切信息，并以不符合披露要求作为中止退出测试的条件之一。相比之下，FCA 和 MAS 对沙

---

① FCA 要求企业需事先寻找合作伙伴，比如技术外包公司、担保公司、资金提供方等，解决好产品、服务的上下游链条的安全问题，并在测试前与其签订担保合同，FCA 不提供企业需要的合作者。参见 "securing 'partners'"，http：//www.fca.org.uk。

盒测试者信息披露的要求较为宽松，倾向于在满足一般消费者知情权①保护的前提下保留申请者额外披露沙盒参与情况的权利。此外，ASIC 还制定了更加明确的执行细则，在披露所有信息的同时保持灵活性，监管者可根据需要对企业施加额外的信息公开要求。

沙盒实践发现，监管当局很难在消费者保护与沙盒测试企业权利保障的矛盾冲突中找到平衡点，存在法律与制度摩擦②，充分保护消费者的权利往往不可避免地会限制测试者一定的权利。消费者保护意味着投资者应充分了解情况，而投资者掌握所有情况后可能会采取与在完全市场环境中不同的交易行动，可能会扭曲测试成果，产生潜在的不确定性和风险，从而使沙盒失去意义。

4. 退出机制和过渡机制有待完善

测试者反映，FCA 结束沙盒测试的条件有待明确，其中只规定了如果未向创新中心（Innovate Hub）报告，或未能以开放、协作的方式处理 FCA 安排的情况（违反 FCA 业务原则），沙盒测试将被终止；MAS 和 ASIC 采用列举式规定沙盒的中止退出机制，但这些退出机制的适用标准与情形还有待进一步细化；香港 HKMA 监管沙盒没有明确的退出机制。另外，对于沙盒测试完毕后的过渡机制，各国监管沙盒没有或者仅有零散少量规定，包括沙盒测试失败后的计划、测试成功的产品和服务如何向更广范围的市场扩展、测试结束后消费者告知与风险警示等系统明确的过渡机制等，均有待完善。

此外，各国监管沙盒也存在着各自的问题与困境。如 FCA 的监管沙盒存在客户获取和流程管理不完善、应用程序接口（API）弱耦合、获取消费者数据困难、部分小规模公司难以满足初始授权监管条件等问题③；MAS 提出，由于大多数申请企业对沙盒准入条件和监管政策的理解模糊，常出现申请材料不完整的情况，监管当局需要耗费大量时间精力与当事人

①　沙盒中的"一般消费者知情权"应包括"消费者至少应当被告知与之交易的对象、产品和服务正在沙盒中进行测试"，这些信息应在监管当局官网和测试者网站上披露。

②　向静林. 市场治理的制度逻辑——基于风险转化的理论视角［J］. 社会学评论，2017（3）：3-18.

③　FCA. Regulatory Sandbox Lesson Learned Report［R］.

接洽和澄清，无形中增加了时间成本。可见，监管沙盒并不是全能的金融创新监管框架，"沙盒"理念在金融创新的背景下也存在潜在风险，比如测试失败时后果严重、测试过程的公正性无法保证、测试结果的真实性无法保证等。

在建立监管沙盒的过程中，应评估其对市场、监管方和消费者三方存在的风险。（1）对市场的风险：可能会产生竞争问题，使沙盒公司获得监管机构的建议首先进入市场；可能导致选择偏差，因为选择标准可能是模糊的、缺乏透明度的；客户或合作伙伴可能拒绝与沙盒公司接洽，因为他们没有完全地被监管；企业可能发现，识别出并能够确保重要的合作伙伴参与执行他们的测试，是具有挑战性的。（2）对监管方的风险：可能导致监管机构之间展开降低标准的竞争，以及导致监管仲裁；监管机构可能缺乏经验或远见来处理由于采用沙盒所带来的风险；沙盒可能无法同时获得法律的标准化功能和成本削减功能。（3）对消费者的风险：由于评估底层技术的能力有限，可能导致对公司的选择不当；不合格的沙盒公司可能会损害消费者权益；当消费者权益受到侵害时，可能导致追究责任问题，威胁监管方的声誉；公司可能无法吸引他们的目标客户，从而无法进行测试；较小的公司可能会面临更大的挑战来吸引合适的客户；消费者和金融体系面临的风险可能会成为现实。

（二）未来监管沙盒探索

1. "全球沙盒"（Global Sandbox）

金融科技（FinTech）可以促进跨境金融服务发展，促进各国市场开放，也会助长跨境违法违规金融服务与风险传染，因此，需要推进监管科技跨境金融服务的全球治理①，构建"全球沙盒"以防范世界性的金融风险。

---

① 孙天琦. 推进金融科技下跨境金融服务的全球治理［N］. 金融时报，2018 - 09 - 10（10）.

英国 FCA 与 11 家金融监管机构和相关组织合作①，于 2018 年 8 月 7 日宣布建立全球金融创新网络（GFIN），以 FCA 2018 年早些时候提出的创建"全球沙盒"的建议为基础，全球金融创新网络有三项主要职能：充当监管者网络，在各自的市场（包括新兴技术和商业模式）中协作和分享创新经验；为联合政策工作和讨论提供便利；为公司提供一个试验跨境解决方案的环境。GFIN 的创建是在 2018 年 2 月 FCA 就"全球沙盒"的想法进行协商之后，FCA 收到了 50 份对这次咨询的反馈，总的来说，对协商的反馈是积极的。反馈中出现的关键主题是：第一，监管合作：受访者支持该倡议的想法，该倡议为监管者提供了一个合作环境，以应对不同管辖区的公司面临的共同挑战或政策问题。第二，快速上市：受访者指出，全球沙盒的主要优势之一可能是缩短了将创意带到新的国际市场所需的时间。第三，治理：反馈强调了项目对希望申请跨境测试的潜在公司透明和公平的重要性。第四，新兴技术/商业模式：反馈中强调了广泛的主题，特别是那些具有显著跨境应用的主题。突出强调的问题包括人工智能、分布式分类账技术、数据保护、证券监管和初始硬币发行(ICOs)、了解你的客户(KYC)和反洗钱(AML)②。

我国是世界公认的金融科技发展较快的国家，更应站在维护全球金融秩序的高度，积极创建"全球沙盒"治理模式，树立负责任大国的形象。

2. 虚拟沙盒

虚拟沙盒或称产业沙盒，通过细化规则，形成切实可行的产业监管体制，可防范、识别、预警、处置应对产业应用的风险。

虚拟沙盒可能会被行业引入。这将是一个使企业能够在不进入真实市场的情况下测试其解决方案的环境。许多大公司已经有类似的测试技术解决方案，但是这些方案彼此独立运行，并且数据仅来自这些沙盒的所有者。

---

① 截至 2018 年 10 月 6 日，参与"全球沙盒"战略的 11 家机构来自阿布扎比、加拿大、澳大利亚、巴林、迪拜、英国、中国香港、新加坡等地。

② FCA. Global Financial Innovation Network［EB/OL］．［2018 - 09 - 05］．https：//www. fca. org. uk/publications/consultation - papers/global - financial - innovation - network.

例如，虚拟沙盒可以是在行业间协作建立和装备的基于云的解决方案，企业可以为他们的产品或服务定制，使用公共数据集或其他公司通过虚拟沙盒提供的数据运行测试，然后邀请公司甚至消费者尝试他们的新解决方案。在这种环境下，测试时没有消费者受损、市场完整性或金融稳定等风险。

虚拟沙盒可以被所有创新者使用，不管他们是否被授权。对那些无法建立自己沙盒的小型初创企业来说，这可能是最有用的。寻求与现任者接触的科技公司也可能受益；被虚拟沙盒接受可能会鼓励更多的现任者参与新的解决方案。这种环境还可以让许多企业和其他感兴趣的方面（如学术界）更快、更知情地开发创新解决方案①。

3. 沙盒保护伞

沙盒保护伞通过金融监管单位授权，由非营利的沙盒保护伞公司提供沙盒服务，其最终目的是促进行业创新，完善金融风险监测、评估、预警和处置体系。

常见的做法是行业内成立一家非营利公司，充当沙盒保护伞，允许未经授权的创新者作为指定代表在其住所下提供服务。沙盒保护伞公司需要获得适当的授权，然后像其他授权公司一样接受 FCA 的监督。沙盒保护伞公司将监督其指定的代表。这个选项需要一些时间来实施，但是对创新者来说，使用起来比受限授权选项更快、更简单。创新者不需要申请授权，也不需要自己满足授权要求。沙盒保护伞公司将评估申请为指定代表的公司是否准备好测试他们的解决方案。

值得注意的是，并非所有受监管的活动都有指定的代表制度，因此并非所有创新企业都能使用沙盒保护伞。例如，这一制度不适用于保险承保和管理投资。此外，沙盒保护伞应该由工业界引进。通过创新中心建立沙盒保护伞，由行业主导的沙盒保护伞更有能力评估沙盒公司并提供持续的支持和建议，促进整体创新。FCA 还将监督沙盒保护伞，以确保对测试活

---

① Innovate/Finance. A Blueprint For An Industry – Led Virtual Sandbox For Financial Innovation [R]. 2016.

动的监督①。

4. 沙盒未来之洞见

"监管沙盒成熟度曲线"一方面是金融科技创新的直观映射，另一方面也是风险防范能力和沙盒风控水平的演化提升。金融科技因其开放性、科技含量更高的特征，使得金融风险更加隐蔽，潜在的系统性、周期性风险也更加复杂。创新监管沙盒模式，提升沙盒风控水平是必然趋势。未来的沙盒形态可能有以下几种模式。

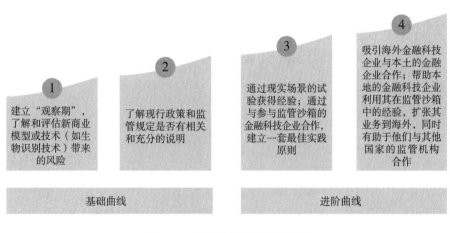

图4-6 监管沙盒成熟度曲线②

一是"同一地区，多个沙盒"的监管模式。预计在单一地区将会建立多个具有不同时间范围和测试参数的监管沙盒。

二是区域性监管沙盒，即在短期内有更多区域性监管沙盒出现，文化相似、经济联系和政治关系将为更大规模的合作奠定基础。该类沙盒可能侧重于有明确经济和民生利益的跨境金融科技场景，包括保护参与众筹平台的离岸投资者、云科技和区块链等跨境数据共享的数据隐私和网络安全问题。此外，更多带来共同经济利益的金融科技解决方案（如跨境汇款和金融产品互认）可能得到优先考虑。更多监管机构开始建立多边"金融科技桥梁"（FinTech Bridges）。例如，英国金融行为监管局已与中国香港、

---

① FCA. Regulatory Sandbox［J］. 2015（11）：5 - 13.

② 安永. 随着金融科技的发展，金融服务创新能否符合监管要求？［R］. 2017.

新加坡、中国和韩国等市场建立了合作伙伴关系。新加坡与澳大利亚、法国、瑞士和韩国等其他国家签署了多份金融科技合作协议。除了简单的信息分享（如监管金融科技的最佳实践）外，这些协议可能在中长期会有更大的影响力①。

三是行业沙盒和行业认证模式。目前，许多金融科技解决方案均基于不同的标准而建立。例如，移动银行的提供商需根据其客户的内部数据架构构建不同的连接系统。为解决这一问题，英国金融行为监管局委托 Innovate Finance（金融科技行业代表机构）开发以行业为导向的沙盒，并与业内企业合作，共同发展通用的数据模型、API 和参考架构。其目标不仅是提高安全性和数据隐私标准，还可以帮助新金融科技公司更有效地推行其解决方案。行业沙盒可以在单一地区内，也可以在区域层面。英国推行的"全球沙盒"方案就是在国际区域层面。

---

① Cambridge Centre for Alternative Finance. 促进金融监管创新指南英国之洞见［R］. 2018.

第五章　金融科技和监管科技的联动：
从中央到地方

金融科技与监管科技作为新一代信息技术革命的产物，二者的同源、同构、协同、多维的特性使得二者相互缠绕，不断推动着我国防范化解金融风险体系的进步。本章旨在介绍我国中央层面与地方层面在推动金融科技与监管科技发展方面的探索，尝试提出优化央地的金融风险防范制度架构的建议。

一、金融科技与监管科技的联动与耦合

（一）金融科技和监管科技的同源性

新一轮科技革命与产业革命是当前金融科技、监管科技创新的共同背景。无论是金融科技还是监管科技，构建其底层和基础技术的均是信息技术，驱动其创新的技术元素仍是信息技术，金融科技和监管科技具有同源共生的特征。

随着互联网技术的兴起，国外互联网创业公司创造性地将信息技术运用于非银行支付交易的流程改造和安全提升方面，随后信息技术逐渐被运用到其他前沿的 IT 技术领域和金融领域，形成了不依附于传统金融业的产业并取得了快速发展。随后金融供应商通过运用互联网、大数据、云计算、区块链、生物科技及人工智能等新兴技术实现了业务模式、应用流程及产品和服务的优化，金融科技逐步渗透至金融服务领域中，信息技术衍生出金融科技。而随着金融科技的发展，传统技术已无法跟上现代监管的要求，恰逢数据科学和信息技术的发展为利用技术进行监管提供了可能，

监管科技与金融科技相伴而生。信息技术不仅贯穿了金融科技和监管科技发展的始终，还将两者紧密地联系在一起，形成了一个互相契合、互相补充的整体。

（二）金融科技和监管科技的同构性

金融科技与监管科技的同构性，一方面是指"金融＋科技"与"监管＋科技"模式构成上的同构，另一方面是指金融科技对监管科技的迫切呼唤，推动了监管科技的演变。

监管科技孕育于金融科技，又独立于金融科技，监管科技是对金融科技的继承和传递，是对金融科技的自然反应。随着金融科技的不断发展，金融机构开发了大量金融业务创新产品，随之而来的就是风险的累积与合规的紧迫。在次贷危机之后，金融机构用于防范金融风险的合规成本大幅提升，利用新技术辅助合规成为解决监管合规问题的新方案，监管科技应运而生。

随着金融科技的不断发展，特别是大数据、云计算、区块链及人工智能等技术在金融领域的落地及应用，监管科技的范围与内涵得到了扩大与深化，监管科技不再是金融机构用于合规的工具，监管科技成为监管机构进行主动监管的利器，监管科技脱离了金融科技的"控制"而成为与金融科技平行的广义概念。"监管＋科技"与"金融＋科技"成为以科技为载体，以监管与金融为应用的新范式。

（三）金融科技和监管科技的协同性

金融科技与监管科技二者相互缠绕协同，不断推动金融体系发展。金融科技的出现大大提升了金融服务的能力与效率，在加速传统金融行业创新转型的同时，不断冲击原有的监管框架，使风险更加复杂与隐蔽，提高了风险监管的难度。而政府监管部门在期待通过金融科技实现降低运营成本、提高竞争力、推动惠普金融和便捷金融服务带来社会效益的同时，也希望在创新和监管中找到一个能够平衡、一个"最佳"的金融科技监管方案，在不弱化金融体系或削弱消费者保护的前提下，鼓励金融服务企业利用新兴技术和商业模式帮助行业发展。

金融科技依托于互联网和信息技术，鉴于其特殊环境，新形势下金融科技的有效监管更需科技的支持。监管科技通过大数据、人工智能等创新技术的应用，能够有效降低信息不对称，提高风险定价与管理能力，促进传统监管方式的同步转型与升级。合规科技的特点，是将金融科技与监管科技进行连接。另外，风险监管水平的提升为金融科技、合规科技的创新发展提供了更加稳定、安全的金融市场环境，从而催生了更进一步的金融科技发展与金融创新，形成了二者的循环演进[①]。

（四）金融科技和监管科技的多维性

金融科技发展的目的是使金融机构获取更多的利润，降低运营成本，盘活社会上的闲置资金，实现新时代下的普惠金融。而监管科技具有复合性，一方面，监管科技是为了降低金融企业的合规风险，提高运营效率，为金融企业服务；另一方面，监管科技是监管机构为了加强对金融公司的监控，并在风险出现时能够及时制定策略抵御风险而使用的。

金融科技与监管科技的多维性还体现在，金融科技和监管科技在信息技术同源的基础上也存在相互对立的一面。从驱动因素来看，金融科技是自下而上由技术推动的，其驱动主要源于金融市场缺陷、金融行业公信力缺失、针对中小企业普惠金融的政策压力、失业的金融人才求职、技术变现与智能手机的市场渗透等因素。监管科技的驱动因素是自上而下的制度要求，其驱动主要源于国际金融危机后的监管变革要求企业提供额外数据、新技术能够处理非结构化数据、企业需要降低合规成本、监管者努力提高监管工具的效率等因素。金融科技与监管科技相互促进共同发展，具有多维性。

二、中央金融科技和监管科技联动探索

我国在中央政府以及监管机关层面上对于金融科技与监管科技在政策

---

① 王雯，李滨，陈春秀．金融科技与风险监管协同发展研究［J］．新金融，2018（2）：44.

指引以及实践运用中均进行了积极探索，为国家防范化解金融风险赋予了强大能力。

（一）国家对金融科技的规范和指引

1. 《"十三五"现代金融体系规划》

2018 年，由人民银行牵头，国家发展改革委、科技部、工业和信息化部、财政部、农业农村部、商务部、银保监会和证监会等九部委共同编制了《"十三五"现代金融体系规划》。

在金融科技方面，该规划提出，深入开展技术创新在金融服务中的研究与应用。鼓励金融机构探索系统架构完善升级，在巩固集中式架构安全稳定运行的基础上，研究分布式架构应用的可行性。拓展金融业云服务的应用领域，鼓励发展业务系统、技术测试、信息安全等云服务，探索基于"云"构建风控、征信、反洗钱等行业公共服务应用。深入研究并吸收利用数字货币涉及的金融科技创新。加强区块链基础技术研究以及在金融领域的应用研究。适时开展量子通信在金融业的应用。探索人工智能技术在金融领域的应用创新，推进机器人安全值守应用。

2. 《中国金融业信息技术"十三五"发展规划》

2017 年，中国人民银行印发《中国金融业信息技术"十三五"发展规划》。其中明确提出："十三五"时期要加强金融科技（FinTech）和监管科技（RegTech）研究与应用；稳步改进系统架构和云计算应用研究；深入开展大数据技术应用创新；规范与普及互联网金融相关技术应用；积极推进区块链、人工智能等新技术应用研究。着力推动新技术应用，促进金融普惠创新发展。

3. 《关于进一步深化小微企业金融服务的意见》

2018 年 6 月 25 日，中国人民银行、银保监会、证监会、国家发展改革委、财政部联合印发《关于进一步深化小微企业金融服务的意见》，在"健全普惠金融组织体系，提高服务小微企业的能力和水平"的意见中，提出"要运用现代金融科技等手段，推进小微企业应收账款融资专项行动，发挥保险增信分险功能，提高小微企业金融服务可得性"的要求。

4.《中国证监会监管科技总体建设方案》

2018 年 8 月 31 日，中国证监会正式印发《中国证监会监管科技总体建设方案》，明确了监管科技 1.0、2.0、3.0 各类信息化建设工作需求和内容，明确了五大基础数据分析能力、七大类 32 个监管业务分析场景，提出了大数据分析中心建设原则、数据资源管理工作思路和监管科技运行管理"十二大机制"。该建设方案将着力实现三个目标：一是完善各类基础设施及中央监管信息平台建设，实现业务流程的互联互通和数据的全面共享；二是应用大数据、云计算等科技手段进行实时数据采集、实时数据计算、实时数据分析，实现对市场运行状态的实时监测，强化市场风险的监测和异常交易行为的识别能力；三是探索运用人工智能技术，优化事前审核、事中监测、事后稽查处罚等各类监管工作模式，提高主动发现问题能力和监管智能化水平，促进监管模式创新。[①]

此外，2017 年 11 月，中国证监会与澳大利亚证券投资委员会签署了《金融科技信息共享协议》，双方约定共享金融科技领域的发展动态及相应的监管政策信息。证监会提到：金融科技的发展对于丰富金融服务模式，促进普惠金融和满足投资者金融需求提供了广阔的机遇，同时也给全球金融市场监管者提出了新的要求和挑战。此协议的签署对于中澳双方及时就金融科技的发展和监管问题交换信息、加强合作具有重要意义。

（二）国家层面监管科技发展现状

国家在中央层面对监管科技进行了积极的探索，深入开展了技术创新在金融监管中的研究与应用。监管部门通过研发应用金融科技的金融监管平台和工具，应用数字化监管协议与合规性评估手段，大大提升了金融监管职能；通过探索基于大数据等技术的穿透式监管和智能监管方法，加强了跨行业、跨市场交叉性金融产品的监管，提升了监管部门的金融风险甄别、防范与化解能力。

---

① 中国证监会印发《中国证监会监管科技总体建设方案》[EB/OL]. [2018 - 11 - 11]. http：//new. cwf. gov. cn/zwgk/news/2018 - 9/150_3553. shtml.

1. 金融监管部门推动的监管科技

（1）中国人民银行金融科技（FinTech）委员会

中国人民银行金融科技（FinTech）委员会成立于 2017 年 5 月，该委员会致力于做好国内金融科技发展战略规划和政策指引，加强金融科技工作的信息共享和协调，密切关注金融科技发展的动向和潜在风险，以提升人民银行金融科技工作的履职能力和水平。该委员会在开展金融科技研究，推动金融科技应用试点，推进金融科技标准的研究，探索金融科技创新管理机制上为推动金融科技的发展与引导金融科技正确运用发挥了重大作用。

（2）百行征信

百行征信有限公司于 2018 年 3 月 19 日在深圳注册，它是在中国人民银行监管指导下，由市场自律组织——中国互联网金融协会与 8 家市场机构共同发起组建的一家市场化个人征信机构。

在监管提升上，百行征信的设立将解决互金行业借贷数据割裂、不共享的问题，打通各个机构之间的"数据孤岛"，通过多维度的征信记录，充分挖掘和利用个人信用信息的价值，进而补充央行征信、国家信息中心等在互联网信息上的不足，更加便于监管层全面掌握客户信贷信息，从而实施精准的政策调控。在个人信息方面，百行征信能够将缺乏银行信贷记录的客户纳入征信服务范围，让金融服务普惠更多的人群，同时避免个人信息被过度采集、不当加工和非法使用[①]。

（3）上海票据交易所

2016 年下半年，中国人民银行启动了基于区块链的数字票据交易平台的研发，并于 2016 年 12 月 8 日正式上线上海票据交易所，力推电子化、数字化票据交易。该票据交易所采用数金链（Smart Draft Chain）的区块链实现加固，以网络协议层、数据层、平台层和应用层为逻辑，采用同态加密、零知识证明等密码学保护数据隐私，以试用《拜占庭容错协议》（PBFT）为共识机制，实现对票据交易和数据监测的穿透式触及。在数字

---

① 百行征信落地，未来影响几何？［EB/OL］．［2018 – 11 – 11］．http：//www.sohu.com/a/215007862_743535.

票据区块链上，每一张票据和票据资产都上链，监管机构基于区块链可随时对票据交易环节开展审计，在保障票据信息真实完整、可溯源的同时，充分保护票据交易者的隐私。

（4）融联易云

融联易云金融信息服务有限公司是依据国务院"互联网＋"行动会议决议，由银保监会指导，十六家具有商业银行背景的股东共同出资成立的。该公司定位于提供金融科技公共服务，以促进银行间合作、解决行业共性问题为导向，通过平台化战略构建银行之间、银行与其他社会机构之间、银行与公众之间的沟通桥梁，为金融机构、社会大众、监管部门和政府机关提供行业治理、普惠金融、智能监管和智慧金融等公共服务①。

（5）深圳证券交易所

2018年10月，深圳证券交易所推出自主研发的智能监管辅助系统——"企业画像"系统。该系统集成深圳证券交易所历年监管数据和技术资源，利用关联分析、大数据等技术，主动识别公司相关的特征与风险，进而为上市公司监管提供智能辅助。该系统通过多途径收集公司工商资料、股权关系、业务与财务、市值与股价波动、重组和再融资等重大事项，以及公司风险指标、违规处分与发函、信息披露和风险评级等信息，并利用大数据关联、计算、标签化各个维度的数据，以图形、时间轴、列表等形式清晰展示上市公司全貌，为监管人员进行公司行为分析和风险预判提供辅助。

2. 非金融监管部门推动的监管科技

监管科技不仅应用在狭义的金融监管领域，在更宽泛的国家治理范围内也发挥着重要的作用。作为公权力的代理行使机构，国务院和相应的国家部委也有监管监督的职责，在特定部门的职责范围内，需要通过技术的应用来降低监管成本和合规成本。

（1）税务——金税三期工程、区块链发票

金税三期工程运用大数据、云计算等监管科技技术，统一软件版本和

---

① 参见融联易云官网，http：//www.ronglianyiyun.com/home/pub/page/index.html。

中央、地方接口，征税信息在线上可查，大大提高了税务征收和税务信息的透明化、规范化程度，成为我国打造"阳光政府""电子政务"的最新方向和趋势。

区块链发票是"区块链＋税务"的前沿探索，也是区块链等监管科技在税务部门应用的典型趋势，区块链发票的巨大应用价值，极大改善了交易流通和发票周转中存在的丢失、被篡改、虚开虚报等问题，针对发票的全生命周期进行管理，有效防范发票管理中的法律风险和经济风险，是合规科技的典型代表。

（2）中国海关

中国海关在促进贸易自由化、便利化发展的道路上，不断进行技术升级创新，向科技要效率，向科技要管理，向科技要人力。近年来，中国海关借助科技手段，用多重技术"组合拳"不断提高海关监管水平，开创海关管理模式"无线时代"，海关工作效能提高，企业通关效率提速。随着我国"一带一路"倡议向纵深推进，中国海关信息化建设与世界深度接轨，中国海关实践在优进优出的国际合作中发挥着更大作用。

（3）国家外汇管理局

国家外汇管理局依托数据整合成果，跟踪大数据技术发展方向，研究搭建外汇管理大数据平台。同时，国家外汇管理局积极探索大数据应用场景，充分运用各类数据挖掘分析软件，构建数据模型，发挥数据在决策支持、风险防控、主体监管、异常识别等方面的重要作用；支持国家外汇管理局各类数据分析和挖掘的需要，提高数据资源的利用效率，丰富数据分析应用或产品，促进数据分析成果共享，扩展数据服务的范围和领域。

（三）金融科技与监管科技的协同

金融科技创新与金融科技监管彼此促进、互为影响，金融科技监管是金融科技创新的动力，金融科技创新推动金融监管体系不断完善，二者的动态博弈不断推动着金融市场的发展。在国家层面所进行的一系列防范化解金融风险的实践中，既有金融科技的参与也有监管科技的配合，二者协同提升国家金融监管现代化水平。

金融科技推动监管科技的应用。金融科技不断迭代变革所带来的金融风险，倒逼中央监管机构对监管科技的应用，监管机构通过对金融科技持续的监管分析和风险评估，不断动态升级其监管体系。当前众多经济体的监管部门都开始大力发展监管科技模式，大数据、云计算等金融科技手段的出现，使得监管机构在监管活动中开始运用新技术，提升自我监管能力，有效解决成本制约、信息不对称等传统监管难题①。

金融科技与监管科技协同建设金融基础设施。金融科技与监管科技二者的系统在整合监管部门、金融机构等社会主体和相应资源，推动建立多方合作的监管平台，实现标准统一、数据与信息共享、科技知识共享等多维度的监管目标上发挥了重要作用。目前我国成立了诸多基于科技而运营的金融基础设施，如中国人民银行指导成立的票据交易所、金融科技（FinTech）委员会、数字货币研究所、百行征信有限公司，一系列金融基础设施通过运用金融科技的技术，实现监管职能的提升，金融科技在监管领域中转化成监管科技为中央监管部门所应用，在金融基础设施中其对监管技术的应用既可以是金融科技也可以是监管科技，二者协同共同为金融基础设施搭建底层技术。

金融科技促使动态监管、柔性监管。金融科技自身动态演化的特征使得监管机构不能以传统僵化的监管模式进行监管，而必须针对金融科技模式的动态创新来进行风险把控。在动态监测的过程中需要引入与金融科技相契合的监管科技实行动态监管、柔性监管，使得监管机关能够在金融科技与监管科技的交流中累积监管经验，在风险可控的情况下灵活调整监管框架，以此不断探索监管的边界与减少监管执行的博弈成本②。

| 案例 | 中金云金融"金管通" |

中金云金融（北京）大数据科技股份有限公司搭建完成了北京金融云的云后台，从服务监管的角度，为政府、互联网金融机构客户提供综合化

---

① 杨涛. 金融科技监管如何与时俱进［EB/OL］.［2018 - 11 - 11］. http://finance. cnr. cn/gundong/20170628/t20170628_523823024. shtml.

② 杨望. 多层次金融科技治理体系研究［EB/OL］.［2018 - 11 - 11］. https://www. weiyangx. com/297130. html.

金融科技解决方案，助力金融科技和监管科技的发展。

2016 年 4 月，中金云金融"金管通"互联网金融企业风险管理平台上线，从监管、风控、资源、信息安全等方面为互联网金融企业风险管理和风险监测预警提供解决方案和服务。"金管通"互联网金融风险管理平台融合了舆情监测、数据治理、风险分析、企业信息填报等非现场监管的功能，以及现场监管检查 APP 等现场检查工具，使得互金专项整治行动高效率、高质量地实施。"金管通"系统中收录了北京市工商、公安、司法等部门针对北京市 16.7 万家金融机构、类金融机构和互联网金融机构的基本信息、业务数据、处罚信息等数据，并通过该系统进行企业关联关系和企业族谱画像，为 16.7 万家机构中的每家企业构建电子档案（一企一档），根据对这些企业的行业类别、规模、风险等级实施有针对性的监管办法（一企一策）。

三、地方金融科技和监管科技联动探索

伴随着新兴技术的不断涌现，其在金融行业也被深入应用。金融从来都离不开科技，而当下科技对于金融的影响也越发明显，尤其是前沿科技的应用，比如大数据、区块链、人工智能，可以预见在未来掌握了金融科技发展的区域，才更有动力实现产业的新时代蜕变，提前规划布局金融科技产业的区域，才能够尽快推进产业生态化发展，摸清了金融科技产业发展规律的区域，才能够在新时代竞争中率先享受下一波政策和市场红利，为实现区域经济发展"弯道超车"和产业生态圈建立塑造新势能。

（一）地方在金融科技领域的实践

1. 北京银行保险产业园

北京银行保险产业园前身为"北京保险产业园"，2014 年揭牌开始建设，2018 年 9 月更名为"北京银行保险产业园"并正式开园。北京银行保险产业园作为首都构建"高精尖"经济结构的重要载体，正在全力建设为具有全球影响力的银行保险业创新发展示范区，打造全国银行保险创新试

验区、产业聚集区和文化引领区。北京银行保险产业园的开园，是响应银保监会监管职能和框架做的调整，也是进一步扩展产业园功能定位的重要举措。产业园计划从 2018 年开始，着手通过产业集聚打造"金融科技小镇"，全力贯彻十九大报告中"永远把人民对美好生活的向往作为奋斗目标"的精神，努力"增强金融服务实体经济能力"，带动、促进其他各个产业的发展，实现"产城融合"。

产业园立足首都城市战略定位和京津冀协同发展战略，促进培育现代金融服务业"最后一公里"，以高起点、高标准、高水平推动产业园的开发建设，加强科技创新引领，打造以银行保险产业为主体的国家级金融创新示范区。截至 2018 年 2 月，北京银行保险产业园的入驻金融企业达到30 家，以寿险、财险、保险中介、保险经纪等保险业的各类企业和机构为主。预计到 2025 年，"金融科技小镇"将引入数十家龙头企业、百家领先企业、千家优秀企业，形成超万亿元产值的规模，进一步提升北京作为国际科技金融中心的影响力、辐射力、创新力和资源配置能力。进一步聚集国家级乃至世界级信息安全机构、金融机构总部，增强总部金融及安全功能，做好金融保障和服务，形成与首都地位相称、与首都经济社会发展相适应的现代新金融业发展格局。

产业园以"金融、保险、科技"为发展内核，吸纳高新技术企业入园，积极推动大数据、云计算、区块链、人工智能等金融科技和监管科技企业，以及专业的技术服务提供商、外包商等，势必会在未来抓住创新机遇，实现经济增长。除此之外，在基础设施、制度规范的建设完善，以及保险行业和保险科技等金融风险防范和化解方面，创新性地开展"负面清单管理"，并采用"试验型"模式，吸纳有代表性和真实创新的保险科技和银行业金融科技公司入园，进行相应的"沙盒"式管理，建立健全保险业风险的监测预警系统，优化园内的风险处置流程，推进金融风险监管体系和监管能力的现代化建设。

2. 杭州、重庆区块链产业园

杭州市政府近年来对区块链技术格外重视。2017 年 4 月，杭州市政府联合主办了"2017 全球区块链金融（杭州）峰会"，首开国内政府层面主办区块链峰会的先河。2018 年 4 月 9 日，杭州未来科技城管委会举办"中国杭州区块链产业园"启动仪式，中国杭州区块链产业园首批入驻的十个区块链科技型项目成功集体签约。会上还宣布成立"雄岸全球区块链百亿创新基金"以及筹建"浙江雄岸区块链战略发展研究院"。

入驻项目方代表"共享链"和"车享链"就是以共享经济为切入点的区块链项目。共享链采用区块链社群模式开发共享区块链系统。其中 ShareOS 是一个基于 EOS 系统深度优化、定制、开发的底层公链，针对共享行业进行深度定制。如超级节点制度、Token model、用户体系、信用体系、行业定制等。共享链不仅将产品目标用户扩散到普通人中，连开发和构建环境都做到"人人参与，共享美好生活"。车享链是一个 C2C 共享出行平台级别的生态体系，选择加入车享链的门槛仅仅是在自己的汽车装上一个"车享魔方"，用于实时记录车辆行驶的基本数据，包括行驶时间、里程等，这些数据通过一定的核算机制，转化为相应的标准算力，以区块链类 POW 工作量机制模式，获得一定量的生态体系激励，即"车享豆"。"车享豆"的拥有者还可在平台上将"车享豆"兑换成相应的产品和服务，包括定期保养等售后服务，从而形成一个价值转移的闭环。

同样在区块链领域，重庆市区块链产业创新基地在 2017 年 11 月成立，重庆市委市政府和渝中区区委区政府高度重视区块链产业的发展。2018 年重庆市两会期间，新任市长在 2018 年政府工作报告中提出，将培育大数据、人工智能、区块链、物联网等智能产业链，加快发展数字经济。重庆市委将区块链发展写入以大数据智能化为引领的创新驱动发展战略行动计划（2018—2020 年）文件中，渝中区政府也将区块链产业发展写入了渝中区经济发展"十三五"规划中，高质量推进。2018 年是区块链应用落地元年，作为一个新兴产业，无论是发达国家还是发展中国家，都站在新技术的起跑线上摩拳擦掌。

每个城市都是一个生命体，金融科技的创新就像是创造新的生产力，重塑城市运转规则，重启城市的生长过程。各区域新成立的区块链产业园，将同步美国、日本、韩国及欧洲各国最新行业发展及研究成果，探索用区块链技术支持、服务实体经济和科技创新，打造全球区块链产业智力高地，为地方在区块链产业发展中的优势奠定基础。

3. 贵阳大数据交易所

贵阳大数据交易所（Global Big Data Exchange，GBDEx）在贵州省政府、贵阳市政府的支持下，于 2014 年 12 月 31 日成立，2015 年 4 月 14 日正式挂牌运营，是我国乃至全球第一家大数据交易所，2017 年 4 月 25 日入选国家大数据（贵州）综合试验区首批重点企业。

贵阳大数据交易所自成立以来，受到国家领导和各省市领导的关注与支持。2015 年 5 月 8 日，李克强总理亲自批示"贵阳大数据交易所、大数据产业空间无限，是'互联网 +'的重要支撑，相关部门要对地方探索和试点情况加强指导服务，研究完善支持政策，使这一新业态更好与其他产业融合发展，形成产业结构调整新局面"。2015 年 5 月 25 日，国务院副总理马凯亲临贵阳大数据交易所视察发展情况，并开通了"China 贵阳"的政府数据公开账号，这是国内政府数据首次接入贵阳大数据交易所交易系统。截至目前，交易所已经累积了全国所有的政府公开数据。2015 年 6 月 17 日，习近平总书记考察贵州大数据产业发展，贵州省以发展大数据作为突破口，推动经济社会发展的探索，给习近平总书记留下了深刻印象。作为贵阳大数据产业发展的重要名片，贵阳大数据交易所立足国家大数据（贵州）综合试验区，在国内率先完成了大数据交易的路径实践，完善了大数据定价、结算、支付、安全、指数、数据资产管理等一系列配套服务，补足了大数据产业发展链条上的重要一环。截至 2018 年 3 月，贵阳大数据交易所发展会员数目突破 2000 家，已接入 225 家优质数据源，经过脱敏脱密，可交易的数据总量超过 150PB，赢得了会员单位的认可。可交易数据产品 4000 余个，涵盖三十多个领域，成为综合类、全品类数据交易平台。贵阳大数据交易所秉承"数据星河"战略，有效融合目前资源推出"数 +12"战略，不断完善经营模式与大数据交易产品体系，健全数据交易产业链服务，为贵州数字经济发展提供动力。

进入大数据新时代，充分盘活数据对于地方政府、金融机构保持竞争力是非常关键的。贵阳大数据交易所积极推动政府数据融合共享、开放应用，激活行业数据价值，志在成为全国重要的数据交易市场，打造国际一流的综合性大数据交易服务平台。除此之外，在贵州省政府、贵阳市政府的大力支持下，贵阳大数据交易所赋能地方金融，势必会成为地方金融机构转型创新的合作典范，对解决银行数据需求带来里程碑式的改变。

（二）地方在监管科技领域的实践

在金融科技时代，地方已经成为防控重大风险的重要战场，金融科技在非传统金融业态的应用亟须监管的进一步严防和压实。基于金融资源配置的动态博弈，地方政府往往通过鼓励地方金融组织创新来争取更多的金融资源配置，随着近年来金融科技逐渐成为地方非传统金融业态组织创新的重要载体，P2P网贷、股权众筹和区域性金融资产交易中心等多种互联网金融组织形式对民间资金形成了巨大吸引，也引发了一些金融乱象。许多地区在监管科技方面也有应用探索，初见成效。

1. 北京积极探索监管科技应用

（1）金融风险监测方面

"冒烟指数"是由金信网银金融信息服务有限公司开发的监测预警平台，其中包括冒烟指数分析、冒烟指数变化分析等其他指标和功能。冒烟指数的定义来源于"森林着火总是冒烟的，而且火势越大烟就越大"的思想。对P2P网贷而言，可通过测试P2P网贷平台的"火情指数"来分析预测特定平台的风险大小。"冒烟指数"通过设定与P2P网贷平台相关的指标如合规性、特征词命中、传播率、收益率和投诉率五个维度，再加上运算模型和加权运算，使用大量爬虫每天爬取网络上关于网贷平台的信息和数据，然后进行数据脱敏处理、清洗、处理、封装，符合特征值和标记的数据被记录下来，作为学习训练和测试的样本，进而对不同的P2P网贷平台打分，标记颜色。

"冒烟指数"从多个渠道收集大量的多维、半结构化活性数据，包括网络数据、线下数据和第三方数据三个主要来源。网络数据中包含新闻网站、社交媒体平台、P2P运营、论坛博客和政府网站的数据，线下数据和第三方数据主要是上访、电访、信访、调查问卷收集到的数据，以及工商、税务、法院和移动互联网产品数据。在数据来源和分析上区别于传统的利用信息技术进行的单向、单点分析处理，善于从看似相关性较低的数据和信息中"多点"收集，然后进行关联性分析，运用知识图谱、智能搜索和查询技术能把众多看似不相干的信息整合为一个整体，对 P2P 网贷平台进行综合数据画像。对于不同指数段的企业，有不同的监管手段。对于指数在 20~60 分之间的企业，平台重点监测 7 种信息，包括：企业工商登记情况，企业商业模式，企业高管情况，企业资金端、资产端主要来源等，指数在 60 分以上 80 分以下的企业会被列入重点监测群体，定期汇报给监管部门。监管机构如金融办、工商、税务等部门，采取定期扫楼的方式进行排查清理。对于超过 80 分的企业，政法机关则启动打击处置程序。

面对日趋复杂的国内外经济、金融形势，金信网银利用冒烟指数，服务于北京市金融工作局、北京市互联网金融协会、工商、公安经侦部门等，运用大数据、云计算和机器学习辅助打击非法集资、防范金融风险，维护首都金融安全稳定，是北京市打非办的重点合作监管科技企业之一。只有充分运用大数据监管技术和金融科技方法，才能够为政府金融监管提供技术支撑，助力政府加强重点领域风险防控能力，建成更高效、更全面的互联网金融长效监管机制。

（2）打击非法集资

在开展打击非法集资和非法吸收公众存款的违法活动中，要想精准追踪涉嫌非法集资的企业和相关个人，评判平台风险和社会影响程度、参与人受损失情况等，就需要对数据进行广度和深度上的采集、加工和分析。当下，中国的大数据行业正经历着发展和变革时代，从众多大数据企业中脱颖而出的数联铭品（BBD），被认为是最有望成为"中国版 Palantir"的大数据企业。目前监管科技领域主要是围绕"数据"进行分析，BBD 可以利用大数据进行监测，精准画像。

BBD 受北京市地方政府委托打造了大数据风险监测预警平台，对企业DNA 进行全面刻画，对非法集资风险点进行精准定位。通过大数据监测预警平台，可以实现全方位、全天候的潜在风险点的精准捕捉、疑似非法集资企业甄别、关联方拓扑图深度挖掘、智能实时风险简报生成、区域和行业联动监控等功能，有效地将金融监管和网络借贷企业放到同一时空和同一环境中，极大地延伸了监管者的监管能力和风险捕捉、处置能力，有利于地方金融监管部门事前进行识别、实时跟踪和预警监控，提前发现、迅速响应并及时处理，实现降低成本、提高效率、维护金融安全稳定的目标。其反欺诈风险监测系统，可以基于多维度、全量化数据，构建特殊风险识别模型，通过其监测高风险企业全息画像，提供金融系统风险识别及预警，能够"线上＋线下"立体化辅助监管机构精准捕捉金融异常行为，挖掘隐性关联交易，预测贷款和投资诈骗风险，揭露隐匿地下钱庄，并实现提前预警非法集资等风险企业。

此外，BBD 还提供专业化的监管科技方案定制，如案件全流程智能化管理解决方案、保险业风险监测大数据方案、地产业信用评估大数据方案等，帮助企业合规经营，降低管理运营成本和被处罚的风险。用科技解决监管难题、打击非法集资可以更加高效，节省地方金融监管成本，提高预警金融风险的能力，实现对涉众金融风险的"打早打小"，切实保障广大群众和投资者的资金财产安全。

（3）网贷平台的监管

自 2016 年 4 月 12 日国务院办公厅启动互联网金融风险专项整治工作以来，互联网金融领域的专项整治行动已经持续了两年，目前来看远没有结束，预计未来将形成互联网金融领域风险整治的长效机制。并且自 2016 年 8 月银监会发布《网络借贷信息中介机构业务活动管理暂行办法》以来，P2P 网贷备案的达摩克利斯之剑一直高悬在网贷企业和互联网理财平台的头顶，特别是 2018 年 5 月至 8 月频频出现的 P2P 网贷平台"爆雷"，更是为网贷行业增添了许多不确定性和不安稳的因素。在此背景下，运用新技术对 P2P 网贷行业进行更加全面和系统的管控是"严监管"背景下的应有之义。

北京市金融工作局携手北京市阿尔山金融科技公司研发推出的"北京市网络借贷监管系统"，于 2018 年 1 月 26 日投入使用。该系统运用区块链为底层架构，以分布式记账的方式将网贷企业的数据通过 API 接口上传到区块链，这些数据包括备案登记时上传的历史数据、业务运行上传的实时数据以及司法和舆情等公开数据三个层次。同时，该系统以哈希加密算法等密码技术的应用确保信息数据不可篡改和可审计，并针对不同的主体开放不同的访问权限，例如，人民银行、金融局等不同监管主体可以按实际需求设定监测阈值，增强监管的弹性和灵活性。最后，该系统运用区块链特有的匿名性和保密性高的特质，将用户投资者的身份证号和姓名加密后上链，从源头上防止用户信息的泄露和非法买卖。在收集多维数据的基础上，该系统可对P2P网贷平台和投资者同时开展监测，兼顾平台的合规风险、组织管理风险以及用户的信用风险、道德风险。

作为互联网金融大潮中的重要角色，P2P网贷行业因其业务规模大、风险传染性强、容易出现非法集资和网络诈骗风险等诸多特点，成为当前互联网金融重点监管的对象。作为北京市服务业扩大开放综合试点示范项目，"北京市网络借贷监管系统"的研发意义重大，既是国内金融监管科技领域的全新探索，在国际上也可谓首开先河。作为一项新兴的互联网技术，区块链无疑是最重要的一次底层迭代。信息上网，价值上链，区块链所传递的价值，让金融行业受益匪浅。此次"区块链＋金融监管"的跨界组合，带来了创新思维的激烈碰撞。运用区块链技术，为金融监管提供解决方案，能够有效助力破解金融监管痛点。

2. 贵阳市风险大脑、数据铁笼

目前，贵阳市已经形成了较为完整的大数据金融产业链条，成立了全国第一家大数据交易所，贵阳大数据征信中心、资产评估中心和大数据资产评估实验室等均开创了国内先河。利用国家移动金融试点城市契机全面推动便捷支付，聚合政府数据、企业数据、第三方数据，建成对互联网金融业态进行监管的"数控金融"平台。贵阳在大数据建设方面的沉淀为防御地方金融风险提供了有力支撑和切入抓手。2018年5月26～29日，以"数化万物智在融合"为主题的中国国际大数据产业博览会在贵阳国际会议展览中心隆重开幕。在数控金融分论坛上，蚂蚁金服与贵阳市金融办签署合作协议，双方将建立"贵阳市金融科技实验室"，共同推进贵阳地方金融风险防控及金融科技创新发展，以打造地方金融监管的"贵阳样本"。在双方合作的基础上，蚂蚁金服旗下的智能监管科技系统——蚁盾风险大脑，将根据各种类金融业态行业特点、业务模式、行为特征，进行全息画像，梳理出其行为特征及其对应的金融风险点。利用人工智能、云计算、大数据等金融监管科技手段，丰富贵阳市地方金融监管工作的技术能力和水平，助力贵阳市金融办实现"主动发现风险—提示风险—处置风险—持续监测"金融风险管理闭环，打造地方金融风险管控的"贵阳模式"。

政府和第三方监管科技提供商的合作可以创新监管模式，实现地方金融业态监管的全覆盖、无死角，还可以杜绝不具备金融从业资质和能力的企业从事金融经营活动，在准入环节就把好风险关，将地方金融风险防控前置。例如，"蚁盾风险大脑"的金融风险防控思路已经可以发展到事中和事前相结合的智能风险预测，做到关口前移、打早打小，在事前阶段遏制风险发生。

除此之外，贵阳市以块数据资源为基础打造数据铁笼，实现政府权力运行监管、绩效考核和风险防范的大数据应用工程。运用大数据思维和相关技术，将行政权力运行过程数据化、自动流程化、规范化，对权力清单、责任清单、"三重一大"事项清单、风险清单、行政业务流程等权力运行过程的环节实现监管、预警、分析、反馈、评价和展示，构建大数据监管技术反腐体系，减少和消除权力寻租空间，推进落实"两个责任"和"一岗双责"，促进党风廉政建设，提升政府治理能力。为确保权力在阳光下运行，贵州省对省直部门的权力清单和责任清单进行全面梳理和确认，于 2016 年 6 月 29 日将 55 家省直部门的"两清单"公布在互联网上。贵阳市从 2015 年 2 月 1 日起正式实施"数据铁笼"行动计划，运用大数据编织制约权力的笼子。"数据铁笼"第一批试点工作在贵阳市公安交通管理局、市住房和城乡建设局开展。截至目前，"数据铁笼"已覆盖 40 家市政府部门。在总结"数据铁笼"省级试点部门和贵阳市建设的成功经验基础上，省大数据发展领导小组印发了《贵州省"数据铁笼"工作推进方案》，决定在贵州省全面推广"数据铁笼"工程建设。

3. 西安、天津、广州与蚁蚂金服达成合作

2018 年 4 月 26 日，蚁蚂金服与西安金融办战略合作签约仪式在西安举行。双方将利用互补优势，通过蚁盾风险大脑协助西安金融办进行金融风险的识别和监测预警，从而提升地方金融服务水平、提高金融监管效

率、营造良好的金融环境，促进金融业更好地为实体经济服务。早在 2017 年 8 月 19 日，蚂蚁金服和西安市就已第一次战略携手，宣布共同推进西安"移动智慧城市"建设，双方约定将在交通、商业、民生、政务和信用等领域开展全面合作。本次合作是之前合作基础上的继续深化和延展，除了蚁盾风险大脑服务监管科技之外，蚂蚁金服与西安市还将共同探索基于信用的普惠金融合作，以及共同探索金融"政策＋技术＋产业＋普惠金融"的新型扶贫模式。蚂蚁金服将通过各项合作内容的落地，做西安丝路国际金融中心建设的护航者和加速器。

传统监管手段已不能匹配金融科技带给金融监管部门的发展变化，为防范化解重大风险，履行好地方金融监管和属地金融风险防控职责，蚂蚁金服利用科技金融的优势帮助西安构建风险监测防控体系，实现风险监测防控前置，提早感知风险，让这些点状的风险不扩散。

2018 年 7 月 16 日，天津市金融工作局与蚂蚁金服达成合作，确认天津金融监管引入蚁盾风险大脑，助力地方金融监管和科技创新，以及对金融风险的系统性防范。随着互联网金融的迅速发展，其存在的问题和风险隐患也随之暴露，唐小僧、联璧金融和投之家等明星理财平台接连出事后，互联网金融行业进入"爆雷潮"，仅 2018 年 6 月，全国停业及问题平台数量就达 80 家，互联网金融行业的恐慌有向金融行业其他业务蔓延的趋势，这更加凸显了防范化解系统性金融风险的重要性。蚂蚁金服携手天津市金融工作局共同研究各类地方金融风险的新形态、新特点、新模式，通过帮助天津市金融工作局构建风险大脑科技监管平台，进行实时风险识别预警和证据链溯源，真正做到早发现、早预警、早处置。

2018 年 5 月 21 日，阿里巴巴集团合伙人、蚂蚁金服董事长兼 CEO 井贤栋带领蚂蚁金服高管团队与广州市委书记任学锋等政府领导进行了交流。双方深入沟通自 2017 年签署战略合作协议以来合作项目落地成绩和亮点。同时，双方还就阿里巴巴集团和蚂蚁金服集团扩大在广州市投资，深化与广州市的战略合作关系，参与粤港澳大湾区大发展，展开了深入的交流和探讨。座谈会后，广州市金融工作局与蚂蚁金服签署了《共同推进金融风险防控及金融科技创新合作协议》。蚂蚁金服和广州市金融工作局将在防控金融风险领域开展合作，共建金融科技创新实验室，以对地方金融风险进行识别和预警，共同保护金融消费者合法权益，为消费者和小微企业提供安全、便捷的普惠金融服务。用户权益是金融科技发展的出发点，蚂蚁金服用科技助力监管创新，为行业的未来创新发展预留空间，在防范风险的同时，让创新更好地促进普惠金融和新经济的发展。

广州是华南经济和金融重镇，与洛杉矶、旧金山等城市一起被列为成熟型国际金融中心。目前，广州市共有约2万家类金融机构，截至2017年8月15日，广州市经确认共有155家互联网金融企业。在创新地方金融监管上，广州已经做了很多有意义的探索，并创新推出了地方金融风险监测防控的"广州模式"。此次合作，蚁盾风险大脑作为蚂蚁金服旗下的智能监管科技系统将为广州市金融监管工作提供技术支撑，以突破制约地方监管工作的技术瓶颈，在算法、模型、人工智能技术等方面进行有效补充。

四、优化央地金融风险防范制度架构

（一）传统金融风险防范的央地模式和问题

1. 传统金融风险防范的央地模式

我国的传统金融监管体制是沿袭"一行三会"的垂直监管模式。从职权划分来看，全国性金融事务应由中央监管机构负责，凡是涉及国家金融稳定的全国性事务应由中央监管机构保留监管职权。狭义的地方金融监管职权主体是指根据法律规定或者有权机关的授权，在金融法律关系中享有监督管理权限的地方政府机构，即具有金融监管职能的行政机关、事业单位等。

按照法律规定，在"一委一行两会"改革前，我国金融监管一直采取分业监管模式，即在银行、证券和保险三个业务领域内分别设立专门监管机构，负责各行业的业务监管，监管职权配置以主体属性为标准，无形中约束了地方金融业及法律制度的发展。金融监管体制是与一国的政治经济体制、金融体制、金融市场结构和发育程度相适应的。我国实行的分业监管体制是由我国社会主义市场经济与单一制的国家结构形式所决定的，在一定时期对我国金融市场的发展起到了积极作用。

2. 传统金融风险防范模式存在的问题

中央和地方金融监管的关键问题在于权力与责任的分配。地方金融作为我国整个金融体系的重要组成部分，在经济发展和社会稳定方面起着积极作用，但也会在我国金融领域中引发不稳定因素，滋生金融违法行为。以监管主体为标准对金融进行监管容易出现中央政府监管难以到位的"盲区"或"真空"。比如在地方性、小微金融监管方面，监管主体权责不清，经济政策各异，碎片化倾向明显，目前还没有明确的监管主体，金融体系日益复杂化和业务交叉化，从而导致地方金融系统性风险的发生。

在金融全球一体化的影响下，我国金融开放进程加快，金融监管的外部环境发生了重大变化，央地监管职权不清、监管标准不一致、监管业务界定不清楚、监管协调不力等问题逐渐暴露。尤其近年来，我国经济下行压力不断增大，实体经济质量与水平明显降低，出现了一些典型的非法集资事件，具有代表性的有e租宝、泛亚事件、温州民间金融借贷事件。这些违法行为的发生引起了有关金融监管部门的重视，冲击了我国对地方金融监管的效果，揭露了我国一级多元监管体制的弊端。中央与地方监管双方权责不清，协调处置风险的难度较大，使得系统性风险的度量和防控受到了限制，从而抑制了中国金融市场的发展。

（1）中央与地方金融监管不协调

在地方金融监管职权的配置中，要避免陷入中央和地方"一放就乱，一乱就收，一收就死，一死就放，一放又乱"的经典怪圈，要调动地方政府金融监管积极性，就要处理好中央与地方金融利益分配存在矛盾的问题。当下很多地方政府把原来的金融办变成地方金融监管局，中央的监管部门把指定文件和推出新型机构的权力拿到手里，但是会把批准的权力下放，推给地方政府。这时地方政府机构形成了地方政府管理的组织，现在地方金融监管局要把地方金融管起来，这其中就涉及权力和责任在不断互动调整，特别是中央和地方的关系。

金融监管的权力集中在中央，而地方政府又需要承担维护区域金融稳定的职责，两者之间的矛盾就产生了中央与地方监管权责不对等的情况，这就需要一个完善的监管协调机制。在金融监管层面，中央和地方政府往往有不同的利益诉求，显然中央更加关注金融风险的防范，而地方政府的出发点和落脚点则是金融对地方经济发展的支持作用。要解决这个内在矛盾，就需要以利益均衡为导向，使法律对地方利益的保护之力与实际利益格局相匹配，调整法律的实际保护之力是解决中央与地方利益冲突、维护金融监管体系平衡与稳定的重要措施。

（2）地方金融监管职权不明确

由于地方政府具有法理上的"政治人"和现实中的"经济人"双重身份，在实践中地方政府无法避开"经济人"理性的支配，不可避免地以追求利益的最大化为己任，这种利益包括集体利益与个人利益。在金融领域表现为利用金融监管对金融市场及其市场主体进行干预，以使得金融企业收益最大化。地方政府与地方金融监管部门之间往往会存在职责不清、监管职能和经济发展职能混合等问题，使得地方金融监管部门更多的时候是在扮演地方政府金融代言人的角色，既是金融监管又是金融服务，甚至是地方金融机构的出资人。在这样的背景下，一旦地方政府出现财政困难，则融资成为地方财政的首要职能。盲目进行政府融资、争夺信贷资源，其结果是信贷比提高，这必然会影响金融监管效率和金融稳定，不利于公平分配及市场主体良性竞争的实现，无法建立健康的金融生态环境。

同时，在利益的驱使下地方政府履行监管职责时，会出现寻租行为，以金融风险为代价取得 GDP 的增长。因此，要发挥市场机制就需要对地方政府监管职权进行适当约束，同时又要设定适当的内部激励机制。地方金融的发展要求监管职权的合理配置、信息共享机制的构建与风险预警体系的完善。市场机制对地方金融监管职权的影响体现在政府监管职权与市场监管职权的配置上。

地方金融监管职权的滥用还体现在金融市场透明度缺失这一问题上。金融监管者和金融市场参与者的目标具有一定的重合性，但是实现方式会有所不同，例如，金融监管者会针对金融机构的违规违法行为进行惩罚，限制地方金融市场监管职权的有效配置建立在信息披露制度的基础上。市场是存在外部性和不完全竞争的，要解决这个问题，就要减少金融机构及非金融机构的不透明度，降低因信息不对称而产生的负面效应。

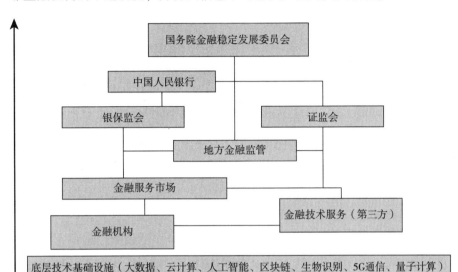

图 5-1　中国金融监管架构和底层技术

（二）金融科技与监管科技联动升级传统架构

1. 中央和地方同时在线、协同共振

长期以来，我国金融监管的模式常表现为中央与地方的二元监管模式。近年来，随着互联网金融与金融科技的兴起，金融领域的发展突飞猛进，各类金融机构借助技术的翅膀呈现出突变式进步，新情况、新思路、新模式层出不穷，与此同时，各类风险也随之产生，不可控性增大，由此我国一直以来探索的具有中国特色的中央地方二元监管模式显得尤为关键。地方监管机构是最能够接触日常金融领域发展的一级，其通过日常的监管对金融领域所存在的风险点具有较为清晰的认识。地方监管机构根据这些风险点汇总出较为共性的问题汇总到中央，再由中央统一解决这些问题，既解决了全国金融领域迫在眉睫的实际问题，同时也节省了中央的监管资源。由此，平衡中央与地方的监管权限，使中央地方同时在线共同监管，既可以及时解决金融科技迅速发展下已经出现的问题，也可以有效地防范还未出现的风险。

227

2. 更加扁平化的组织体系

所谓扁平化的组织体系是指减少行政管理层级，裁减冗余人员，从而建立一种紧凑、干练的扁平化组织结构。实现扁平化的组织体系有利于加速信息传递，使决策更快更有效率地传达及实施。世界各国中无论是公司企业还是机关组织都在积极推进扁平化管理，以至于扁平化的组织体系大行其道。扁平化的组织体系是我国金融领域监管组织内部不可缺少的管理模式，首先，扁平化的组织体系模式可以实现分权管理，在分权管理体制下，集权管理体制与金字塔形的组织结构相适应，各个层级间的联系相对减少，各层级组织相对独立，使得扁平化组织模式可以有效地运作；其次，扁平化的组织体系可以迅速且有效地适应外部变化，在金融科技的助推下金融领域每天都发生着不可预估的变化，为了尽快找出适应这种变化的有效监管模式，必将建立扁平化的组织体系；最后，为了有效地增加监管幅度，有效地处理好监管幅度增加后指数化增长的信息量和其他复杂的关系，引入计算机管理信息系统，利用强大的信息处理技术去处理这些棘手的问题，也必将以实现扁平化的组织体系为前提。

由此而言，为适应金融科技对金融领域的影响，在金融领域高速发展的今天，必先建立金融监管体系内部的扁平化组织体系，并深化该种扁平化的内部管理模式，使得各金融监管机构在独立有效监管的同时，上下级之间以较少的联系实现最大的沟通效果。另外，建立并加强扁平化金融监管组织体系，可以使该监管体系更快地适应外界变化，以最快最有效的方式找出应对风险的办法。

3. 标准化的规则和风控模型

监管科技应用涉及大量的数据、系统和业务规则，金融数据标准化是监管科技的基础。金融数据标准化就是对金融数据的定义、数据载体、数据收集、数据处理和数据安全等方面的体系化和规范化，建立金融数据的"通用语言"。金融数据的标准化是确保数据质量、促进数据流通和共享、提高数据利用效率、挖掘数据价值的基础条件。因此，实施数据标准化是监管科技规范应用的前提，是不可或缺的规则。

首先，加强监管科技标准化顶层设计。从基础标准、技术标准、应用标准、管理标准等方面健全监管科技标准化体系，积极推进监管规则数字化关键共性标准的制定和实施，统一监管科技数据元，制定贯穿监管数据采集、交互、存储、自动化处理等各个环节的标准规范。借鉴国际监管科技成果经验，遵循业界通常做法，在系统设计、场景应用、接口统一等方面做好安全与便利之间的有效平衡，确保监管科技应用规范的先进性与可操作性。其次，推动风险模型标准化。在国务院金融稳定发展委员会的统一领导下，加强金融监管协调，组织行业自律组织、金融机构、金融科技企业以及研究机构，逐步对风险数据的名称、定义、内涵和外延、特征及相互关系进行细化、明确和统一，在此基础上实现金融监管的数字化、系统化和动态化。

4. 更优的资源和权责配置

从传统金融监管的分工上看，如果分工出现权力与责任不匹配，就会导致监管者权力滥用。监管体制要通过合理的监管分工，严格建立问责惩戒等机制，将监管者的行为统一到金融监管整体目标上来。金融科技是把"双刃剑"，一方面，降低了金融服务门槛，提升了金融资源配置效率；另一方面，金融科技驱动形成了金融新业态，改变了市场行为，加速了风险传递。金融科技的立足点在于金融，而金融的核心可以说在于风险管理，监管科技的目的在于有效预防和控制风险，因此，金融科技和监管可以说是从不同的路径和角度来推动金融体系风险管理能力的提高和金融资源配置效率的改进。

面对金融科技给传统监管体系带来的冲击和挑战，迫切需要监管机构改变现有的监管方式、方法，甚至进行流程再造。随着金融科技和监管科技的发展，监管对于整个金融业，不应再着眼于行为，而要从现象看到本质，穿透金融科技的业务创新脉络和行业发展趋势。应正确处理好创新、发展与监管的关系，有效引导行业的发展方向，更好管理其内在风险，实现更为平衡的资源与权责配置。

（三）地方金融科技和监管科技联动协同

1. 地方金融监管机构拥抱监管科技

金融科技风险点多面广，往往牵一发而动全身。例如，根据网贷天眼的数据，截至2018年11月12日，全国各地累计问题平台达4901家[①]，平台停业或存在的问题主要涉及平台失联、提现困难、平台诈骗、警方介入、暂停运营、跑路、清盘等。上千万的金融消费者卷入其中，金融科技孕育而来的网贷行业风险整治已经上升到"防范化解重大风险攻坚战的重要战役"，不仅影响投资者的切身利益，也影响社会稳定，并且一部分风险已经波及实体产业。各地方金融监管局为应对上述风险事件展开了探索，纷纷建立风险监测平台，如北京市金融工作局携手北京市阿尔山金融科技公司研发推出的"北京市网络借贷监管系统"等。

除了已发生的风险事件外，金融科技创新下更多的是潜在风险。首先是技术风险，互联网账户虚拟化、交易线上化、资金流转实时化、客户识别远程化等特性，使得金融科技实质上加速了业务的外溢风险。其次是操作风险，从机构层面来看，金融科技不仅影响了传统金融机构的盈利能力，还增加了信息科技的操作风险。由于金融科技还没有经过一个完整周期的检验，历史数据也并不完备，因此很可能会造成金融风险的低估和错误的定价，从而提高整个行业的风险水平。最后是系统风险，以资管行业智能投顾为例，金融机构运用智能化系统在为客户提供程序标准化资产管理建议的同时，如果采用相似的风险指标和交易策略，很可能会导致市场上更多的统买统卖、重涨重跌，这种现象同频共振就会成为一个系统性风险。

科技创新导致传统金融风险和技术风险相互叠加交织，使风险发生了量变乃至质变。与此同时，科技创新也加大了监管者和被监管者之间的信息不对称，对监管提出了挑战。这根源于监管者无法与科技创新者同步掌握新事物，缺乏充分的技术手段进行数据触达。换言之，尽管科技驱动的

---

① 见网贷天眼数据中心，https://www.p2peye.com/shuju/wtpt/。

金融创新提高了金融业交易效率，降低了金融业的信息不对称和交易成本，但既有的金融监管和监管者因为缺乏必要的技术支撑而无法进行有效监管。[1] 因此，各地方监管局引入监管科技成为必然。

2. 地方金融科技企业聚力监管科技

中国共产党第十九次全国代表大会以来，"金融监管趋势会越来越严""探索双支柱调控框架""建成具有国际竞争力的多层次资本市场体系"成为金融监管机构对未来一系列金融政策的核心导向，进而各地方金融监管机构要求当地金融科技企业加强合规监管、加强风控机制、加强安全科技建设。在此背景下，各地金融科技企业的合规成本被大幅提升，包括对合规人员及合规技术的投入、监管要求的软硬件迭代以及违规处罚费用等方面。在保持合规和控制风险的前提下，金融科技企业势必通过各种手段谋求最大限度地控制合规成本飙升。金融科技的兴起运用，为金融机构提供了"用最少的钱实现最大的效果"的必然选择。利用监管科技技术，金融机构能够有效降低合规复杂性，增强合规能力，加快合规审核速度，并减少劳动力支持，从而提升盈利、提高运行效率。如前述蚂蚁金服旗下的智能监管科技系统——蚁盾风险大脑，它是蚂蚁金服基于大数据、云计算和人工智能等科技手段，依托多年金融行业实践经验积淀而搭建的智能监管科技系统，致力于帮助地方金融监管部门实现类金融业务监管和非法金融活动监测防控。正如人民银行金融研究所所长孙国峰所说的那样，金融科技行业有必要分担部分监管当局发展监管科技的成本，实现金融科技监管成本适度内部化，可以把它看作为了营造金融科技（FinTech）行业长期可持续健康发展的外部环境所必需的成本。

监管科技是具有双向特征的框架体系，其内涵是金融监管与科技的结合，其发展诱因包含金融机构和监管机构的双向推动，其应用路径和应用范围涵盖了传统金融领域和新金融领域。从地方金融科技企业的角度来看，将其自身的金融科技通过金融基础设施有效对接监管科技，能够减少监管部门对借助金融科技创新的名义破坏市场秩序的担忧，有助于金融科

---

① 杨东. 监管科技：金融科技的监管挑战与维度建构 [J]. 中国社会科学, 2018 (5)：69 – 91.

技创新获得监管部门支持。从地方金融监管部门的角度来看，在金融科技创新发展的同时，基于金融基础设施实现监管科技与金融科技双向支持，可以加强监管对创新业务监管的有效性。[1] 因此，要加强监管科技建设，就必须彻底打破原先监管机构和金融机构间"猫鼠游戏"的微妙关系，在各个维度推进合作，从而实现联动协同、耦合共赢。[2]

---

① 董俊峰. 金融基础设施可成为监管科技良好载体 [EB/OL]. [2018 - 11 - 13]. http：//www. cs. com. cn/sylm/jsbd/201805/t20180519_5806935. html.

② 尹振涛. 从"合规科技"到"监管科技"，金融科技发展对监管的挑战 [EB/OL]. [2018 - 11 - 13]. https：//www. iyiou. com/p/59859.

第六章　科技助力打赢防控金融风险攻坚战

本章将介绍当前我国主要面临的国内外的挑战和机遇，金融机构和行业组织、监管机构、第三方机构如何运用科技联动防控金融风险，以及我国法律框架如何为科技助力金融风险防控提供支持。

一、金融市场面临的国内外形势

（一）国际形势

经济全球化背景下，伴随着商品、技术、信息、服务、货币、人员等生产要素的跨国、跨地区流动，金融风险在经济体之间的传染也加快了。正如习近平总书记同在华工作的外国专家代表座谈时曾提到的那样，"国际社会日益成为一个你中有我、我中有你的命运共同体"。当前，中国经济和世界经济高度关联，各经济体之间的竞争和摩擦带来了新的挑战和风险。

1. 贸易摩擦持续恶化

自 2017 年 8 月特朗普签署行政备忘录，授权贸易代表对中国开展"301 调查"以来，中美双方各自对进口的部分商品加征关税。美国总统特朗普正式签署对华贸易备忘录当日，我国股市三大指数均开盘大跌。此后，美国标准普尔公司预测，如美国威胁加征的关税全部实施，全球经济增速或下滑 1 个百分点。国际清算银行认为，保护主义抬头已成为全球经济的关键薄弱环节，可能诱发世界经济放缓甚至衰退。[①]

受贸易摩擦影响，我国对外贸易受到明显负面冲击。新出口订单分项

---

① 王珂，林丽鹂. 解读商务部声明：美国将把世界经济拖入危险境地［EB/OL］.［2018 - 07 - 17］. http：//www. chinanews. com/cj/2018/07 - 17/8569055. shtml.

下的采购经理指数（Purchasing Managers' Index，PMI）自2018年初起一直在荣枯线上下浮动，均低于上年同期水平。以出口大省广东为例，2018年1～11月工业出口交货值累计为32172.95亿元，比上年同期增长8.3%，而2017年1～11月累计比上年同期增长9.1%。贸易摩擦对人民币汇率也产生了一定的冲击。自2018年4月中旬以来，美元兑人民币持续上涨（见图6-1）。人民币的贬值容易造成市场恐慌，导致内资、外资一起逃出中国，造成国内资金紧张，可能引起国内货币政策进一步宽松、通货膨胀泛起、人民币继续贬值、企业偿债更加困难等问题，并形成一种恶性循环，使国内金融市场风险全面增加。①

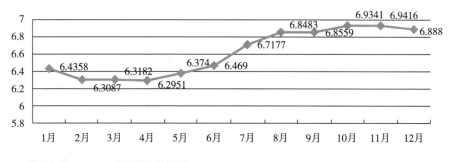

资料来源：RESSET金融研究数据库。

图6-1　2018年人民币外汇（USDCNY）即期加权成交价

2. 科技竞争愈演愈烈

新一轮科学技术革命推动了金融模式、制度建设、文化教育、医疗健康、军事建设等各领域的变革。在2018年7月的金砖会议上，习近平总书记对未来10年作出了展望："未来10年，将是世界经济新旧动能转换的关键10年。人工智能、大数据、量子信息、生物技术等新一轮科技革命和产业变革正在积聚力量，催生大量新产业、新业态、新模式，给全球发展和人类生产生活带来翻天覆地的变化。"科技创新深刻影响着国家前途命运，影响着人民生活福祉。

从底层技术层创新看，全球IT发展格局为：第一梯队是以美国为主导

---

① 易宪容. 中美贸易冲突的理论反思及未来展望［J］. 人民论坛·学术前沿，2018（16）：77-87.

的全球创新中心；第二梯队是欧盟、日本；第三梯队是包括中国在内的新兴国家。从应用层发展看，中美两国已并驾齐驱，位于全球金融科技创新发展前列。从市场与需求发展看，中国位居第一。我国有庞大的市场需求，但科技创新能力不足，尤其是在核心技术上受制于人。核心技术是国之重器。科技发展重在创新，而创新的关键在于核心技术水平和能力的提升。在核心技术的研发上，必须自力更生，长期坚持，一步一个脚印地追赶，"弯道超车"只能成就一时。2015 年我国政府制定的《中国制造2025》战略发展规划，就是应对全球新一轮科技革命和产业变革的一种方式。

3. 舆论影响时常发生

互联网技术的发展，加速了舆论的传播速度，拓展了传播渠道，打破了地域限制，增加了对舆论走向把握和控制的难度。无处不在的舆论传播媒介与人们的社会生活行为交织在一起，随时产生着"在场"影响，持续不断地对人们的求知途径、思维方式、价值观念等产生影响。

特朗普"推特治国"形象深入人心，其推特在同主流媒体的对抗中始终占据着舆论场的焦点。据美国有线电视新闻网（CNN）的统计，其上任前 6 个月，便已发推文 991 条，一经推文，便可能引起经济领域的一片恐慌，造成股市的动荡。特朗普在推特上的涉华言论多次引发国际舆论动荡，对中美关系的走向产生了重大的影响。从某种意义上而言，推特已经成为特朗普对华舆论传播的重要媒介和舆论风向标。特朗普在社交媒体上具有强大的议程设置能力和舆论主导能力，其推文涉及的对华言论和对相关问题的关注，直接影响了美国舆论界舆论焦点，进一步加深了美国民众对于中国崛起的不安心理和刻板印象。①

此外，相关领域行业自身的专业能力、发展程度和国际认可度，会强化舆论主导能力。在当前经济全球化形势下，金融投资也呈现出全球化特征，投资中的信用风险随之迅速增加。高质量的信用评级能够揭示国家风险信息，有效缓和金融市场信息不对称的困境，为国际投资者提供决策参

---

① 王莉丽，刘子豪. 后真相时代特朗普"推特治国"舆论传播特点及启示［J］. 国外社会科学，2018（3）：43–50.

考，使其能够根据预期可承受的信用风险，选择合适的投资方案。相反，不准确的信用评级则会造成信息不对称问题的加剧，引发金融市场动荡。国际上的三大评级机构——标准普尔、穆迪、惠誉国际，在业内具有举足轻重的地位，全球最重要的国家信用评级和企业评级目前几乎全部出自这三家机构，其评级结果具有舆论引导的效果，能够对企业经营、国际投融资乃至国家宏观政策产生连锁性影响。这三家世界上最主要的信用评级机构均出自美国。由于国外评级机构对我国政策、战略缺乏了解，可能导致对我国评级的低估。同时，该市场一国独大，缺乏制约和监督机制，不利于行业和相关市场的持续发展。虽然近年我国在该行业也涌现了如中诚信、联合资信、大公、上海新世纪等优秀的评级机构，但因行业起步较晚、专业人才和能力不足等原因，国际认可度较低，在评级市场和国际投资领域难以拥有话语权。

4. 长臂管辖扩展到金融领域

法律是国家主权的体现，一般只在一国领土范围内具有效力，即属地原则。"长臂管辖"是指将国内法规延伸到境外，管辖境外实体的做法。长臂管辖权是美国诉讼制度中一个重要的概念，是指当被告的住所不在法院所在的州，但和该州有某种最低限度的联系，而且所提权利要求的产生又和这种联系有关时，就该项权利而言，该州对于该被告有属人管辖权（虽然他的住所不在该州），可以在州外对被告发出传票。长臂管辖权的过度运用，一方面侵犯了他国的司法主权，增加了企业的经营风险；另一方面，容易造成国内问题国际化、经贸问题政治化，增加全球性风险。

近年来随着网络技术的不断提高，具有虚拟性、无国界性的电子商务、互联网金融，在全球范围内得到蓬勃发展。在数字经济时代，继续坚持传统的属地主义原则，或许无法有效保护本国公民的权益和国家利益。[①]

2018 年 5 月 25 日，欧盟《一般数据保护条例》（GDPR）正式生效，其确立的长臂管辖原则，使其在个人信息数据的保护及监管领域达到了前所未有的高度，同时也给企业合规带来了巨大压力。GDPR 的适用范围极

---

① 刘权 . 最严数据法律将如何影响数字经济企业 ［J］. 中国工程咨询，2018（7）：108 - 111.

广，将法律适用的属地原则与属人原则结合起来，扩大法律适用的域外效力。该法案不仅适用于在欧盟成员国内设立注册地或者总部的企业，只要是向欧盟内用户提供产品、服务的企业，抑或是仅持有、处理欧盟内用户数据的企业，都要纳入管辖。GDPR 不但在个人数据隐私保护领域事无巨细，而且其惩罚机制也令全球企业畏惧，导致金融企业短期内合规成本显著上升，一大批不符合新规定的企业不得不退出欧盟市场。我国需强化长臂管辖权，尤其是针对近年金融科技快速发展的现状，金融业务必须取得特许金融许可，任何机构和业务进入中国市场必须达到准入监管规则，金融领域应谨慎使用类似于自由贸易区的负面清单管理制度。

（二）国内形势

1. 宏观经济形势

在不同经济金融环境与条件下，一个国家的宏观金融风险同时受外部金融冲击、宏观经济波动及金融体系内在脆弱性三种因素的影响。中国目前正处于经济金融体制深化改革进程中，亚洲金融危机、美国次贷危机、地方政府债务问题、经济新常态、供给侧结构性改革等因素构成了复杂多变的经济金融环境。这些因素直接影响中国宏观金融风险水平和动态调整。

（1）宏观经济整体态势

回顾我国 2018 年经济整体运行态势，已经开始显现由通货膨胀到通货紧缩的预期。自 2018 年 10 月之后，国际油价跌幅高达 30%，猪肉价格和蔬菜价格也出现了明显回落。2018 年 11 月 PPI 同比回落至 2.7%，CPI 同比回落至 2.2%。随着我国内部需求与外部需求同步走弱、发达国家货币政策边际收缩，展望 2019 年，出现通货紧缩的概率或将大于继续通货膨胀的概率。2018 年我国进入金融周期退潮、房地产周期向下的阶段，2019 年中美贸易摩擦的负面拖累即将显现。整体而言，2018 年内需疲弱、中美贸易摩擦不断，倒逼国内减税降费的推进，其进度会超出市场预期。2018 年 10 月税收收入（含增值税）同比增速已经由正转负，并且 11 月延续负增长，可见经济运行压力大增。2018 年第三季度 GDP 当季同比增长 6.5%，是 2008 年国际金融危机以来的次低水平（2009 年第一季度 GDP 增速 6.4% 为最低）；2018 年 11 月我国制造业 PMI 降至临界点 50%，创 2016 年 7 月以来新低。2018 年 12 月召开的中央经济工作会议对我国经济形势作出了新的判断：当前经济运行稳中有变、变中有忧，外部环境复杂严峻，经济面临下行压力；这些问题是前进中的问题，既有短期的也有长期的，既有周期性的也有结构性的。

（2）金融风险压力

虽然中国经济的基本态势未变，但依然存在一些不容忽视的风险点，主要包括家庭债务结构分化加剧，增速放缓；内需不足，实际消费和投资增速持续下滑等。① 诸多不确定性因素正逐渐显现或加大。一方面，金融去杠杆、去产能、环保限产使民企融资条件恶化、债务违约加剧。在需求收缩的困境中，中下游制造业由于难以向终端消费者转嫁成本，其利润增长进一步失速，制造业投资和就业也将承压。而中美贸易摩擦也开始波及工业生产。2018 年 9 月，我国工业增加值仅增长 5.8%，降至 2015 年 12 月以来新低。另一方面，居民可支配收入增速低于家庭债务增速，因而进一步挤占家庭流动性，加大了去杠杆的难度。而且，家庭和企业部门间债务的负反馈效应还溢出到银行系统，导致银行坏账率上升，银行系统脆弱性加剧。同时，金融系统结构性问题依然存在，保就业及所有制歧视等因素使得商业银行对"僵尸企业"被动输血，加剧了金融资源的错配。②

从货币供应来看，2018 年 7 月 23 日，中国人民银行在第一季度货币政策执行报告中提出"去杠杆初见成效，稳杠杆成为下一阶段主要目标"；7 月 31 日中共中央政治局召开会议，政策主基调也从"三大攻坚战"变为以"稳就业"为首的"六稳"，这意味着去杠杆方面的政策节奏边际放缓。2018 年 12 月 13 日中共中央政治局会议继续强调"六稳"，并继续淡化去杠杆和房地产方面的表述，重点突出了改革开放，从供应端激活经济内生

---

① 田国强 . 2018 年第三季度中国宏观经济形势分析与预测报告［R］. 上海：上海财经大学高等研究院，2018.

② 田国强 . 2018 年中国宏观经济形势分析与预测年中报告［R］. 上海：上海财经大学高等研究院，2018.

动力，不靠刺激需求重走老路。

总体而言，金融系统中流动性已经开始收紧，而且其影响也已经传导到实体经济的融资成本上。在经历了紧资金利率、去金融杠杆并落定金融监管框架后，偏宽松、去实体杠杆的政策有利于降低金融风险，促进金融稳定发展。

（3）宏观经济形势的不确定性

首先，在家庭债务方面，2017 年以来，受房地产调控政策以及银行信贷政策收紧等多方面影响，居民户中长期新增人民币贷款依然处于较高水平。而网络借贷的快速发展也成为居民借贷的一个重要来源。部分区域家庭债务负担严重，日趋逼近美国金融危机前峰值，易诱发区域系统性金融风险。

其次，企业债务和家庭债务交互式负反馈效应增加了经济平稳发展的难度。家庭债务导致的家庭流动性降低会直接导致总需求降低，而需求降低又会直接影响企业经营。当总需求不足时，企业的销售业绩等就会出现下滑，从而导致其经营活力下降，那么企业就有可能通过举债来维持经营，其杠杆率就会相应地上升。而企业经营不善又会直接影响家庭收入，使得家庭流动性进一步降低。此时就会产生家庭部门与企业部门的联动，也就是家庭部门杠杆率与企业部门杠杆率之间会出现螺旋式负反馈，并且该负反馈还会传递到金融系统中，影响金融系统的安全。

再次，金融系统稳定性改善迟滞。长期以来银行在我国金融系统中占据主导地位，通过银行系统实现的间接融资目前仍是我国企业最重要的融资方式，尤其对于中小企业更是如此。因此，银行系统的稳定对于我国金融系统的稳定至关重要，是经济整体稳定运行的基石。当前，我国银行系统的稳定性不但没有改善，其脆弱性再次凸显。我国商业银行间的关联程度进一步增强，国有五大行风险溢出影响进一步加大。

最后，资管新规正式实施，金融市场短期再增不确定性。2018 年 4月，由银行业监督管理部门等出台的《关于规范金融机构资产管理业务的指导意见》，对刚性兑付行为进行了明确和列举，打破刚性兑付逐渐被提上日程。《关于规范金融机构资产管理业务的指导意见》虽然设置了过渡期，但短期内对于以通道业务为主的金融机构，尤其是信托业，转型等方面的压力较大。

2. 金融监管重点领域

（1）重点整治P2P网络借贷

P2P理财又称为P2P信贷，是互联网金融的一种。近几年其在解决我国中小微企业融资难的问题上提供了一些帮助，同时为个人便捷理财提供了一个新渠道，因此发展迅速。但因该行业从事要求较低，故极其不规范，行业乱象丛生。根据金融信息平台银率网发布的数据，全国运营的P2P企业已近3000多家，跑路的共计800多家，近三分之一。与此同时，受利率市场化、央行降息等因素影响，P2P理财的收益率在下降，风险日益增加。①

2017年12月1日，P2P网络借贷风险专项整治工作领导小组办公室联合互联网金融风险专项整治工作领导小组办公室发布《关于规范整顿"现金贷"业务的通知》。该通知明确要加大力度，进一步规范银行业金融机构参与"现金贷"业务，持续完善P2P网络借贷信息中介机构业务管理。

2017年12月13日，P2P网络借贷风险专项整治工作领导小组办公室发布《关于做好P2P网络借贷风险专项整治整改验收工作的通知》，要求各地在2018年4月底之前完成辖内主要P2P机构的备案登记工作，6月底之前全部完成；并对债权转让、风险备付金、资金存管等关键性问题作出进一步的解释说明。

2017年12月28日，银监会会同工信部、公安部、国家互联网信息办公室等部门研究起草了《网络借贷信息中介机构业务活动管理暂行办法（征求意见稿）》（以下简称《网络借贷办法》），指出网络借贷中心本质是信息中介，以互联网为渠道，为借款人和出借人提供借贷信息收集、发布、资信评估等服务。该办法明确规定P2P平台的借贷金额要设置上限，引导用户分散投资，同时不容许在线下开展销售业务。除信用信息采集、核实、贷后跟踪、抵（质）押管理等风险管理及网络借贷有关监管规定明

---

① 银监会发布《网络借贷暂行管理办法》 ［EB/OL］．［2017－09－27］．http：//mip. ruiwen. com/gongwen/banfa/33835. html.

确的部分必要经营环节外，网络借贷信息中介机构不得在互联网、固定电话、移动电话及其他电子渠道以外的物理场所开展业务。P2P 平台的网站要到电信部门备案，否则不能经营。所有 P2P 网贷机构均应在领取工商营业执照后向注册地地方金融监管部门备案登记。在《网络借贷办法》正式实施后，银监会对 P2P 网贷机构备案登记、评估分类等制定实施细则，以便各地统一规则，为下一步加强网贷机构事中事后监管奠定基础。

2018 年 8 月中旬，P2P 网络借贷风险专项整治工作领导小组办公室制定并向各地网贷整治办下发《关于开展 P2P 网络借贷机构合规检查工作的通知》和《网络借贷信息中介机构合规检查问题清单》。此次合规检查最后期限为 2018 年 12 月底，检查程序包括机构自查、自律检查、行政核查及检查汇总三项检查程序。该通知对 P2P 网贷平台的检查内容较为广泛，涵盖了"一票否决制"、债权转让履行对债务人的告知义务、披露借款人情况时隐私的保护等。

（2）对数字货币和 ICO 监管

自 2017 年 9 月起，中国人民银行等各部门及北京市互联网金融行业协会多次发布关于防范代币发行金融风险的公告。具体包括 2017 年上半年中国人民银行等七部门发布的《关于冒用人民银行名义发行或推广数字货币的风险提示》和《关于防范代币发行融资风险的公告》；2018 年北京市互联网金融行业协会发布的《关于"虚拟货币"、ICO、"虚拟数字资产"交易、"现金贷"相关风险的提示》《关于防范以"虚拟货币""区块链""ICO"及其变种名义进行非法集资的风险提示》。其主要在于抵制和防范以"虚拟货币""区块链""ICO"及其变种名义进行非法集资的行为和活动。这些引导政策也进一步促使互联网企业加强自身合规建设，进行合法融资活动。

（3）规范商业银行理财业务

2018 年 12 月 2 日，银保监会正式发布《商业银行理财子公司管理办法》。与之前发布的《商业银行理财业务监督管理办法》相比，《商业银行理财子公司管理办法》补全了关于"公平竞争"等不符合《关于规范金融机构资产管理业务的指导意见》相关要求的缺陷，增强了商业银行这一金融子行业在资产管理业务上的实力。同时，也引导大银行积极探索子公司的全面发展，而数量众多的没有能力设立理财子公司的中小银行，必须考虑未来的业务转型方向：是继续以专营事业部方式开展业务还是转向纯粹的理财销售。① 总之，该规定将对现有的银行理财市场格局产生深远的影响。

（4）科技助力金融监管

监管科技作为一种"以科技应对监管"的颠覆性创新，对维护金融消费者利益，促进金融机构及其监管部门风险控制，信息安全等都具有重要意义。2017年6月中国人民银行公布《中国金融业信息技术"十三五"发展规划》，明确建立金融科技创新监管机制，研发基于云计算、应用程序编程接口（API）、分布式账本技术（DLT）、密码技术等的金融监管平台和工具，应用数字化监管协议与合规性评估手段，提升金融监管效能，降低从业机构合规成本。中国人民银行已经开始探索基于大数据、人工智能等技术的穿透式监管方法，加强跨行业、跨市场交叉性金融产品的监管，提升金融风险甄别、防范与化解能力；健全与监管科技发展相匹配的金融监管体系。

2018年8月证监会发布《中国证监会监管科技总体建设方案》，明确了监管科技1.0、2.0、3.0各类信息化建设工作需求和工作内容，标志着证监会完成了监管科技建设工作的顶层设计，并进入全面实施阶段。监管科技建设将进一步推进证监会信息系统的资源与数据整合，充分发挥科技在监管工作中的作用，有效提升资本市场监管效能，防范系统性金融风险，切实保护投资者合法权益。从国家各部门发布的政策可以得知我国监管当局正在完善监管手段，完善金融科技的风险监测体系，持续动态跟踪金融科技的发展、演进和风险变化，排查金融科技产品中可能存在的技术安全漏洞，将开启监管科技的新时代。

---

① 谭松珩.全方位解析商业银行理财子公司管理办法及其影响［EB/OL］.［2018－12－02］.https：//new. qq. com/cmsn/20181202/20181202009666. html.

（三）我国金融市场面临的机遇

1. "一带一路"倡议

"一带一路"倡议的提出为沿线国家实现优势互补、开放发展带来了新的机遇，是国际合作的新平台。随着"一带一路"倡议的深入推进，越来越多的中国科技企业将"走出去"，金融科技公司将成为其中不可或缺的重要组成部分，国内金融科技公司的发展空间也将得到进一步拓展。国家金融与发展实验室发布的《"一带一路"倡议的金融支持报告》中指出，在"一带一路"资金融通的建设中不应忽视金融科技的力量，过去两年以移动支付为代表的金融科技积累了先进的可供输出的技术能力，成功地在"一带一路"沿线国家推广和复制，带动了这些地区的经济发展，改善了民生福利。

"一带一路"倡议适应世界大趋势，实现国家间双赢。在世界大趋势下，我国的"一带一路　人民币国际化"在金融科技基础设施建设领域走在前列，不但有利于中国发展，也帮助第三世界国家和欠发达国家发挥后发优势，直接跳跃个人支票和信用卡两个支付阶段，进入第三方支付的金融科技阶段，并防止"现金为王"带来的腐败问题，减轻监管难题。在WTO的规则框架下，"无现金社会"模式可以打破保护主义的壁垒，深入各国，带动支付革命，推动人民币结算和储备。[①]"一带一路"理念与普惠金融的结合，通过金融科技、监管科技上的交流与合作，提供了全球化的"穷人金融"和"普惠金融"，提升了欠发达地区的金融可得性。第三方支付成本低、普及率高、金融可得性强，更符合世界"普惠金融"和"穷人金融"的发展理念和模式，也给欠发达地区提供了缩小经济差距的机会，推动世界金融均衡发展。

作为中国"走出去"的一项重大的战略举措，"一带一路"倡议也加速了人民币国际化进程，将成为人民币国际化的重要平台。自2013年"一带一路"倡议提出至今5年来，我国和"一带一路"相关国家的货物

---

① 李越英. "一带一路"战略下以金融科技助推人民币国际化［J］. 金融电子化，2017（6）：28－29.

贸易额累计超过 5 万亿美元，对外直接投资超过 600 亿美元。① "一带一路"的建设能够加强中国与周边国家的区域货币合作，增强中国与沿线国家之间的经贸往来，扩大人民币的跨境结算和使用范围，有利于提高人民币的周边化和区域化程度，提高人民币的国际地位。

2. 科创板

2018 年 11 月 5 日，国家主席习近平在首届中国国际进口博览会开幕式上宣布，将在上海证券交易所设立科创板并试点注册制，支持上海国际金融中心和科技创新中心建设，不断完善资本市场基础制度。上海证券交易所设立科创板并试点注册制，是我国资本市场供给侧结构性改革的重大举措之一，将展现国内资本市场的多层次开放形态，提升我国资本市场的吸引力以及国际影响力，具有里程碑意义。②

科创板将与主板、中小板、创业板和新三板形成有机整体，有助于我国多层次资本市场体系的建设与完善。其灵活的准入条件，更适合科技创新企业的商业模式，为科技创新企业上市提供便利，有助于发挥资本市场功能、更好地支持科技企业发展、激发科创企业的积极性，充分发挥其在我国经济转型中的重大驱动作用。

在创新与开放带来机遇的同时，其潜在的风险也不容忽视，应理性看待机遇与挑战，注重风险防范。随着金融的开放，会出现跨市场、跨地域、跨国界的资本流动，而且会产生很多的金融创新。提高金融的开放水平，必须要提高金融的监管能力。国际经验表明，只有在监管到位的情况下，金融开放才能够起到促改革、促发展这样的好的作用。所以，我们在开放的过程中一定要加强监管，使我们的监管能力和开放水平相适应。③

---

① 习近平：坚持对话协商共建共享合作共赢交流互鉴　推动共建"一带一路"走深走实造福人民［EB/OL］．［2018 - 11 - 09］．http：//jhsjk. people. cn/article/30254542.

② 甄新伟. 以科创板推进资本市场供给侧改革［EB/OL］．［2018 - 11 - 09］．http：//dz. jjckb. cn/www/pages/webpage2009/html/2018 - 11/09/content_48334. html.

③ 央行行长易纲：金融开放绝不是"国门大开，一放了之"［EB/OL］．［2018 - 05 - 29］．http：//finance. ifeng. com/a/20180529/16328105_0. shtml.

二、科技助力防控金融风险

伴随着中国经济和科学技术的不断发展，科技金融行业利用领先的科技解决了传统金融行业面临的诸多发展难点，包括金融信息不对称、金融产品宣传不足、质量参差不齐、金融服务效率低下、消费者金融理财及风险意识欠缺等。科技为传统金融行业提供了突破性技术方案，为其发展注入新鲜血液，在促进金融科技转型的同时也增添了一系列新的金融风险。与此同时，人工智能、区块链、云计算、大数据、互联技术（移动互联网、物联网）、安全技术（生物识别、加密）等领先科技也通过与金融行业的联动加强对金融风险的监管。本部分主要从企业自身和行业组织防控金融风险的自律路径、监管路径、第三方路径以及多方运用金融科技联动监管来展现监管科技化解金融风险的多样化路径。多样化路径共同推动监管科技在金融科技领域发展过程中的"守卫者"作用，为金融科技高效安全发展提供有力的保障。

（一）自律路径

近年来，由于利用新一代信息技术进行的金融创新使得金融业务得以拓展，同时也使金融机构合规难度不断加大，金融机构面对日益复杂、不断更新的合规要求，既要充分了解规范要求，也要降低合规监管对现有业务的冲击。此外，随着时间的推移，监管文件的数量呈几何级数增长，甚至超过了普通人类可以学习、控制的范围。这些都使金融机构产生了强烈的监管科技智能化的内生动力和要求。本书所指自律是行业内部的规范与管理，包括金融机构内部的合规自律和行业协会的监督引导，与监管机构和第三方机构相对应，本部分主要介绍金融机构和行业协会在自律路径的探索与实践。

1. 利用人工智能的机构自律

人工智能是指使用计算机代替人力从事复杂工作的技术，机器学习是指运用机器不断学习来建立符合目标要求模型算法的过程。① 自 2016 年互联网的普及以及人工智能与物联网的浪潮被掀起，越来越多的中国企业开始布局人工智能战略，将其运用到信用评级、合规监管等领域。在合规监管上，具体应用主要包括数据处理、合规审核和持续合规评估、Know Your Customer（KYC）、动态风控四个方面。

随着金融产品种类的增多和人工智能等金融科技的广泛使用，金融行业所能覆盖的客户群体不断增加，通过数据处理技术进行金融风控成为必然。以银行业风控变革为例，以人工智能技术为基础的监管新手段，在数据足够大时可替代金融机构的人员进行 24 小时不间断待机处理，尽快给业务人员提供分析结果并且可以自动剔除无效数据。同时，在进行准确而快速的分析之后，技术终端能够给出完整的数据分析结果以及相应的解决方案，这提升了金融机构合规风控部门的工作效率和准确性。依托程序算法，人工智能可以分析每个金融机构的风险系数，以此监管自身风险状况。② 人工智能技术对数据的实时收集和整理分析也保证了实时监管和动态监管的实现。

在合规审核方面，智能合规技术又被称为"智能合规官""监管雷达"等，是建立在认知计算基础上的应用程序，通过数字化监管协议（RegPort），让"机器可读"规则可以帮助标准化规则的公布和使用，通过使用标准化规则集以减少歧义和解释错误，可以辅助金融机构和金融科技企业进行合规审核和持续合规评估。此外，人工智能还能通过自主学习监管政策、案例，分析比较不同国家监管文件之间的关联和差异，帮助实现全局化计算进行风险评估，辅助跨国公司准确把握境外监管规则，为金融机构实现合法的跨境业务提供保障。根据数据分析的结果，人工智能可以自动生成合规报告。爱尔兰一家创业公司 AQMETRICS 旗下的 MiFID Ⅱ 系统利用数据的自动抓取、分析等技术，设计了可以自动生成规范的 MiFID Ⅱ 报

---

① 杨鑫杰. 中国互联网金融安全发展报告（2017）［R］. 北京：南湖互联网金融学院研究部，2017：152.

② 李欣怡. 人工智能在国内科技金融监管中的应用思考［J］. 现代金融，2018（9）.

告的系统，该系统还可以储存报告和原始数据以供查阅。[①]

KYC（Know Your Customer）是指金融机构在与客户建立业务往来之前必须对客户进行身份识别和背景调查的监管流程，确定客户以及其交易的目的与性质，了解实际控制客户的自然人与交易的实际受益人。当前，人脸识别、指纹识别技术等人工智能技术作为验证客户身份、远程开户、刷脸支付、解决金融安全隐患的方案，已经发展成熟正在逐步推广。[②] 譬如，京东金融在客户信息收集与验证的基础上，基于完备的 KYC 流程建立反洗钱模型，充分运用人脸识别、语音识别、设备指纹等人工智能技术进行身份甄别和风险排查，提高了客户身份识别效率。此外，机器学习、自然语言处理（NLP）等人工智能技术，可帮助金融机构从更多维度刻画客户身份，建立客户风险视图，实现精准客户风险评分，利用规则引擎和算法模型，减少反洗钱误报率，提高金融机构与监管机构对威胁国家安全人员的资产和账户的识别能力，帮助金融机构减少违规风险，使金融机构满足合规要求。[③]

在动态风控方面，人工智能在监测金融机构内部威胁和外部风险、防范反欺诈和反洗钱等金融犯罪行为方面也有很大帮助。爱尔兰一家电子商务诈骗预防公司 Trustev 可以在交易对手登录网站时就对客户的登录信息进行分析，并对其进行深度的数据挖掘分析，从而将交易分为欺诈、可疑、安全三个类别。Trustev 会自动屏蔽欺诈交易，并将可疑交易转送人工识别。[④] 此外，基于人工智能技术的"智能合约"还可以结合区块链技术，将"区块链 + 智能合约"技术嵌套在金融监管体系中，符合监管部门对金融机构和金融科技企业在风险内控、内部审计及合规性等方面的要求。由于区块链技术的去中心化、信任强化、分布式共识、不可篡改、可追溯等特性，金融企业凭借区块链技术就可以及时发现和追踪骗贷、洗钱等犯罪

---

① 人工智能可以为监管合规做什么［EB/OL］．［2018 - 10 - 07］．http：// wemedia. ifeng. com/73164769/wemedia. shtml.

② 廖理，张伟强，戴璐解，琦伟. 监管科技助力 KYC［J］. 新经济导刊，2018（8）.

③ 杨涛. 中国金融科技运行报告（2018）［M］. 北京：社会科学文献出版社，2018：401.

④ 人工智能可以为监管合规做什么［EB/OL］．［2018 - 10 - 07］．http：// wemedia. ifeng. com/73164769/wemedia. shtml.

行为，从而最大限度地屏蔽经营风险。① 腾讯打造的智能风险防控系统，在满足合规的前提下，结合移动支付业务的特点，充分利用大数据和人工智能来核实用户真实身份、追踪交易路径、识别交易风险，实现智能风控。②

2. 大数据和云计算技术的应用

大数据和云计算是金融领域在降低合规成本、提升服务质效过程中的重要技术支撑。金融机构通过合规工具与风险控制系统的有机结合，利用大数据技术建立数据库，并进行数据挖掘，一方面，进一步简化了数据收集与处理过程；另一方面，通过更加深入地挖掘数据，反映业务或机构的真实现状，及时准确地帮助机构监测分析各类金融风险。此外，多维数据处理技术与可视化数据处理技术的进步将有助于机构更加直观、有效地开展风险分析和管理，也有助于其更加深入地了解监管规制的政策导向与合规意图。③

以蚂蚁金服在金融科技领域的探索为例，该公司已经利用创新技术提升企业合规管理能力。经过几年的实践，蚂蚁金服形成了一套集大数据采集、处理、分析、服务能力于一体的合规管理方案和落地平台。以底层技术为基础，首先，以分布式大数据计算架构为支撑，利用可靠的数据来关联建模积累数据，采用分布式计算技术实现稳定高效的数据处理。既关注静态数据又关注动态数据处理，保证数据质量可靠，信息准确完整。其次，以智能化技术为驱动，利用指标及算法模型实现智能异动分析，即吸收多年经验，积累专家经验形成一套指标管理标准，建立指标图谱，将每个节点具体量化并进一步探查其具体风险诱因，从指标的微观变化发现异动的源头与特征。最后，在中间基础指标库及基础模型的基础上，依托大

---

① 胡亮. 人工智能在金融风控中的探索与实践 ［EB/OL］. ［2018 – 11 – 12］. https：//mp. weixin. qq. com/s/x_P_OcLIrxOnqBvsOV3adQ.

② 蓝烈华. 智能风控助力金融风险防控 ［EB/OL］. ［2018 – 10 – 09］. http：//view. inews. qq. com/a/TEC2018092100973601？refer = wxsearch & openid = o04IB AOAMqtLdpeDWam LhfWdzKZ0 & key = & version = 26070333 & devicetype = android – 26 & wuid = oDdoCtw – CNcaLRH v6NqpSKjsOOEY & from = groupmessage.

③ 杨涛. 中国金融科技运行报告（2018）［M］. 北京：社会科学文献出版社，2018：401.

数据指标平台与智能算法平台在应用层架构的支撑，将海量信息数据结合指标化定义，实现一键式快速生成监管报表，通过全局视图进行整体管控。①

3. 区块链技术的应用

互联网金融的表现方式具有多样化的特点，由于其技术的先进性和监管滞后，容易引发各类金融风险。区块链技术将分布式数据存储、点对点传输、共识机制、加密算法等有机结合，建立信息共识机制，在一定范围内对接金融机构，实现信息的互联互通和业务的自动化。2017年8月，国家互联网安全技术专家委员会发布《合规区块链指引》，其在促进区块链合规，加强区块链对企业的监管上发挥了重要作用。②

用区块链技术进行风控已经在金融机构得到了广泛的应用。目前有些小型贷款公司之间开始尝试建立区块链联盟，以统一的小额贷款管理系统和业务记账标准为基础，对接联盟参与者的每笔贷款业务信息，实现加密共享，充分解决小贷企业之间信息不对称问题，大幅提高小贷公司的风控管理水平，防止多头借贷。此外，智能合同在贷款流程中的运用可以自动实现贷款申请、身份核实、贷款核查等流程，同时，通过在链上快速提取个人信息、借贷历史以及抵（质）押物等信息，可以缩减贷款资质审核时间，降低审批成本，提升用户体验。③

4. 行业协会促进金融科技的应用

行业自律是一种以内在导向、自我约束为核心的管理机制，集中表现为同一行业成员自愿、自发组织起来，通过协商制定统一的行业规则，以此来约束行业成员行为、引导行业良性竞争，进而促进成员及整体行业健康成长与长效发展。

---

① 童玲. 大数据与智能驱动的合规平台实践［J］. 金融电子化，2017（5）.

② 互金专委会发布《合规区块链指引》：区块链技术如何服务监管［EB/OL］.［2018 - 10 - 09］. https：//www.jinse.com/laws/51064.html.

③ 杨涛. 中国金融科技运行报告（2018）［M］. 北京：社会科学文献出版社，2018：402.

表 6 - 1　　　　　　国内部分金融机构对监管技术的应用①

金融机构	应用的监管技术	应用类型
工商银行	大数据	大数据建模、数据仓库、业务实时监控
民生银行	大数据、云计算、生物识别	与百度云合作建立风险预警模型，管理和预警支付、信贷风险；在移动支付领域运用虹膜识别技术
交通银行	数据挖掘	构建客户识别和审计系统，根据结构化数据进行客户画像，识别异常交易，并进行风险排查和控制
兴业银行	大数据、区块链	开发"风控搜"产品，借助搜索引擎对客户信息进行整合，应用区块链进行合同管理
京东金融	人脸识别、语音识别、设备指纹等人工智能技术	基于完备 KYC 流程的反洗钱模型，提高刻画客户的准确性与完整性
浦发银行	数据挖掘	针对银监会的 EASY 系统，开发数据处理系统，提升数据报送质量，降低成本

　　随着金融科技的兴起与发展，我国对金融行业的监管也越来越重视，行业自律日益受到重视，行业自律是行政监管的有益补充和有力支持。金融科技领域行业协会主要包括支付清算协会、各地区银行协会、中国互联网金融协会、中国中小商业企业风险管理工作委员会、消费者协会等。从行业协会本身来看其具有一定的行业组织监管特性，可以通过行业公约、平台搭建、组织培训等方式来进行行业内部的监管和引导。比如，北京市互联网金融行业协会于 2018 年 9 ~ 10 月对北京市 P2P 网络借贷机构开展行业合规自律检查。通过合规自律检查，深化北京市网贷专项整治工作，分类指导、精准施策，督促北京市网贷机构合规经营；同时，正本清源、市场出清，稳妥有序化解存量风险，引导行业良性退出，保护出借人和借款人合法权益。② 此外，中国互联网金融协会分别与卢森堡互联网金融之家、德意志交易所集团、英国创新金融协会（Innovate Finance）签署备忘录，

---

　　① 杨宇焰. 金融监管科技的实践探索、未来展望与政策建议［J］. 西南金融，2017（11）：22 - 29.

　　② 见互联网金融协会官网，http：//www.bjp2p.com.cn。

旨在加强双方在金融科技领域的深入合作，① 促进了行业自律的国际化。随着监管的推进，金融科技将会迎来高效化、规范化、标准化、智能化发展。行业协会以科技为支撑点，在金融监管和企业合规发展自律中发挥市场调研、信息交流、资源共享等重要作用，推动政策发展，为行业谋求更加广阔的发展空间。

（二）监管部门借助金融科技的监管路径

自 2016 年以来，我国金融监管部门在监管科技应用方面进行了有力探索。2016 年，区块链技术被列入《"十三五"国家信息化规划》；2017 年 5 月，中国人民银行成立金融科技（FinTech）委员会，提出加强对金融科技工作的研究规划和统筹协调；人民银行反洗钱监测分析中心、信息中心、征信中心已经开始探索大数据技术在非结构化数据处理、统计分析、数据集市等领域的运用；原银监会将分布式架构运用于 EAST 数据仓库，将现场检查方案与大数据相结合建立模型，对银行业机构信贷执行情况、资产质量、授权授信管理、员工行为排查、信息科技保障等十余项合规业务进行检查分析；证监会在《证券公司全面风险管理规范》中明确提出"制定数据标准，涵盖数据源管理、数据库建设、数据质量监测"。一些地方政府金融管理部门也在探索现代科技在防范民间融资和网络信贷风险中的运用。②

为提升监管科技应用效能，我国正致力于建立以金融管理部门为中心、以金融机构为节点、以数据为驱动、具有星型拓扑结构的技术监管框架。事前将监管政策与合规性要求"翻译"成数字化监管协议，并搭建监管平台提供相关服务；事中向金融机构嵌入监管"探针"自动化采集监管数据，进而实现风险态势的动态感知与智能分析；事后利用合规分析结果进行风险处置干预、合规情况可视化展示、风险信息共享、监管模型优化

①　互金协会与英国创新金融协会签署备忘录［EB/OL］．［2018 - 02 - 07］．http：//news. sina. com. cn/c/2018 - 02 - 07/doc - ifyrkzqq9250012. shtml.
②　杨宇焰. 金融监管科技的实践探索、未来展望与政策建议［J］. 西南金融，2017（11）：22 - 29.

等。监管科技的应用框架如图 6 - 2 所示。①

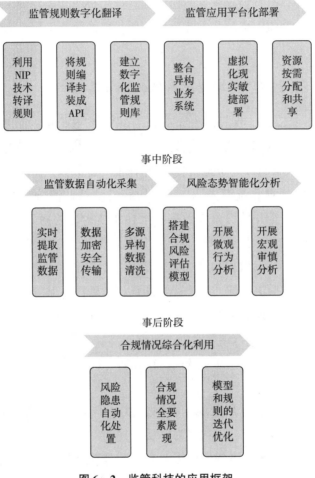

图 6 - 2 监管科技的应用框架

监管部门利用技术加强监管首先是对监管规则进行数字化翻译。即利用信息技术手段将文本规则翻译成数字化协议，提升金融监管的一致性与权威性。一是充分运用自然语言处理（NLP）等技术转译监管规则，精准提取量化指标，建立规则中所涉主体间的关联关系模型，实现监管规定数

---

① 李伟. 监管科技应用路径研究［J］. 清华金融评论，2018（3）：20 - 22.

字化存储与展现。二是利用计算机程序设计语言将监管规则编译为"程序代码"，从关键操作流程、量化指标、禁止条款等方面进行编程开发，封装为具有可扩展性的监管 API 等监管工具，实现机器可读、可执行、可对接。三是建立健全数字化监管规则库，充分整合归集不同领域、不同业态的数字化监管规则，利用深度学习、多级融合算法等手段及时挖掘发现监管漏洞、分歧和新需求，增强金融监管自我完善、自我更新、自我提高的能力。

其次是监管应用平台化部署。监管平台是承载监管科技应用的关键信息基础设施。监管平台的建设既要有效整合不同架构的业务系统、处理多源异构的监管数据，也要具备服务敏捷部署、资源动态分配的支撑能力。一是利用微服务架构、容器技术等手段，将监管功能切分成粒度较小的微服务置于容器中运行，屏蔽金融机构业务系统差异；同时整合相关联的微服务形成微服务簇，共同完成大型复杂的监管任务。二是运用虚拟化技术实现监管服务敏捷部署，搭建适应监管要求快速变化的应用环境。三是充分发挥云计算按需分配、弹性扩展的资源配置优势，根据监管负载需要实时动态调配信息技术（IT）资源，最大限度地提高对监管业务需求的响应速度和支撑效率。

再次是监管数据自动化采集。金融监管就是数据监管，金融数据的采集汇聚是数据监管的基础，因此要建立完善监管数据采集体系，为金融监管提供有效支撑。在数据提取环节，应优化监管数据报送手段，利用 API、系统嵌入等方式，实现金融管理部门与金融机构之间的实时数据交互，减少人工干预，降低合规成本。在数据传输环节，利用密码技术、数据安全存储单元等支撑监管数据传输，通过属性、对象和访问类型标记元数据，增强监管数据采集过程的安全性和可靠性。在数据清洗环节，针对海量异构金融数据，特别是由于数据来源广、关联系统多等原因而产生的低质量数据，综合运用数据挖掘、模式规则算法、分析统计等手段进行多层清洗，使获得的数据具有高精度、低重复、高可用优势，为风险态势分析等提供更为科学合理的数据支持。

从次是风险态势智能化分析。风险分析是金融监管的核心环节。要用人工智能技术实现金融风险的智能化监测，提升金融风险态势感知能力。一是搭建合规风险评估模型。基于支持向量机和神经网络等机器学习算法建立金融业务风险分析模型，将采集到的监管数据按照不同层次和粒度进行融合，形成适合模型处理的标准数据集，并根据监管需求进行快速重组、调整和更新，提升模型适应性。二是开展微观行为分析。根据合规风险评估模型对金融机构的业务流、信息流和资金流进行全方位分析，把整个业务链条穿透连接起来，通过数据分析业务本质，精准识别信贷、支付、征信等金融业务风险。三是开展宏观审慎分析。利用规则推理、案例推理和模糊推理等方式，模拟不同情景下的金融风险状况，开展跨行业、跨市场的关联分析，提升系统性、交叉性金融风险的甄别能力。

最后是合规情况综合化利用。针对风险态势智能分析得到的不同结果，合理运用、因事制宜、精准施策，提升金融监管的有效性。一是借助深度学习等技术实现风险隐患的自动化处置，针对不同的风险类型触发最优的风险处置和缓释措施，如对欺诈交易采取自动中断，对系统性金融风险实行早期预警。二是利用可视化等技术将合规情况进行全方位、全要素展现，同时借助云平台等促进风险态势互通，实现风险信息在监管科技参与主体间的全局共享，最大限度隔离风险。三是借助数据分析和模式识别等技术，将风险态势分析结果、合规情况报告、历史监管数据等进行自动抽取、反复迭代，促进算法的重构与优化，建立更准确、完整、合规的分析评估模型和内部管理规则。[1]

（三）利用科技产品进行监管的第三方路径

利用科技产品进行监管的第三方路径主要是指监管机构、金融机构通过服务外包、技术采购等方式，直接从市场获取相应的监管科技模块及软硬件服务，进行风控或者对监管对象实施监管的模式。近年来，国内外监管科技公司利用技术手段加强金融行业风险预测、促进监管体系化，均作出了一些不同的尝试。

---

[1] 李伟. 监管科技应用路径研究 [J]. 清华金融评论, 2018 (3): 20－22.

1. 采购第三方数据服务平台

目前，国内外一些专业监管科技企业借助自身开发的智能监管系统为金融科技企业、政府部门等提供监管服务，主要包括智能化检测、预警风险、查询、报告等，具体是运用大数据、人工智能等技术监管企业数据，建模分析以找出其风险点并据此提供合规报告。蚂蚁金服风控服务作为行业典范，其开发的蚁盾风控体系已经与天津、西安等多地金融办达成合作，该体系运作具体包括 3 个过程。首先是识别，一个用户（设备）进来的时候，先判断这个设备有没有风险，包括验证设备 ID，验证是否有地址篡改等。这是数据化服务的开始。其次是决策。当判断出这个设备有风险时，就开始做个性化决策，比如增加短信验证步骤，或者常用信息选择的验证。或者根据不同场合选择其他方案，比如当用户在国外，接收信息不方便时，可以启用人脸、指纹等生物特征识别的决策。最后是管控，这是一个整体的链路。基于反欺诈云的反欺诈解决方案，能够实时监测风险，商户可以把精力专注于业务发展。由此我们可以看出，蚂蚁（金服）的体系已经非常大，其会对用户风险进行分层，并根据用户每天发生的行为实时修正风险评级，相比传统的监督算法，真正达到了主动感知、识别风险，然后进行风险管控。[①] 美国监管科技服务商 Hexanika 借助大数据和云计算确保金融机构履行合规义务，并通过流程自动化来降低金融机构合规成本。其主要为金融机构用户提供了两款智能产品：SmartJoin 和 Smart-Reg，针对大型银行的应用，公司运用 SmartJoin + DRaas 为大型银行构建客户主数据，包括数据发现、数据验证和数据更新，使得银行可以识别 99% 的独特客户，并生成高质量的报告。SmartReg 为银行等金融机构提供端到端合规报告解决方案，使得合规报告在银行现有系统内就能实现可定制和可配置，并可随着合规要求的变更自动更新。与之类似的还有 AQ Metrics、Treamo 和 RegTek Solutions 等监管科技公司，他们都借助云计算平台为金融机构提供合规报告解决方案。对监管科技公司来说，合规报告解决方案具有普适性，无须（或略做）修改便可同时服务多个金融机构，进而借助云

---

① 揭秘蚂蚁金服智能风控平台"蚁盾"：它如何守护你的每一分财产？［EB/OL］．［2017 - 09 - 14］．https：//www. leiphone. com/news/201709/rtsE40OCCvKMFc3e. html.

计算平台，监管科技公司可低成本重复提供服务。[①]

2. 与第三方科技企业合作进行技术研发

当前一些国内外技术先进的金融科技企业，也积极参与了其他金融机构、监管机构的技术合作，利用自身技术为其扩展风控和监管手段，开发新型监管模式，化解机构金融风险。其提供的具体技术主要包括 ABCD（人工智能、区块链、云计算、大数据）四大类技术。将这些技术应用到金融风险监管上，具体是通过人工智能来收集用户的行为数据并进行分析，尽早发现系统中的违约、违法行为，采取介入措施，从而使得这些行为得到比较有效的规范。以此提高违约、违法的成本，使得客户在违背承诺以后，将会受到市场及时的惩罚。再通过大数据、人工智能的算法，推理或者挖掘出一些行为的模式，可以相对比较准确地预警或者有针对性地发现风险，以便尽早采取相应措施介入。比如腾讯安全在2018年9月推出的智慧共治平台，该平台整合了灵鲲金融安全大数据平台、麒麟伪基站定位系统、鹰眼智能反电话诈骗系统、神侦资金流查控系统等产品，成为协助政府及行业实现智慧监管的重要利器。围绕金融风险的特征，金信网银也已整合了舆情、工商、法院、招聘等各大数据源，从中挖掘风险信号，并从合规性、收益率、投诉率、传播力、特征性等角度设计"冒烟指数"预警模型，及时预警风险信号，辅助地方监管机构摸清风险底数，实现金融风险的常态监测。这些新兴技术的智能化预警和监控在很大程度上降低了人工处理过程中可能带有的一些情绪和主观上的认知偏差，在一定程度上可以纠正人在行为过程中的情绪因素，也体现了监管科技的高效、智能、客观的特性。[②]

值得注意的是，由于监管工作具有明显的长效性和动态调整等特点，监管机构和金融机构在进行技术合作的同时应当高度重视第三方外包服务的后期迭代和运维问题，与科技企业保持良好的合作关系，确保监管科技

---

① 杨鑫杰. 中国互联网金融安全发展报告（2017）［R］. 北京：南湖互联网金融学院研究部，2017：150.

② 沈春泽. 人工智能实现风险预警智能化［EB/OL］. ［2018 - 11 - 08］. http：//www.sohu.com/a/260453954_672569.

系统的有效运转。

（四）协同联动化解金融风险

当我们梳理金融监管发展脉络时，不难发现金融监管是从最初的分散、小规模监管发展到今天的多方联动、共同化解金融风险。针对我国建立、完善金融风险防控体系，在此重点探讨多方协同的金融监管发展路径（见图6−3）。

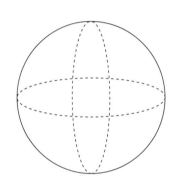
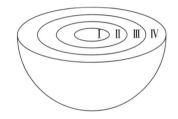

Ⅰ.金融风险管理——金融机构
Ⅱ.金融风险监管——金融监管部门
Ⅲ.金融风险治理——金融相关治理机构
Ⅳ.金融风险防控体系——国务院金融稳定发展委员会

资料来源：中国互联网金融安全课题组。

图6−3　金融风险防控体系

在金融行业发展早期，行业自身的一些弊端带来了很多传统性金融风险。为化解这些风险，避免金融危机，金融机构自身开始进行风险管理。当金融风险开始外溢，并传播到实体部门时，"一行两会"等金融监管部门开始对金融机构和金融市场进行统一管理，金融监管由此产生。金融监管的主要实现方式是要求企业主动提供合规报告，对违规企业责令查处，给予市场处分等。然而，随着金融科技的发展，传统金融监管已经难以达到监管目标，金融监管需要紧跟金融科技的步伐升级技术，由此监管科技（RegTech）应运而生。而监管科技之所以被广泛关注并快速发展，得益于两个维度的推动，一是来自监管机构的主动防控，二是来自金融机构的主动实施（包括金融机构内部监管和监管外包）。与传统监管机构和金融机构主动防控金融风险不同的是，监管科技的着力点在于金融风险的治理，这是以移动互联网、大数据、云计算、人工智能、区块链等为底层技术的多部门、多主体的协同联动举措。比如传统银行业的监管除来自其自身的合规自律，还受到银保监会的监管。以银行为例，在金融风险治理系统里，银行业的业务发展和技术发展均有外延趋势，监管主体也从单一主体到包括银保监会、证监会、人民银行等多个上级部门协同监管。

党的十九大强调国家要注意防范化解金融风险，守住不发生系统性金融风险的底线。近年来随着互联网金融行业金融纠纷频发，国家将防范化解金融风险作为一项重要工程。坚决打好防范化解金融风险攻坚战，事关国家安全。当前，我国正着力构建以国务院金融稳定发展委员会为主导的金融风险防控体系。意图以科技助力，带动"一行两会"，国家互联网信息办公室、中共中央宣传部、国家市场监督管理总局、最高人民检察院等多部门协同，共同防控金融风险，维护国家金融安全。① 各部门也要健全完善与银保监会、法院等执法、司法部门的沟通衔接机制，形成防范化解金融风险的合力，并与相关职能部门加强沟通协调，推动完善金融领域安全体系建设，形成工作合力。比如针对互联网安全，2018 年 8 月上海金融法院正式挂牌成立，预示着金融司法的进步，意味着我国的金融安全再添一位守门人。公安部 2018 年 10 月底发布《公安机关互联网安全监督检查规定》，指出公安机关应当根据网络安全防范需要和网络安全风险隐患的具体情况，对互联网服务提供者和互联网使用单位开展监督检查。以此规范公安机关互联网安全监督检查工作，预防网络违法犯罪，维护网络安全，保护公民、法人和其他组织合法权益。②

三、科技助力防范金融风险需要制度保障

（一）在法治框架内健康发展

监管科技、金融科技仅仅依靠技术的支撑，无法全面有效地防范和化

---

① 最高检：运用检察力量 助推防范化解金融风险．［EB/OL］．［2018 – 10 – 24］．ht-tps：//www.guancha.cn/politics/2018_10_24_476634.html.

② 公安部发布互联网安全监督检查规定 11 月 1 日起施行［EB/OL］．［2018 – 11 –07］．ht-tp：//news.cctv.com/2018/10/09/ARTI0tqUDx8H3JgsqIOrKIbC181009.html.

解金融风险，必须有相应的制度创新配套，一手抓制度创新，一手抓技术创新，双轮驱动，才能真正为中国的金融改革插上翅膀。

1. 监管模式

近年来，科技和金融的融合与渗透，加速推进了金融市场的重构，传统的监管模式已无法适应科技驱动下金融创新频发的市场环境。因此，我国有必要在传统金融监管维度之外，加上科技维度，形成双维监管体系，必须在传统的金融监管模式之外构建科技维度，实现科技治理。科技治理的逻辑演进路径包括两条，一是规则监管→原则监管→科技治理，二是审慎监管→行为监管→科技治理。

在第一条演进路径中，规则监管难以有效应对新出现却未纳入原来监管范畴的金融创新，因此金融监管和法律需要设计抽象化、概括化、弹性化的原则加以治理。原则监管在一定程度上解决了这一难题。但是，原则监管存在内生性问题，即原则的模糊性和弹性可能会导致对某一原则产生众多解读，增加监管的不确定性。科技治理则可以避免规则监管和原则监管的缺陷。当前，科技的应用已深刻地影响着法律和治理，坚持科技治理与法律治理相结合是重塑金融监管的有效方式。

在第二条演进路径中，传统的微观审慎监管主要考虑单一金融主体的微观行为，防范单个金融机构在经营过程中所面临的风险。经过 2008 年国际金融危机，国际社会意识到了微观审慎在系统性风险防范方面的乏力与短板，宏观审慎监管被提出，该监管模式旨在关注金融体系的宏观层面，将金融业作为一个有机整体，通过应对系统性风险来维护金融稳定。同时，囿于金融机构的失当行为以及信息披露的不完整，对金融机构的行为监管便成为保护金融消费者权益的重要举措。于是，审慎监管与行为监管并驾齐驱的"双峰监管"萌生，在强调保护金融机构的同时，也强调保护金融消费者的权益，其着力点是银行等实体金融机构。然而，新技术的冲击，使传统的金融监管理论面临困境，引发监管套利甚至带来监管空白。科技治理则为双峰理论的目标实现以及宏观审慎与微观审慎的对接，提供强大的技术支持。①

2. 制度建设

风险治理体系是国家治理体系的重要组成部分，风险治理包含技术自身。当前，5G、大数据、区块链、人工智能、云计算、生物识别等技术的不断发展和融合运用，使得技术的升级和变化以更大的复杂性出现。一方面，技术创新为传统制度难以解决的难题提供更优的解决方案；另一方面，其带来的风险与对法律领域的挑战同样不可忽视。金融科技和监管科技的创新发展，一定要牢牢掌握金融基础设施的建设主权。金融基础设施既包括技术的硬设施，也包括制度的软设施。近年来，为防范技术创新带来的风险，各部门制定了一系列规定，对技术研发和运用加以规范，避免新风险的发生。以大数据为例，截至 2019 年 1 月 7 日，涉及"大数据"的法律共计 14 条，行政法规共计 248 条，司法解释 39 条，部门规章 1683 条，党内法规 67 条，团体规定 38 条，行业规定 81 条。② 受到立法法的约束，制度往往具有滞后性，因此必须要采用并行战略，有预见性，为下一代金融基础设施提供发展空间。注意跟国家金融基础设施的整体性连接、合作，发挥出中国金融基础设施更大的效应。

我国部分制度难以跟上技术的步伐，若不在这方面补齐短板，不加强制度创新，技术创新反而会加快风险的爆发。在解决问题上，必须发挥各方主体的能动性、主体性和积极性，加强多方协作、博弈。当前金融改革面临难得的机遇，技术已经成熟，模式已经具备，并且我国在一些领域中已经取得先机，如第三方支付领域。但是这种优势稍纵即逝，科技不断发展，必须跟进最新的技术，以隔代布局来谋划未来发展，而不能仅仅着眼于当前热点，亦步亦趋。

---

① 杨东. 监管科技：金融科技的监管挑战与维度构建［J］. 中国社会科学，2018（5）：69-91.

② 数据来源：北大法宝。数据统计以具体技术为检索词，统计结果以"条"为单位。中央法规统计口径包含：行政法规、司法解释、部门规章、党内法规、团体规定、行业规定。地方法规统计口径包含：地方性法规、地方政府规章、地方性规范文件、地方司法文件、地方工作文件、行政许可批复。

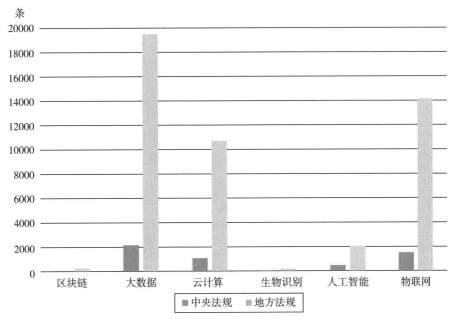

图 6 – 4　各大技术法规统计

对于创新事物，应以更大的包容来打造发展的新动力，要留下空间去试错、纠错，要鼓励民营企业去做创新和给它们享受创新的权利，保证产权和收益。从根本上说，创新的活力源于人民对利益的追求，如果没有利益，没有激励，创新就可能熄火。但在鼓励创新的同时，必须严守法律的底线，不得以技术创新之名，行违法犯罪之事。

（二）试错容错纠错机制

试错容错纠错机制是对金融创新的"监管优惠"，需防止"伪创新""伪金融""伪科技"规避法律、挤占资源。在鼓励创新的同时，不应以牺牲消费者利益为代价，相关制度的设置应更注重消费者的权利保护，完善在试错容错纠错中的信息披露制度、纠纷解决机制等。其中，监管沙盒机制作为现代金融科技主流的试错容错纠错机制，已经被广泛应用。本书第四章已经专章介绍了"监管沙盒"制度设计，在此不再赘述。

（三）破解法律不完备性困境

金融科技发展变化迅速，新技术的涌现、新场景的应用令人应接不暇，而新的法律草案和政策的制定、出台需要较长的时间，国家管理模式在应对某些已经成型、稳定的治理对象时具有强大的优势，在应付诸如互联网金融这种正在高速发展同时又高度聚集风险的领域时，则难以满足监管的需要。一方面，在监管上片面强调硬法治理、搞"一刀切"，容易忽视区域差异和行业差异，挫伤社会基层的积极性和创造性，可能导致政府的干预遭到市场的集体抵制，或者面对一个发展中的领域，其干预起不到预期效果。另一方面，政府与市场主体之间的线形关系缺乏稳定性。监管结构亟须优化。第三部门的重要性得以凸显。一个社会健全、稳定的结构是由三个部门组成，第一个部门为政府组织，第二个部门为市场组织，第三个部门是社会组织。① 在政府与市场之间增加一个维度，发展社会组织，实行软法治理、柔性监管，形成风险的隔离带，可减少市场对政府的直接冲击。

1. 软法先行

软法的概念源自西方法学，认为现代法律有硬法与软法两种基本表现形式，其中"硬法"指那些体现国家意志、由国家制定或认可、依靠国家强制力保障实施的法律规范；"软法"指那些结构未必完整、无须依靠国家强制保障实施也能产生规范实效的法律规范。② 互联网金融软法，主要是指行业惯例、公约、互联网金融企业及社会组织行为中的行业自律章程和诸如阿里巴巴和百度等知名互联网企业的网络安全企业标准等，属于互联网金融行业各类规范的汇总。③ 金融科技的发展需要社会组织发挥自身作用，引导企业形成产品的规则、企业的规则标准流程，并提炼出来形成行业标准，形成社会组织的公约。

在互联网金融治理原则上，应遵循"软法为先"，先通过建立社会组织提升行业自律，制定行业的公约或者标准等，这些行业规范具有一定的约束力，但又不能靠国家强制力来实施。

① 黄震. 互联网金融软法治理的思考 [J]. 科技与法律, 2014 (3): 408 - 416.
② 罗豪才, 宋功德. 认真对待软法——公域软法的一般理论及其中国实践 [J]. 中国法学, 2006 (2): 3 - 24.
③ 黄震, 龙曙光. 互联网金融法治的混合法之路 [J]. 中国党政干部论坛, 2015 (4): 42 - 44.

监管机构在包容金融科技发展的同时，应当鼓励并推动金融机构制定企业标准，在企业标准的基础上协商、沟通，达成行业标准，在行业标准基础上制定具有内部约束效果的行业自律章程。这种软法既可以与时俱进，随着金融产品领域的变动而随时更改，同时又充分尊重社会的自我治理。

2. 硬法托底

硬法就是由国家立法机构制定并由国家强制力保障实施的成文法律规范，互联网金融不是法外之地，现有正在生效的硬法是我国互联网金融发展过程中不容突破的法律底线。我们依法治理互联网金融，不仅需要一种和谐的社会管理，同样需要一种冲突的处理机制，从冲突走向和谐，这应当是互联网金融法治的正道。

由于互联网金融涉及众多的消费者和投资者权益，其不良影响容易被互联网无限放大，出现群体事件的概率较高，由此带来的风险转化与风险扩散，易给社会带来更大的不安定因素。因此，应规制非法集资、金融诈骗等行为，绝不能姑息、纵容不法分子击穿法律的底线。有关执法和司法机构必须坚持底线思维，严格依靠国家强制力保证实施的法律规范来托底支撑，以确保整个互联网金融行业健康发展。在互联网金融治理过程中，硬法托底作用更多地体现在法定归责、司法裁量和严格制裁上，软法的作用则体现在常态的规范和引导上。

3. 刚柔并济

法治的前提是有法可依，软法亦法，并且软法和硬法要相互结合，其不同的执法监督方式也相应为刚性监管和柔性监管，软硬结合、刚柔相济，两者相辅相成，才能更好地实现法治的作用。

"刚柔并济"侧重于监管的角度，其体系需要有关部门和社会组织的共同构建。一方面，刚性执法部门需要充分认知和理解现有法律，充分尊重现有法律，在坚守硬法底线的同时，以刚性监管的方式将其用好用活。另一方面，政府可以支持和引导成立互联网金融的有关社会组织，建起社会监督平台，通过行业自律加强规范和监督，进行柔性监管。在新法诞生之前，需要行业组织和地方政府充分运用软法理念进行柔性监管，在规范化探索方面先行先试，形成有效的行业规范。同时，需要司法部门充分发挥其权威性和能动性，在具体案例的审理中发现规则，并通过司法解释将现行法律规则应用于司法审判中。

4. 混合为治

软法具有广泛认同性和适应性，同时与硬法可以有机地结合和转化。它可以是企业的规范和流程，也可以由企业标准规范上升到行业标准规范，或者是由行业组织制定的公约，得到国家监管层认可后上升为硬法。这些立法事先取得了更广泛的社会共识，接下来可以择机过渡和上升为国家意志，成为刚性的硬法。此时，这些硬法在制定伊始就已经有了广泛的社会认可和接受的基础，其日后的执行更加顺利。

这些社会规则虽然在规范金融治理及整顿金融秩序方面有其优势，但需要与硬法以及监管层的基本原则相契合。单纯的软法也有其天生的欠缺。例如，软法更多依赖从业者自律，在执行力方面比较脆弱，软法产生的源头往往依赖于处于市场地位强势、谋求垄断天性的一些金融科技巨头等。因此，这种企业标准、行业标准或者社会规则的公允性及公平正当性有待考量。故而，软法的形成和执行，也需要监管层或者行业组织在正当与公平性方面加以引导。

作为一种新生事物，金融创新难免与既有硬法存在抵触之处。因此，除了上述软法与既有硬法的契合外，还涉及硬法应主动与软法协调的问题。软硬法之间冲突的协调，是决定后续软法治理的前置性条件，通过社会组织、行业组织等传导到市场主体，在社会组织中协调沟通谈判，形成有弹性的互动机制，这种互动机制对整个社会的良性运行和制度规范的优化有极大的益处。在加强社会组织的前提下，在承认软法和硬法相互结合的机制下，政府的想法先通过社会组织传导给市场，当市场有反对和抵制时，首先冲击的是社会组织，缓解了对政府的反对和抵制，形成了缓冲带，软法是一种规则自生的过程和内生的秩序。[1]

---

① 黄震. 互联网金融软法治理的思考 [J]. 科技与法律，2014（3）：408–416.

（四）动态合规

随着监管趋严，金融机构面对的风险除了操作风险、信任风险之外，一个更大的风险是合规风险，合规成本过高，导致多数企业难以实现完全合规，造成了预期的不稳定。基于法律不完备性、有限性，以及法律解释上存在的问题，在监管空白的领域，监管部门难以及时地发现漏洞，提出完全适应市场发展的规范。金融科技领域，既需要监管者的法律法规的规范，同时，金融机构也需要不断地建立自己的规则，在动态中完善自己，在实践中去摸索，提升自己的要求，以期成为行业的规定、规范与准则，实现动态合规。

动态合规具体包括两个方面：一是动态调整。金融规则处在不断的制定、调整和修改中，监管规则是动态的而不是静态的。二是双向互动。这不仅要求金融机构符合监管的要求，同时监管部门也要了解金融机构的实际运行情况，双向的互动也是动态的。在规则制定上，企业与国家有相似之处，法律或是企业内部的标准其目的都在于创造适宜生存发展的环境，最大限度地激发人的创造力。二者之间也会彼此互动：法律规制着企业标准的制定，而企业标准则可以上升为行业标准、国家标准乃至法律。

整个监管与合规的过程必然处于不断的博弈和调整之中，这样才能不断规范。以一种规范防范、化解一切的问题和风险，在现在的跨界混合中难以实现。结合"软法治理"的理念，合规管理期间，动态表层的是软法，底层是硬法，必须通过"软法先行，硬法托底，软硬结合，相互转化"理念，实现动态合规。

面对技术的不断更新，监管部门和金融机构首先应当不断进行自我更新，跟进新技术的变化。金融科技是技术驱动型的金融业态，它的核心底层是技术，规则的制定必然建立在对技术发展规律的理解上。此外，形成内规和外规的互动。建设好内规后，再升级、转化为我国的行业性规则，甚至是政府的监管规则，即外规。同时，外规也在吸收采纳企业的内规，因此需要企业有自己的规范，产品有标准的流程，合同有规范的交易文本。外规确实的情况下，企业要探索建立内规，提升层次。当有外规的时候，企业要逐渐把外规转化为内规。

同时，动态合规是一种顶层设计和地方探路模式的动态结合。缺乏顶层设计的情况下，通过地方探路、试点来提升，在顶层设计进一步充实落地后，又需要地方探路，这是一个动态的过程。让权威性的部门来制定监管的规范，来引导法律仍未规范的领域。由于这些规则具有比较大的灵活性，方便调整，可以作为试点阶段的规范方法，但这期间必须以硬法托底。

附录一　基于风险防控角度的金融科技与监管科技相关文献综述

摘　要： 21 世纪以来，金融科技的大发展不仅带来了金融业态的繁荣，同时也对风险的防控带来了前所未有的挑战，金融科技的进步正不断倒逼监管科技的发展和进步。在目前国家越发重视和强调"守住不发生系统性风险底线"的大背景下，本文从风险防控的视角，对近年来金融科技和监管科技代表性文献进行了梳理，并得出文献梳理后的结论，为今后的风控理论研究提供一些参考和建议。

关键词： 金融风险　风险防范　金融科技　监管科技

一、金融风险及其防控研究

"风险社会"由德国社会学家贝克在 1986 年提出，而在金融领域，每一次风险的威胁都冲击、搅动着世界金融体系。自 1978 年以来，无论是 1998 年的亚洲金融危机，还是 2008 年的国际金融危机，曾产生的破坏性和颠覆性后果都不可估计。一场金融危机经历了从小范围的金融风险到大范围、系统性金融风险的嬗变。安辉（2016）提出国际金融体系遵循着"金融创新—金融风险—金融危机"的演进逻辑。而当下金融在互联网的影响下多重风险不断叠加，风险触点增多，一系列新的金融风险类型丛生，金融风险的现象和问题与之前相比，呈现出新的特点和难点。

金融风险防范的重要意义现有文献多有阐述，这里仅简要说明，例如，陈四清（2018）提出"提高政治站位，将防范化解金融风险作为践行习近平新时代中国特色社会主义思想的具体行动"，强调防范金融风险的重大意义。我国现阶段的金融问题具有极大的特殊性，处在社会主义初级阶段、新兴市场经济的历史背景下，同时处于市场化、国际化不断深入，经济增长正在向高质量发展转变的特定时期。

首先对于风险的识别和定位十分重要。金融科技背景下的互联网金融就其本质而言，还是金融，依旧具有传统金融的特质和功能，并且其中蕴含着传统金融风险，但由于和许多新兴技术的结合（大数据、物联网、云计算、区块链、人工智能等），在传播速度、影响范围等方面比传统金融风险表现得更为突出。杨涛（2017）提出风险需要进行概念甄别，要实现从"模糊化"到量化分析并精确定位。关于互联网金融风险的分类，不同研究者从不同的认识角度做了不同的区分。中国人民银行开封市中心支行课题组（2013）将互联网金融风险归纳为征信风险、信用风险、流动性风险、信誉风险、操作风险、技术风险、收益风险、纵向竞争风险、法律风险和破产关停风险。李耀东等认为风险在于数据获取、技术缺陷、技术迷信、迷信速度、网络安全和权力异化六个方面。俞林（2015）等认为互联网金融行业的风险包括违约风险、欺诈风险、政策风险以及操作风险。同时还结合 P2P 具体案例中反映的风险问题，给出了具体的监管措施建议。

同时，互联网金融中蕴含着许多新生风险。汤皋（2013）基本将风险聚焦于交易对象不清、个人信息不当泄露等问题，以及由于金融业态的不断创新所涌现的新业务合法性尚难断定的问题，各类违法违规甚至金融犯罪丛生等。龚明华（2014）重点强调了互联网金融所面临的三大特殊风险：信息科技风险、合规风险（包括洗钱犯罪等）以及系统性风险。杨东（2017）也提出了包括合规性风险、跨行业和跨国境等金融科技所带来的几方面不稳定因素。杨群华（2013）对互联网金融的特殊风险进行了归纳，一是系统性的技术风险，二是由系统和交易所引发的业务风险，三是因违反法规以及现有法律滞后的不适用性风险。目前互联网金融风险可谓是金融风险与互联网风险这些新生风险的叠加，这类研究和前述的分类有利于我们全面把握当下的风险环境。

部分研究者从分析某一类互联网金融风险的研究入手。Mahdi（2018）分析了信用风险这一特定领域内风险管理的问题。包爱民（2013）从法

律、技术、资金、信息、监管五个方面分析了安全风险。洪娟等（2014）
也重点分析了互联网金融的技术风险、虚拟风险、操作风险、法律法规风
险等特殊风险。同时李国义（2017）揭示了互联网金融风险之一——信用
风险的特征，在此基础上运用规范分析法分析了其内在的风险形成机理。
王倩、吴承礼（2016）认为金融科技所带来的风险传承了传统金融的信用
风险、市场风险和流动性风险。互联网金融凭借技术优势在降低信息不对
称程度的同时，又因虚拟性、征信体系不完善和投资者风险意识淡薄等因
素，而有着更为严重的逆向选择风险和道德风险。史智才、王宁（2018）
提出要把握互联网金融存在多元风险这一根本特征。Kristin（2018）聚焦
于网络安全风险和数据安全风险。

对于互联网金融风险的特征概括，周振海（2017）提到相较于传统金
融风险，互联网金融风险波及范围更广、传播速度更快、溢出效应更强。
对于风险的传导和传染理论，林砚、陈志新（2018）从金融机构主体属性
以及金融机构间复杂网络特性两个角度入手，建立了风险传染性评估模
型。卓娜、昌忠泽（2015）基于金融风险的成因、传导和防范研究三个角
度梳理了国外金融风险的经典研究以及2010年以来国内金融风险研究的进
展，提出需要进一步研究如何有效识别隐藏的金融风险并迅速采取风险传
导防范措施、准确判断其传导范围的问题。金融科技所带来的风险，目前
基本认同其具有以下几个特征：一是信息的不对称使得风险更具有隐蔽
性；二是风险的极度渗透性，其传播速度比传统风险更快，造成的破坏性
更强；三是极其容易转化为系统性风险的高危险性。

从诸多文献的分析研究中可以发现，普遍存在由金融风险至系统性金
融风险进而到金融危机这一基本的风险扩大演变逻辑。大多学者普遍从前
两个维度逐步分析防范金融领域风险的范式，其中系统性风险是论述的重
点。黄益平（2017）认为防控系统性金融风险是当前经济政策的重要目标
之一。M. Todd（2018）提出应当重视金融监管中的系统性风险。毕夫
（2017）提出金融科技会外溢出巨大的系统性风险。周皓等（2017）较为
全面地研究了我国金融的系统性风险。魏伟等（2018）分析了当前我国系
统性金融风险的三个来源：房地产风险、地方债风险和影子银行风险。宋

清华等（2018）梳理了国际金融组织、欧盟和美国在防控系统性金融风险上所采取的一系列举措，并从中总结出了防范系统性金融风险的启示。段敏芳（2005）在建立金融风险监测指标体系的基础上，运用因子分析方法分析了 20 世纪 90 年代以来我国金融风险历程，探索了我国金融风险产生的根源，提出了从根本上解决金融风险的策略。苗永旺、王亮亮（2010）研究了宏观审慎监管对金融体系中系统性风险的监测方式及政策工具。

值得注意的是，不少学者对于系统性风险的识别以及金融科技所带来的新风险，越发注意采用量化即度量分析的研究方法进行研究。贾楠（2017）对互联网金融风险进行了风险量度的实证性分析，包括银行业的风险评估和对系统性风险的评估。王立勇、石颖（2016）以 P2P 网贷平台为主要研究对象，采用相应的模型构建了互联网金融风险评价体系，同时也运用了 VAR 方法定量化测算风险大小。其他采取定量分析方法的还有欧阳资生、莫廷程（2016），邹静、王洪卫（2017），李树文（2016）等。可以看出已有关于金融风险的研究重在分析其特征和分类，还包括成因、传导等方面，也有进行细致量化的研究，包括通过选取评价指标、构建分析模型等。定量分析使得认识风险问题更理性和具体，定位更准确。但不同的分析方法以及模型构建并不能做到尽善尽美，不可能完全反映实践中的情况，需要不断调整和完善。

二、金融科技

（一）来源及定义

金融科技最早出现是在 2011 年，英文中由 Finance 和 Technology 的缩写组成 FinTech。管清友等（2018）指出其主要指美国硅谷和英国伦敦的高科技公司利用云计算、区块链、人工智能等新兴技术对传统金融进行颠覆和改造。而目前普遍采用由金融稳定理事会（Financial Stability Board）提出的定义："技术带来的金融创新，它能创造新的业务模式、应用、流程或产品，从而对金融市场、金融机构或金融服务的提供方式造成重大影响"。有研究者指出金融科技不等于互联网金融，也不等同于科技金融，基于"金融"可定义为对信用的风险定价，从而认为在大数据的背景下，"利用现代科技（比如新的支付方式、人工智能、数字化货币、区块链、生物识别等）对信用进行识别、获得、评估、量化的新的工具与方式，以便全面提升对信用风险定价的能力，从而让金融市场的信用基础、信用关系、信用媒介及信用担保方式等都发生根本性的变化，并由此打造出新的金融业态、新的金融科技市场、新的商业模式"。李文红、蒋则沈（2017）也提出金融科技在不同背景下的具体含义存在差异，有时是指金融业务的数字化或电子化，有时是指如大数据、区块链、生物识别等新兴技术在金融领域范围内的应用。对于金融科技的内涵与实质，易宪容（2017）也在研究中做了阐释。In Lee，Yong Jae Shin（2018）回顾了金融科技的发展历史，并讨论了金融科技的生态系统及各种金融科技的业务模型和投资类型。随着理论的不断完善和发展，其内涵和外延还将不断扩大和丰富。

（二）金融科技发展中的风险防范

Douglas W. Arner 等（2017）梳理了全球金融科技的三个发展阶段。黄余送（2017）也分析了广义的金融科技经历的三个发展阶段，指出我国目前存在三阶段并存的局面。巴曙松、白海峰（2016）指出金融科技经历了三个阶段的发展：金融电子化为金融科技 1.0 阶段，互联网金融为金融科技 2.0 阶段，多种技术驱动金融创新与监管创新为金融科技 3.0 阶段。黄文妍等（2015）归纳综述了互联网金融技术创新带来业务模式进步与模式进步带来体制革新的最新研究成果。Gai，Qiu 和 Sun（2017）从技术特征方面梳理了金融科技方面的文献，指出金融科技目前已经成为那些最具竞争力的金融公司争相投资的领域，并对金融科技发展成果做了详细描述。Charles（2018）分析了货币与金融科技在构建交易安全系统中的重要作用。孟永辉（2018）提出了要让金融科技回归技术本身的发展愿景。

金融科技发展的上半场是开拓市场，包括前期通过大量资金投入打造金融大平台，根据不同市场需求吸收转化海量的用户流量。开拓市场中最重要的是用户，随后通过产品迎合用户需求，抢占市场份额。李杨等分析了金融科技的发展特征，总结了中国金融科技产业发展情况，指出了金融科技驱动中国经济增长的几条主要路径。但在传统金融与科技公司逐渐深度合作的大势中，金融科技创新在提供跨机构、跨行业、跨市场金融服务的同时，金融风险的传染性更强、波及面更广、传播速度更快。金融科技在提高效率、降低成本等道路上越走越远时，其对金融行业的冲击和影响也越来越大。因此，应将其破坏作用降到最低，最大化激发起创新动力，并不断提高风险防控能力。关志薇等（2017）指出我国金融科技发展面临"弯道超车"的重大机遇，但金融科技的开放性、互联互通性、科技含量更高的特征，使得金融风险更加隐蔽、复杂。朱太辉（2018）指出我国金融科技的发展是技术支持、监管规避、需求发展和供给不足"四轮驱动"的结果。孙国锋（2017）也提出金融科技带有很强的风险特征。Abbey（2017）讨论了金融科技领域生态的六种要素，分析了六种科技金融科技的商业模式以及金融科技行业所面临的风险挑战。

文献中已经反映出金融科技发展后期越来越强调风险防控的问题，杨东（2018）指出金融市场是与风险相伴而生的，在梳理金融科技背景下可能面临的金融风险的基础上，应当寻找有效防范风险的方法与途径。Christopher（2018）明确金融科技是一把"双刃剑"，其发展和使用动态、不稳定性在本质上是一个法律问题。许多学者对此提出了相关的建议。邓建鹏、黄震（2016）提出为了控制风险，应由监管机构引导互联网金融从业机构形成企业标准，然后提炼成行业标准，最后形成社会组织的自律章程，这一系列规则称为"软法"。风险防范面临多重挑战，监管机构往往陷入"一管就死，一放就乱"的困境。FSB（2017）在一份报告中按照经济职能和业务活动对金融科技范围进行了分类。同时，其在另一份报告中提到网络风险和加密资产可能给监管当局带来新的挑战。一味的"一刀切"式管理可能又会遏制创新。Mark Fenwick 等（2017）也分析了监管者的这种两难困境，即如何在风险和创新中寻找平衡点。

在金融科技依托的众多技术中，值得一提的是区块链，它近年来成为热点话题。黄震（2018）梳理了国内外区块链在监管科技领域的实践和探索，探寻区块链在金融监管领域的场景嵌套和深度融合，试图利用监管科技的能量和实践加速区块链的治理和优化。姚前（2018）从共识协议、安全与隐私保护机制、可扩展性与效率、系统/协议的安全分析与评估四个方面，对区块链的研究进展进行了概要评述。Dr Lerong L（2018）考察了区块链中的比特币交易及相关监管措施。Michele（2018）研究了区块链和其他形式的分布式账本技术的数据保护问题。区块链作为一项分布式共享记账技术，其未来应用的前景非常广阔。黄震（2018）发散性地预想了这一技术在未来各个领域可能带来的变化。但技术本身具有的"创造性"和"破坏性"问题不能忽视。

其他已经发展得较为成熟的技术领域中，巴曙松等认为在互联网技术和信息技术的推动下，大数据在金融行业风险防控中取得了引人注目的进展，但是尚需提高风控的有效性。在实务中，民生银行信用卡中心积极推进新兴科技与金融风险防范业务深度融合，依托智能化风控技术，为信用卡业务安全、有序、稳定发展保驾护航。Nathan（2018）也谈到了大数据在监管中的应用。钟秀湘（2014）从案例实证分析来探寻金融科技风险防范的对策。Anne（2017）提到了对众筹股权融资的监管问题。

三、监管科技

（一）监管科技的产生与发展

金融科技在从开拓市场发展到风险防范的时期后，监管领域出现的空白越来越多，监管机构面临的压力越来越大，为了应对金融科技的"野蛮"式生长所带来的风险挑战，监管和合规成为金融行业的焦点。由于传统金融监管措施在防范金融科技的潜在风险时显得捉襟见肘，监管科技便呼之欲出了。目前对于监管科技的边界尚未达成一致共识，学界认为其思想源于2014年英格兰银行首席经济学家 Andy Haldane 提出的通过技术驱动监管的新型监管机制的设想。"RegTech"一词最早由英国金融行为监管局（FCA）在2015年11月提出，FCA 将其定义为金融科技的一个子集，即利用最新技术手段，满足多样化监管需求，简化监管与合规流程，以促进金融机构更有效地达到监管要求。巴塞尔银行监管委员会于2018年2月发布的报告《金融科技发展对银行和银行监管者的影响》中将监管科技与合规科技进行了区分，认为合规科技主要是指金融机构为满足其合规要求、流程所运用的各种金融科技手段，监管科技则主要是指监管主体在技术驱动下的监管创新。Douglas W. Arner 等认为监管科技并非单纯的监管和风控工具，其作用也不限于提高监管效率降低成本，它对金融监管逻辑产生了深远的影响。同时认为监管科技具有巨大的潜力。监管科技将通过技术与金融监管和风险控制的深度有机融合，凭借持续实时监测、深度学习、人工智能等技术的运用，实现预见性监管。

归因于国际金融危机之后越发复杂化、精细化的全球金融监管体制，过度依赖事前性的审查监管以及大范围、普查式的监管制度，导致监管者与被监管者合规与监管的成本日趋高昂。一方面是为了回应越来越复杂的监管措施和制度，另一方面要在数据的反馈、汇总方面做到精细化、高频化和颗粒化。运用监管科技可以帮助企业降低合规成本，而监管者利用监管科技可以近距离、实时地了解金融业态，包括及时掌握新兴金融创新产品动态、金融风险等方面的信息，进而提高监管的收益和效率。

对于监管科技本身，已有研究颇多。李伟（2018）系统分析了监管科技应用的必要性，阐述了运用信息技术手段强化金融监管的重要意义。伍旭川、刘学（2018）从运用监管科技提升金融机构了解客户和监管合规水平、提升监管机构识别风险的能力以及提升监管的实时性和有效性等方面，分析了监管科技的作用和应用。蔚赵春等（2017）详细论述了监管科技的基本概念及特点、监管发展历程等。黄润（2018）也分析了监管科技的作用及带来的挑战。其他类似的研究还包括杨宇焰（2017）、朱太辉（2018）等。

通过文献整理和分析发现，我国已有研究多从金融科技监管的路径分析，进而倡导顶层制度设计和监管框架的构建。比如胡滨、杨凯（2017）分析了我国互联网金融监管经历的四个阶段，提出当前监管面临的三大问题并分析了监管不足的主要原因。孙国锋（2018）提出对监管机构而言应当建立以金融管理部门为中心、以金融机构为节点、以数据为驱动、具有星形拓扑结构的技术监管框架，并建立监管科技标准体系。杨涛（2018）提出："要分类施策，根据不同领域、不同市场金融风险情况，采取差异化、有针对性的办法。"尹振涛等（2017）也提出了构建金融科技监管框架、改革相关金融科技监管组织框架等建议。杨东（2018）提出面对新的监管挑战，必须赋予监管体系科学维度，依靠大数据、区块链等底层技术构建科技驱动型监管体系。申嫦娥、魏恒荣（2018）认为面对金融科技相关业务规模的爆发式增长，需要借鉴英美等国的监管模式以及监管手段，依据风险防控与发展引导的原则，提出中国未来对于金融科技监管值得借鉴的国际经验。陈沛（2018）也提出金融科技创新带来的新的风险以及在此背景下我国在互联网金融下监管所面临的困境，需要借鉴国外成熟经验。

需要注意的是，监管科技并非应对所有公司治理挑战的灵丹妙药。值得一提的是 Nizan（2018）提出了反监管科技现象，认为仅靠监管科技是无法解决企业文化带来的不良商业行为或道德问题的，相应的技术还可以被企业用来逃避监管、挫败监管机构。

（二）监管沙盒

金融科技的高速发展让风险更加集中和隐蔽，让监管机构很难跟上市场变化，难以实现系统性监管与创新和改善的平衡。而国外目前最成熟的就是"监管沙盒"。它由英国在 2015 年 3 月率先提出，意在为金融创新提供充分发展和安全保障的测试环境并将其理念应用于金融监管领域。英国 FCA 将"监管沙盒"定义为"一个安全的空间，在这个空间里，企业可以测试创新的产品、服务、商业模式和交付机制，而不会立即对从事相关活动产生所有正常的监管后果"。FCA 一直在探索沙盒创新方面的一系列选择。其中包括：（1）虚拟沙盒；（2）调节沙盒；（3）沙盒保护伞。并设计了五个主要的沙盒工具：限制性授权、个别指导、豁免或修改监管规则、无强制执行函、非正式引导。其他国家包括澳大利亚、新加坡、瑞士、泰国等国以及中国香港都发布了类似的计划。

对于国外监管沙盒的介绍和跟踪研究是监管科技的一个热点领域，许多学者认为监管沙盒与我国金融改革试点有相似性，与我国金融科技创新发展具有适配性，将来可以成为不可或缺的监管机制。卓耀、马义玲

（2017）的相关研究认为"监管沙盒"是一种全新的监管模式，改变了现有的监管理念，对有效实施穿透式监管起到了重要作用。胡滨、郑联盛（2017）将其描述为实际上类似于将金融科技业务、合规要求及其监管实践放在"沙盘"中进行演练，是一种监管中的沙盒。胡滨、杨楷（2017）分析了监管沙盒的内涵、目标及作用，认为其模式在转变现有监管模式理念、平衡创新和风险方面对我国都有很好的借鉴意义。黄震、蒋松成（2017）提出监管沙盒与我国互联网金融的柔性监管遥相呼应。其思路与成果，对于我国互联网金融监管制度的创新和完善有着重要的借鉴意义。彭斯震（2017）系统分析介绍了英国金融科技的发展现状和趋势，以及英国政府支持金融科技创新的具体做法。胡滨、郑联盛（2017）提出应当借鉴国外"监管沙盒"的做法，对完善金融科技监管给出了构建监管体系、改革监管组织架构、建立健全监管沙盒计划等建议。分析文献可以看出，无论是改革试点还是监管沙盒，其制度设计都不是一次性的，都可以循环使用和迭代升级。比较和分析二者的运行逻辑，有助于完善我国金融改革试点这一制度，在监管科技的发展中焕发新的活力。

（三）其他监管模式及应用

其他监管模式包括 M. W. Taylor（1995）提出的"双峰监管"模式（Twin Peaks），Andrew Schmulow（2017）介绍分析了以澳大利亚为代表的"双峰监管"模式在南非的应用和实施状况。该模式要求建立两个独立的最高监管机构，一个负责确保金融体系的安全与稳健，另一个则是防止市场失灵和消费者在金融领域内的权力滥用。Anton（2018）也结合肯尼亚和南非金融科技监管实况分析了其面临的挑战。而 Schan Duff（2018）重点提出了对金融稳定监管的规范性解释，将金融稳定描述为一种独立的、不同形式的金融监管，提出将金融稳定视为一种独特的监管模式，同时认为不能完全将审慎监管模式视为解决系统性风险的方法。Dmytro（2016）以美联储为例分析了金融危机中金融监管的特点。Mary 等（2016）提出了全球金融监管的一个原则——弹性原则，并建议需要对一个真正具有弹性的国际金融体系的外观和监管方式进行更严格的研究。德勤则倡导重塑风险智能企业（the Risk Intelligent Enterprise），认为管理风险不仅能防止损失，还可以创造机会。

另外，在打击犯罪领域，如金融领域常见的洗钱犯罪以及套利等问题，IIF 在 2017 年的一份报告中指出现有的 AWL/CFT 框架体系没有有效地阻止非法资金的流动，描绘了新技术 RegTech 在金融犯罪监管方面的巨大潜力。英国政府正在寻求促进设计一个能够让金融科技动态地适应新规章制度的监管框架，FCA 在 2018 年 1 月的一份倡导书中提出要利用一种技术以实现更智能的监管。Dirk A. Zetzsche 等分析了可能的新监管方法，从"什么都不做"、审慎监管到结构化的实验主义（如沙盒或试验），提出要应用智能监管即"Ssmart Regulation"，Caelainn Carney 也提到了人工智能监管"Robo – Advisers"的问题。Kenneth（2010）提到了合规技术在风险管理中的应用。

四、金融科技与监管科技的关系

金融科技、监管科技的内生创新动力都是信息技术，信息技术贯穿金融科技和监管科技发展的始终，二者形成了一个互相配合、互相补充和完善的整体。在金融科技倒逼监管科技发展的同时，后者反过来又不断影响金融科技，逐渐体现出协同、联动、耦合的关系。杜宁、沈筱彦等（2017）分析了以往监管科技概念定义的局限性，采用集合图表的方式清晰地展现了金融科技和监管科技的关系以及其子分类，并比较了在人工智能、区块链、大数据、生物技术等技术类别下金融科技与监管科技的典型场景与作用。Dirk A. Zetsche 等也比较分析了二者的特征。刘晓春（2018）提出监管科技并不只是金融科技领域的监管，而是监管的全面科技化。

从构建金融科技监管模式的角度来看，伍旭川、刘学（2017）指出在国际上已有三种金融科技监管模式：以美国为代表的限制型监管，以中国为代表的被动型监管，以英国为代表的主动型监管；并认为随着金融科技的不断发展，这三种模式都逐渐向主动适应型监管模式趋同。费方域（2018）在指明金融科技和监管科技已有的定义、重要作用及发展意义的基础上，梳理了已有的关于金融科技和监管科技关系的几种主要观点，分析了目前全球各大城市重视发展的"金融科技中心"趋势。黄震（2018）也指出北京市在事实上已经成为全国金融科技创新中心，在新的形势下，要想通过规划指引其继续引领金融科技的发展，需要更高的站位和谋划。

在文献中发现，一种可能的研究金融科技和监管科技之间关系的角度是耦合。耦合是物理学中的一个基本概念，是指两个或两个以上的电路元件或电网络的输入与输出之间存在紧密配合与相互影响，并通过相互作用从一侧向另一侧传输能量的现象，进一步抽象出普遍意义上的含义就是指两个或两个以上的实体甚至系统通过相互作用，在彼此影响中联动、联合的现象。国外最早将耦合理论应用在经济和社会问题领域的是 Weick（1987）。

童藤（2013）分析了金融创新和科技创新的耦合现象、机理以及耦合度，并且研究了评估二者指标体系中的一些问题，给出了耦合模式的选择及对策。王仁祥、付腾腾（2018）基于"监管沙盒"思想，研究了金融创新与科技创新的交互作用以及二者耦合过程中金融监管与创新的动态平衡关系，构建了以全生命周期为基础、以网络和大数据为支撑、以包容性协作创新为理念、强化监管机构独立性的耦合模式。Wei Song 等（2015）认为金融监管与金融创新的动态博弈演化结果推动着二者的发展，形成相互促进的耦合关系，即实现"监管—创新—监管—再创新"的良性发展。具体而言，佟金萍等（2016）对我国 30 个省市的耦合协调度进行了实证分析，结果表明：各地区科技创新、科技金融、科技贸易的耦合协调发展状况较差；地区间耦合协调发展差距较大；三者的发展存在不平衡现象，科技金融的发展明显滞后于另外两者。关于二者的耦合关系还需要进一步研究。

五、小结

从梳理文献的整体结果来看，关于金融科技和监管科技的文献近几年数量不断增多，总量庞大，但是从防控金融风险的角度来看，多数文献是在讨论监管框架的顶层设计，或者是提出宏观层面的指导建议。并且金融风险的定量化研究是很好的研究方向，有助于对金融风险从"模糊化"到"精确化"识别。而关于金融科技创新和监管科技创新的协同联动等关系，仍需要进一步研究二者相互作用的机理，以便为风险防控提供更多切入的角度。对于近年来大多研究者关注的英国"监管沙盒"，基本已经对其做了系统全面的分析和研究，成果颇丰。但是如何将其再进一步与我国的实际情况相结合进而构建有中国特色的金融风险防控体系，仍需进一步的思考和研究。

附录二　中国互联网金融安全发展相关政策法规速览

从防控金融风险，促进金融安全发展的角度看，我国在2015—2018年共发布300多部政策法规（见图1）。其中，2016年，由于《互联网金融风险专项整治工作实施方案》要求各级人民政府制订本地区专项整治工作方案，本年地方制定了大量规范性文件。

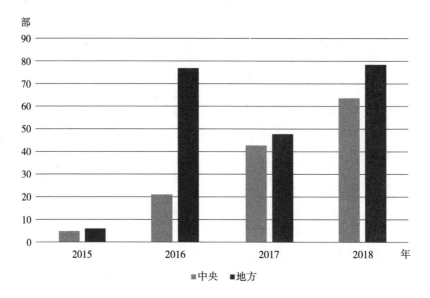

资料来源：相关文件发布部门官方网站及北大法宝法律数据库。

图1　2015—2018年防范金融风险法规政策发布情况

本书提取与互联网金融安全发展密切相关的80部政策法规加以整理，在整理的80部政策法规中，有16部政策法规提到了采用大数据、云计算等技术手段创新监管方式，如国务院办公厅发布的《关于运用大数据加强对市场主体服务和监管的若干意见》，提出应充分运用大数据、云计算等现代信息技术，运用大数据科学制定和调整监管制度和政策；《中国证监会监管科技总体建设方案》提出应充分发挥科技在监管工作中的作用。有16部政策法规与网络借贷、校园贷等有关，明确了网贷"1＋3"制度框架，界定了网贷的内涵，确立了网贷监管体制，持续推进P2P风险专项整治，重点做好校园网贷的清理整顿工作，做好"现金贷"业务活动的清理整顿工作。有24部政策法规对资管业务及互联网金融的各种业态进行了规范，如互联网保险、互联网基金、股权众筹等；并就防范风险进行规定，大力加强互联网保险业务管理，明确开展货币市场基金互联网销售业务时应遵循的规定，明确指出互联网资管业务属于特许经营业务，未取得金融牌照不得从事互联网资管业务。有15部关于互联网金融的行业规定、标准及自律公约，倡导软法治理，加强行业自律，健全行业自律制度和行业准则。此外，还包括电子商务、网络安全、防范代币发行融资风险等政策法规。具体参见图2。

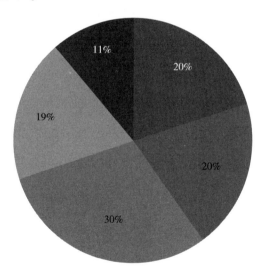

图2　法规政策内容速览

对这80部政策法规加以整理，形成2015—2018年中国互联网金融风险防范与处置相关政策法规速览表，详见表1至表5。

制表说明：

1. 结合北大法宝给出的分类标准，将其分为法律，行政法规，部门规章，地方法规，司法解释，行业规定、标准及自律公约并汇总成表。其中，行政法规包括行政法规、国务院规范性文件；部门规章包括部门规章、部门规范性文件、部门工作文件；地方法规包括地方性法规、地方政府规章、地方规范性文件、地方司法文件及地方工作文件。

2. 表中互联网金融风险专项整治工作领导小组办公室和 P2P 网贷风险专项整治工作领导小组办公室两个发布部门，按照北大法宝官网的分类，属于中央其他机构。这两个机构在发布文件时，互联网金融风险专项整治工作领导小组办公室由人民银行金融市场司代章，P2P 网贷风险专项整治工作领导小组办公室由银保监会普惠金融部代章。

3. 无法查询到原文的文件标注为 "#"。

表 1　2015—2018 年中国互联网金融风险防范与处置相关法律与行政法规速览

发布时间 实施时间	发布部门	文件名称	文号/详情	亮点
法律				
2018.08.31 2019.01.01	全国人大常委会	《中华人民共和国电子商务法》	主席令第 7 号	对电子商务经营者、电子商务合同的订立与履行、电子商务争议解决、电子商务促进、法律责任等进行规定
2016.11.07 2017.06.01	全国人大常委会	《中华人民共和国网络安全法》	主席令第 53 号	是我国第一部全面规范网络空间安全管理的基础性法律
行政法规				
2017.07.08	国务院	《关于印发新一代人工智能发展规划的通知》	国发〔2017〕35 号	智能金融方面，建立金融大数据系统，提升金融多媒体数据处理与理解能力。鼓励金融行业应用智能客服、智能监控等技术和装备

续表

发布时间 实施时间	发布部门	文件名称	文号/详情	亮点
2016.04.12	国务院办公厅	《互联网金融风险专项整治工作实施方案》	国办发〔2016〕21 号	首次以法规方式明确对互联网金融实施"穿透式监管",利用互联网思维做好互联网金融监管工作①,提出重点整治问题和工作要求
2015.06.24	国务院办公厅	《关于运用大数据加强对市场主体服务和监管的若干意见》	国办发〔2015〕51 号	充分运用大数据、云计算等现代信息技术,运用大数据科学制定和调整监管制度和政策
2015.01.06	国务院	《国务院关于促进云计算创新发展　培育信息产业新业态的意见》	国发〔2015〕5 号	支持云计算与物联网、移动互联网、互联网金融、电子商务等技术和服务的融合发展与创新应用,积极培育新业态、新模式。推动大数据挖掘、分析、应用和服务

表 2　2015—2018 年中国互联网金融风险防范与处置部门规章速览

发布时间 实施时间	发布部门	文件名称	文号/详情	亮点
2018.12 2019.02.01	国家互联网信息办公室	《金融信息服务管理规定》	促进金融信息服务健康有序发展	对金融信息服务机构的信息内容和相关行为明确具体要求。金融信息服务提供者从事互联网新闻信息服务、法定特许或者应予以备案的金融业务应当取得相应资质,并接受有关主管部门的监督管理

发布时间 实施时间	发布部门	文件名称	文号/详情	亮点
2018.12.02	中国银保监会	《商业银行理财子公司管理办法》	中国银行保险监督管理委员会令2018年第7号	对理财子公司的准入条件、业务规则、风险管理等方面作出具体规定，是《商业银行理财业务监督管理办法》的配套制度
2018.12	中国人民银行 等部门	《关于完善系统重要性金融机构监管的指导意见》	对系统重要性金融机构制定特别监管要求	明确系统重要性金融机构监管的政策导向，弥补金融监管短板，引导大型金融机构稳健经营，防范系统性金融风险
2018.11.29	中国人民银行支付结算司	《关于支付机构撤销人民币客户备付金账户有关工作的通知》	银支付〔2018〕238号	支付机构能够依托银联和网联清算平台实现收、付款等相关业务的，应于2019年1月14日前撤销开立在备付金银行的人民币客户备付金账户，规定可以保留的账户除外
2018.11.30	公安部	《互联网个人信息安全保护指引（征求意见稿)》	征求意见	指导互联网企业建立健全公民个人信息安全保护管理制度和技术措施，有效防范侵犯公民个人信息违法行为，保障网络数据安全和公民合法权益
2018.10 2019.01.01	中国人民银行、中国银保监会、中国证监会	《互联网金融从业机构反洗钱和反恐怖融资管理办法（试行)》	规范互联网金融从业机构反洗钱和反恐怖融资工作	明确适用范围、基本义务，确立监管职责

发布时间 实施时间	发布部门	文件名称	文号/详情	亮点
2018.10.19	国家互联网信息办公室	《区块链信息服务管理规定（征求意见稿)》	征求意见	国家互联网信息办公室负责全国区块链信息服务的监督管理执法工作。鼓励区块链行业组织加强行业自律。采取备案管理与年度审核相配合的技术化监管方式
2018.09.26	中国银保监会	《商业银行理财业务监督管理办法》	中国银保监会令 2018 年第6 号	与"资管新规"保持一致，定位于规范银行非保本理财产品，与"资管新规"充分衔接。过渡期为施行之日起至2020 年底
2018.09.08	中国人民银行、财政部	《全国银行间债券市场境外机构债券发行管理暂行办法》	中国人民银行、财政部公告〔2018〕16 号	明确境外机构在银行间债券市场发债应具备的条件、申请注册程序，并就信息披露、发行登记、托管结算等事项进行了规范
2018.08.31	中国证监会	《中国证监会监管科技总体建设方案》	#	明确了监管科技 1.0、2.0、3.0 信息化建设工作需求和工作内容②。进一步推进证监会信息系统的资源与数据整合，充分发挥科技在监管工作中的作用
2018.08.17	P2P 网络借贷风险专项整治工作领导小组办公室	《关于开展 P2P网络借贷机构合规检查工作的通知》	督促网贷机构合规经营，回归信息中介本质定位	严格按照网贷"1＋3"制度框架及有关规章制度，统一明确标准。规定了十个合规检查的重点关注方面。本次合规检查应于 2018 年 12 月底前完成

发布时间 实施时间	发布部门	文件名称	文号/详情	亮点
2018.07.18	中国银保监会	《关于切实加强和改进保险服务的通知》	银保监发〔2018〕40号	从严格规范销售行为、切实改进理赔服务、大力加强互联网保险业务管理③、积极化解矛盾纠纷四个方面对保险公司、中介机构提出要求
2018.07.11	中国人民银行	《加强跨境金融网络与信息服务管理的通知》	银发〔2018〕176号	对境外提供人和境内使用人的合规义务、行业自律要求、审慎管理职责进行规定
2018.05.30 2018.06.01	中国证监会、中国人民银行	《关于进一步规范货币市场基金互联网销售、赎回相关服务的指导意见》	中国证券监督管理委员会公告〔2018〕10号	明确开展货币市场基金互联网销售业务时应遵循的规定④，以及非银支付机构在为基金管理人、基金销售机构提供基金销售支付结算业务过程中应遵循的相关规定
2018.05.22	中国银保监会	《银行业金融机构联合授信管理办法（试行)》	银保监发〔2018〕24号	有助于银行业金融机构准确掌握企业实际融资状况，科学评估其整体风险水平
2018.05.22	国家发展改革委办公厅等部门	《关于做好引导和规范共享经济健康良性发展有关工作的通知》	发改办高技〔2018〕586号	加强技术手段建设。积极利用技术手段创新监管方式，为风险防控提供有效支撑，开展大数据监管
2018.05.11	国家发展改革委、财政部	《关于完善市场约束机制严格防范外债风险和地方债务风险的通知》	发改外资〔2018〕706号	防范外债风险和地方政府隐性债务风险

发布时间 实施时间	发布部门	文件名称	文号/详情	亮点
2018.04.27	中国人民银行等多部门	《关于规范金融机构资产管理业务的指导意见》	银发〔2018〕106号	主要适用于金融机构的资管业务，对资管业务制定了监管标准。对于智能投顾业务，区分金融机构运用人工智能技术开展投资顾问和资管业务情形，分别进行规范⑤
2018.04.19	中国人民银行等三部门	《关于加强非金融企业投资金融机构监管的指导意见》	银发〔2018〕107号	对金融机构的不同类型股东实施差异化监管，通过正面清单和负面清单的方式，强化股东资质要求
2018.04.16	中国银保监会等四部门	《关于规范民间借贷行为　维护经济金融秩序有关事项的通知》	银保监发〔2018〕10号	未经批准，任何单位和个人不得设立从事或者主要从事发放贷款业务的机构或以发放贷款为日常业务活动
2018.03.28	财政部	《关于规范金融企业对地方政府和国有企业投融资行为有关问题的通知》	财金〔2018〕23号	规范金融企业对地方政府和国有企业投融资行为，与地方政府债务管理等政策形成合力，共同防范和化解地方政府债务风险
2018.03.28	互联网金融风险专项整治工作领导小组办公室	《关于加大通过互联网开展资产管理业务整治力度及开展验收工作的通知》	整治办函〔2018〕29号	明确指出互联网资管业务属于特许经营业务，未取得金融牌照不得从事互联网资管业务。规定了验收标准及流程，对机构分类处置⑥

续表

发布时间	发布部门	文件名称	文号/详情	亮点
实施时间				
2018.01.19	国家发展改革委等	《关于市场化银行债权转股权实施中有关具体政策问题的通知》	发改财金〔2018〕152号	有效推动降杠杆的顺利落地
2017.12.08	P2P网络借贷风险专项整治工作领导小组办公室	《关于做好P2P网络借贷风险专项整治整改验收工作的通知》	网贷整治办函〔2017〕57号	要求网贷机构对本机构整改验收情况及备案登记情况进行信息披露。对于不同情况的网贷机构，分类施策、科学处置⑦。分阶段完成整改验收及后续备案登记工作
2017.12.01	互联网金融风险专项整治工作领导小组办公室等	《关于规范整顿"现金贷"业务的通知》	整治办函〔2017〕141号	规定了六条业务开展原则，对网络小额贷款清理整顿工作进行详细规定⑧，进一步规范银行业金融机构参与"现金贷"业务，完善P2P网络借贷信息中介机构业务管理，加大对各类违法违规机构处置力度等
2017.09.04	中国人民银行等部门	《关于防范代币发行融资风险的公告》	代币发行融资是一种未经批准非法公开融资的行为	任何组织和个人不得非法从事代币发行融资活动。金融机构和非银行支付机构不得开展与代币发行融资交易相关的业务
2017.08.23	中国银监会（已撤销）办公厅	《网络借贷信息中介机构业务活动信息披露指引》	银监办发〔2017〕113号	明确应当披露的具体事项、时间、披露频次及披露对象等。P2P网贷行业银行存管、备案、信息披露三大主要合规政策均已发布施行

续表

发布时间 实施时间	发布部门	文件名称	文号/详情	亮点
2017.07.03	国家发展改革委等部门	《关于促进分享经济发展的指导性意见》	发改高技〔2017〕1245号	充分利用云计算、物联网、大数据等技术，创新网络业务监管手段。充分利用互联网信用数据，对现有征信体系进行补充完善
2017.06	中国人民银行	《中国金融业信息技术"十三五"发展规划》	银发〔2017〕140号⑨	完善金融信息基础设施；健全网络安全防护体系；推动新技术应用，促进金融创新发展；深化金融标准化战略，支持金融业健康发展；优化金融信息技术治理体系
2017.05.27	中国银监会（已撤销）等部门	《关于进一步加强校园贷规范管理工作的通知》	银监发〔2017〕26号	未经银行业监督管理部门批准设立的机构不得进入校园为大学生提供信贷服务。一律暂停网贷机构开展在校大学生网贷业务
2017.04.07	中国银监会（已撤销）	《中国银监会关于银行业风险防控工作的指导意见》	银监发〔2017〕6号	稳妥推进互联网金融风险治理⑩，促进合规稳健发展。持续推进P2P风险专项整治，重点做好校园网贷的清理整顿工作，做好"现金贷"业务活动的清理整顿工作
2017.02.22	中国银监会（已撤销）办公厅	《网络借贷资金存管业务指引》	银监办发〔2017〕21号	明确委托人和存管人开展网贷资金存管业务应具备的条件，网贷资金存管业务各方的职责义务，以及网贷资金存管业务的具体操作规则

续表

发布时间	发布部门	文件名称	文号/详情	亮点
实施时间				
2017.01.24	工业和信息化部	《关于进一步推进中小企业信息化的指导意见》	工信部企业〔2016〕445号	规定了八项重点任务,包括探索互联网金融缓解中小企业融资难等
2016.10.28	中国银监会(已撤销)办公厅等部门	《网络借贷信息中介机构备案登记管理指引》	银监办发〔2016〕160号	规定新设立的网络借贷信息中介机构备案登记的要求。网络借贷信息中介机构设立的分支机构无须办理备案登记
2016.08.17	中国银监会(已撤销)等部门	《网络借贷信息中介机构业务活动管理暂行办法》	中国银行业监督管理委员会、工业和信息化部、公安部、国家互联网信息办公室令2016年第1号	一是界定了网贷内涵⑪。二是确立了网贷监管体制。三是明确了网贷业务规则。四是对业务管理和风险控制提出了具体要求。五是注重加强消费者权益保护。六是强化信息披露监管
2016.04.14	中国人民银行等多部门	《通过互联网开展资产管理及跨界从事金融业务风险专项整治工作实施方案》	银发〔2016〕113号	整治重点分为三类⑫。明确了信息排查、职责界定、清理整顿、验收总结工作程序及时间进度
2016.04.14	证监会、中央宣传部、中央维稳办等	《股权众筹风险专项整治工作实施方案》	证监发〔2016〕29号	对八个方面重点整治,按照分类处置的工作要求,对于整治中发现的问题分类进行规范和查处

续表

发布时间 实施时间	发布部门	文件名称	文号/详情	亮点
2016.04.13	中国银监员会（已撤销）等十五部门	《P2P网络借贷风险专项整治工作实施方案》	银监发〔2016〕11号	明确了网贷风险专项整治工作的目标原则，确定了网贷风险专项整治工作的范围和重点等
2016.04.13	中国人民银行等部门	《非银行支付机构风险专项整治工作实施方案》	银发〔2016〕112号	整治重点：一是开展支付机构客户备付金风险和跨机构清算业务整治。二是开展无证经营支付业务整治
2016.02.22	中国银监会（已撤销）办公厅	《关于防范化解金融风险严守风险底线工作的意见》	银监办发〔2016〕27号	把严守风险底线放在更加突出的位置，切实有效地做好风险防范和化解工作，逐步有序缓释存量风险，严格控制增量风险，促进银行体系安全稳健运行
2015.07.14	中国人民银行等十部门	《关于促进互联网金融健康发展的指导意见》	银发〔2015〕221号	规定了互联网金融各业态基本业务规则。分类指导，明确互联网金融监管责任，健全制度，规范互联网金融市场秩序

表3 2015—2018 年中国互联网金融风险防范与处置地方法规速览

发布时间 / 实施时间	发布部门	文件名称	文号/条款详情 快速定位	亮点
2018.12.14 / 2019.01.01	天津市人大（含常委会）	《天津市促进大数据发展应用条例》	天津市人大常委会公告第18号	对政务数据和社会数据分别进行了规定，政务数据以在政务部门之间共享为原则、不共享为例外，社会数据：鼓励有关组织企业收集存储数据
2018.10.23	广州市金融工作局	《广州市关于促进金融科技创新发展的实施意见》	穗金融〔2018〕22号	将金融科技全面应用于支付清算、信贷融资、证券投资、保险理赔、财富管理、风险管理、应收账款融资等各金融领域
2018.10.22	北京市金融工作局等	《北京市促进金融科技发展规划（2018—2022年)》	阐述了本规划发布背景及总体思路	推动金融科技底层技术创新和应用；加快培育金融科技产业链；拓展金融科技应用场景。以"一区一核、多点支撑"为抓手进行空间布局
2018.09.17	上海市经济和信息化委员会等五部门	《关于加快推进上海人工智能高质量发展的实施办法》	沪经信技〔2018〕569号	围绕加快人工智能人才队伍建设、深化数据资源开放和应用、深化人工智能产业协同创新等方面提出了22条具体举措
2018.09.04	北京市突发事件应急委员会	《北京市金融突发事件应急预案》	明确各部门职责分工，建立金融突发事件应急工作体系	包括总则、组织指挥体系与职责、监测与预警、金融突发事件的等级、金融突发事件应急处置程序、后期处置、应急保障等

续表

发布时间 实施时间	发布部门	文件名称	文号/条款详情 快速定位	亮点
2018.08.24	北京市互联网金融风险专项整治工作领导小组	《关于启动在京注册 P2P 网络借贷机构自查工作的通知》	规定自查主体、标准、时间、业务范围等	自通知发布之日起启动 P2P 网络借贷机构自查工作。自查报告原则上应于 2018 年 9 月 30 日前提交，最迟不得晚于 2018 年 10 月 15 日
2018.06.26	广州市金融工作局	《关于印发实施网络借贷信息中介机构现场检查细则的通知》	穗金融规〔2018〕6 号	全国首份关于网贷中介机构现场检查的管理办法。规定了检查主体，检查对象，准入资格情况、内控情况、业务开展情况、信息披露的检查内容
2018.06.11	娄底市人民政府办公室	《娄底市互联网金融风险专项整治工作实施方案》	娄政办发〔2018〕12 号	用好技术手段，利用互联网思维做好互联网金融监管工作，研究建立互联网金融监管技术支持系统
2018.04.04	中国银监会上海监管局	《关于规范在沪银行业金融机构与第三方机构合作贷款业务的通知》	沪银监通〔2018〕19 号	规定各银行业金融机构不得为 P2P 网络借贷机构以及撮合业务提供放贷资金
2018.02.01	广东省互联网金融风险专项整治工作领导小组	《关于进一步做好全省网络借贷信息中介机构整改验收有关事项的通知》	督促做好自查整改及整改验收准备工作	发布自查指引表、整改验收自评报告编写说明等系列文件细则

发布时间 实施时间	发布部门	文件名称	文号/条款详情 快速定位	亮点
2017.06.07	贵阳市人民政府办公厅	《关于印发关于支持区块链发展和应用的若干政策措施（试行）的通知》	筑府办发〔2017〕12号	鼓励创新型区块链企业发展，加大对区块链重大创新及成果转化项目的支持力度，加强区块链创新创业人才的引进培养，鼓励和支持区块链场景应用孵化器建设等
2017.01.06	重庆市人民政府	《关于培育和发展分享经济的意见》	渝府办发〔2017〕5号	规定了大力推进生产能力分享，加快推动创新资源分享等三个重点领域，以及创新技术支撑手段，完善投融资体系等保障措施
2016.05.11 2016.06.15	北京市工商局等十一部门	《关于在防范和处置非法集资活动中加强金融投资理财类广告监管有关工作的实施意见》	京工商发〔2016〕28号	有关部门之间将进一步强化沟通协调，形成监管执法合力。其中，工商、金融办、人行、银监、证监、保监、新闻出版广电等行业主管部门，将根据各自职责范围开展广告监管，加大对违法广告的查处力度

表4 2015—2018年中国互联网金融风险防范与处置司法解释速览

发布时间 实施时间	发布部门	文件名称	文号/条款详情 快速定位	亮点
2018.08.07 2018.08.10	最高人民法院	《最高人民法院关于上海金融法院案件管辖的规定》	法释〔2018〕14号	明确上海金融法院案件管辖的具体范围。非银行支付机构网络支付、网络借贷、互联网股权众筹等新型金融民商事纠纷被纳入管辖
2017.08.04	最高人民法院	《关于进一步加强金融审判工作的若干意见》	法发〔2017〕22号	依法审理互联网金融纠纷案件,规范发展互联网金融。加强新类型金融案件的研究和应对,统一裁判尺度⑬
2018.03.12	最高人民法院等	《关于进一步推进网络执行查控工作的通知》	法〔2018〕64号	银行存款将可实行网络冻结、扣划;金融理财产品可网络冻结
2017.06.01	最高人民检察院	《关于办理涉互联网金融犯罪案件有关问题座谈会纪要》	高检诉〔2017〕14号	强调互联网金融的本质还是金融。规定了办理涉互联网金融犯罪案件的基本要求
2015.08.06 2015.09.01	最高人民法院	《关于审理民间借贷案件适用法律若干问题的规定》	法释〔2015〕18号	对P2P网络贷款平台提供者是否承担担保责任分情况进行界定

表5　2015—2018 年中国互联网金融风险防范与处置行业规定、标准及
自律公约速览

发布时间 实施时间	发布部门	文件名称	文号/条款详情 快速定位	亮点
2018.12.04	北京市互联网金融行业协会	《关于防范以STO名义实施违法犯罪活动的风险提示》	所有金融业务都要纳入监管	STO 涉嫌非法金融活动，应严格遵守国家法律和监管规定，立即停止关于 STO 的各类宣传培训、项目推介、融资交易等活动。涉嫌违法违规的机构和个人将会受到驱离、关闭网站平台及移动 APP、吊销营业执照等严厉惩处
2018.08.30	北京市互联网金融行业协会	《关于防范以"虚拟货币""区块链""ICO"及其变种名义进行非法集资的风险提示》	互金协发〔2018〕31 号	提示各互联网金融企业共同主动抵制和防范以"虚拟货币""区块链""ICO"及其变种名义进行非法集资行为和活动
2018.07.23	北京市互联网金融行业协会	《北京市网络借贷信息中介机构业务退出规程》	互金协发〔2018〕20 号	对于主动终止网贷业务、退出网贷行业的平台提出了明确要求，涉及业务退出的程序、退出备案与资料报送、消费者保护、业务处置等方面内容
2018.06.14	中国互联网金融协会	《互联网金融从业机构营销和宣传活动自律公约（试行)》	互联网金融从业机构营销和宣传活动	从业机构不得在营销、宣传活动中利用监管部门的许可或者备案等事实进行增信，误导互联网金融消费者
2018.03.29	中国互联网金融协会	《互联网金融逾期债务催收自律公约（试行)》	规范互联网金融逾期债务催收行为	对失信惩戒、业务管理、人员管理、信息管理、外包管理、投诉处理等方面做了具体规定，明确了债务催收行为的正负面清单等

续表

发布时间 实施时间	发布部门	文件名称	文号/条款详情 快速定位	亮点
2018.02.06	北京市互联网金融行业协会	《关于"虚拟货币"、ICO、"虚拟数字资产"交易、"现金贷"相关风险的提示》	认清"虚拟货币"、ICO、"虚拟数字资产"交易、"现金贷"以及相关业务的本质	不得参与跨境非法集资、跨境洗钱、跨境金融诈骗、跨境传销、非法交易、侵犯个人隐私、操纵市场、非法发行证券以及非法发售代币票券等犯罪行为
2017.12	中国互联网金融协会	《互联网金融个体网络借贷合同要素》（T/NIFA 5—2017）团体标准	T/NIFA 5—2017	定义并规范了27项借贷合同必备要素，包括合同信息、项目信息和合同条款三个方面
2017.11.24	中国互联网金融协会	《关于网络小额现金贷款业务的风险提示》	提醒相关机构应合规发展、审慎经营	不具备放贷资质的应立即停止非法放贷行为，具备合法放贷资质的应主动加强自律，合理定价，确保息费定价符合国家相关法律法规要求
2017.10.11	中国互联网金融协会	《互联网金融信息披露 互联网消费金融》（T/NIFA 2—2017）团体标准	T/NIFA 2—2017	定义并规范了27项披露指标，其中强制性披露指标23项，鼓励性披露指标4项，分为从业机构信息和业务信息两个方面
2017.10.11	中国互联网金融协会	《互联网金融信息披露 个体网络借贷》（T/NIFA 1—2017）团体标准	T/NIFA 1—2017	信息披露项为126项，较原标准增加了30项，其中，强制性披露项由原来的65项增加至109项，鼓励性披露项由原来的31项减少至17项

297

续表

发布时间 实施时间	发布部门	文件名称	文号/条款详情 快速定位	亮点
2017.06	上海市互联网金融行业协会	《上海市网络借贷电子合同存证业务指引》	对委托人和存证人的适用范围、委托人和存证人的职责等进行界定	全国首个针对网络借贷电子合同存证业务的指引性文件。对电子合同及网络借贷电子合同存证业务等进行界定
2017.04	上海市互联网金融行业协会	《互联网金融从业机构区块链技术应用自律规则》	互联网金融从业机构区块链技术应用应当遵守的规定	国内首个互联网金融行业的区块链自律规则，共12条，涉及互联网金融从业机构信息报备、客户信息识别、安全防范、隐私保护、人才培养等
2017.03.22	广州互联网金融协会	《关于加强消费分期类业务规范及风险防控的通知》	穗互金协函〔2017〕9号	要求各网贷会员单位建立完善的风控长效机制，提高风控能力，有选择性地进入消费分期类业务
2016.07.21	中国互联网金融协会	《中国互联网金融协会自律惩戒管理办法》	规范对会员违规行为的惩戒，提高监管的弹性和有效性	惩戒对象既包括单位，也包括个人。协会对会员违规行为实施惩戒的种类有七种
2016.10.28	中国互联网金融协会	《中国互联网金融协会关于印发互联网金融信息披露标准和配套自律制度的通知》	互金发〔2016〕6号	《互联网金融信息披露个体网络借贷》标准（T/NIFA 1 - 2016）定义规范了96项披露指标。《中国互联网金融协会信息披露自律管理规范》对违规的信息披露行为实施自律惩戒

1.《互联网金融风险专项整治工作实施方案》

国务院办公厅

国办发〔2016〕21号

国务院办公厅关于印发互联网金融风险专项整治工作实施方案的通知

各省、自治区、直辖市人民政府，国务院各部委、各直属机构：

《互联网金融风险专项整治工作实施方案》已经国务院同意，现印发给你们，请认真贯彻执行。

国务院办公厅

2016年4月12日

互联网金融风险专项整治工作实施方案

规范发展互联网金融是国家加快实施创新驱动发展战略、促进经济结构转型升级的重要举措，对于提高我国金融服务的普惠性，促进大众创业、万众创新具有重要意义。经党中央、国务院同意，2015年7月人民银行等十部门联合印发了《关于促进互联网金融健康发展的指导意见》（以下简称《指导意见》）有关部门及时出手，打击处置一批违法经营金额大、涉及面广、社会危害大的互联网金融风险案件，社会反映良好。为贯彻落实党中央、国务院决策部署，鼓励和保护真正有价值的互联网金融创新，惩处违法违规行为，切实防范风险，建立监管长效机制，促进互联网金融规范有序发展，制定本方案。

一、工作目标和原则

（一）工作目标。

落实《指导意见》要求，规范各类互联网金融业态，优化市场竞争环境，扭转互联网金融某些业态偏离正确创新方向的局面，遏制互联网金融风险案件高发频发势头，提高投资者风险防范意识，建立和完善适应互联网金融发展特点的监管长效机制，实现规范与发展并举、创新与防范风险并重，促进互联网金融健康可持续发展，切实发挥互联网金融支持大众创业、万众创新的积极作用。

（二）工作原则。

打击非法，保护合法。明确各项业务合法与非法、合规与违规的边界，守好法律和风险底线。对合法合规行为予以保护支持，对违法违规行为予以坚决打击。

落实《指导意见》要求，规范各类互联网金融业态，优化市场竞争环境，扭转互联网金融某些业态偏离正确创新方向的局面，遏制互联网金融风险案件高发频发势头，提高投资者风险防范意识，建立和完善适应互联网金融发展特点的监管长效机制，实现规范与发展并举、创新与防范风险并重，促进互联网金融健康可持续发展，切实发挥互联网金融支持大众创业、万众创新的积极作用。

明确分工，强化协作。按照部门职责、《指导意见》明确的分工和本方案要求，采取"穿透式"监管方法，根据业务实质明确责任。

二、重点整治问题和工作要求

（一）P2P网络借贷和股权众筹业务

（二）通过互联网开展资产管理及跨界从事金融业务

（三）第三方支付业务

（四）互联网金融领域广告等行为

三、综合运用各类整治措施，提高整治效果

（六）用好技术手段。利用互联网思维做好互联网金融监管工作。研究建立互联网金融监管技术支持系统，通过网上巡查、网站对接、数据分析等技术手段，摸底互联网金融总体情况，采集和报送相关舆情信息，及时向相关单位预警可能出现的群体性事件，及时发现互联网金融异常事件和可疑网站，提供互联网金融平台安全防护服务。

2.《中国证监会监管科技总体建设方案》

监管科技1.0的工作内容主要是通过采购或研制成熟高效的软硬件工具或设施，满足会内部门和派出机构基本办公和特定工作的信息化需求，提升监管工作的数字化、电子化、自动化、标准化程度。

监管科技2.0的工作内容主要是通过不断丰富、完善中央监管信息平台功能，优化业务系统建设，实现跨部门监管业务的全流程在线运转，为大数据、云计算、人工智能等技术在监管科技3.0阶段的应用打下良好的基础。

监管科技3.0的工作核心是建设一个运转高效的监管大数据平台，综合运用电子预警、统计分析、数据挖掘等数据分析技术，围绕资本市场的主要生产和业务活动，进行实时监控和历史分析调查，辅助监管人员对市场主体进行全景式分析，实时对市场总体情况进行监控监测，及时发现涉嫌内幕交易、市场操纵等违法违规行为，履行监管职责，维护市场交易秩序。

3.《关于切实加强和改进保险服务的通知》

三、大力加强互联网保险业务管理。各保险公司、各保险中介机构要加强互联网保险业务管理，规范服务行为，提高服务质量。宣传销售页面要用简单、准确的语言描述产品的主要功能和特点，突出说明容易引发歧义或消费者容易忽视的内容，禁止使用误导性的词语。互联网保险销售要充分考虑售后服务配套能力，保证互联网保险消费者享有不低于其他业务渠道的保险服务。不得违规捆绑销售，不得使用强制勾选、默认勾选等方式销售保险。明示线上客户服务、投诉电话等消费维权途径，建立与消费者的线上线下沟通协商机制，确保双方信息沟通顺畅。严格防控消费者信息泄露风险，保障消费者隐私权、信息安全权。加强对所委托第三方网络平台的管控，对违反保险监管规定且不改正的第三方网络平台，终止与其合作。

4.《关于进一步规范货币市场基金互联网销售、赎回相关服务的指导意见》

一、基金管理人、基金销售机构独立或者与互联网机构等合作开展货币市场基金互联网销售业务时，除遵守《货币市场基金监督管理办法》第二十二条等相关规定外，还应当遵守以下规定：

（一）强化持牌经营理念，严禁非持牌机构开展基金销售活动，严禁非持牌机构留存投资者基金销售信息。

（二）强化基金销售活动的公平竞争要求，严禁实施歧视性、排他性、绑定性销售安排。

（三）强化基金销售结算资金的闭环运作与同卡进出要求，严禁任何机构或个人挪用基金销售结算资金。

（四）严禁基金份额违规转让，严禁用货币市场基金份额直接进行支付。

5.《关于规范金融机构资产管理业务的指导意见》

二十三、运用人工智能技术开展投资顾问业务应当取得投资顾问资质，非金融机构不得借助智能投资顾问超范围经营或者变相开展资产管理业务。

金融机构运用人工智能技术开展资产管理业务应当严格遵守本意见有关投资者适当性、投资范围、信息披露、风险隔离等一般性规定，不得借助人工智能业务夸大宣传资产管理产品或者误导投资者。金融机构应当向金融监督管理部门报备人工智能模型的主要参数以及资产配置的主要逻辑，为投资者单独设立智能管理账户，充分提示人工智能算法的固有缺陷和使用风险，明晰交易流程，强化留痕管理，严格监控智能管理账户的交易头寸、风险限额、交易种类、价格权限等。金融机构因违法违规或者管理不当造成投资者损失的，应当依法承担损害赔偿责任。

金融机构应当根据不同产品投资策略研发对应的人工智能算法或者程序化交易，避免算法同质化加剧投资行为的顺周期性，并针对由此可能引发的市场波动风险制定应对预案。因算法同质化、编程设计错误、对数据利用深度不够等人工智能算法模型缺陷或者系统异常，导致羊群效应、影响金融市场稳定运行的，金融机构应当及时采取人工干预措施，强制调整或者终止人工智能业务。

6.《关于加大通过互联网开展资产管理业务整治力度及开展验收工作的通知》

互联网金融风险专项整治
工作领导小组办公室文件

整治办函〔2018〕29 号

关于加大通过互联网开展资产管理业务
整治力度及开展验收工作的通知

各省(自治区、直辖市)、深圳市互联网金融风险专项整治工作领导小组办公室;人民银行上海总部,各分行、营业管理部、省会(首府)城市中心支行、深圳中心支行:

为做好通过互联网开展资产管理业务领域清理整顿工作,我办先后下发《关于做好通过互联网开展资产管理及跨界从事金融业务风险专项整治清理整顿工作的通知》(整治办函〔2016〕96号)、《关于进一步做好互联网金融风险专项整治清理整顿工作的通知》(银发〔2017〕119号)、《关于对互联网平台与各类交易场所合作从事违法违规业务开展清理整顿的通知》(整治办函〔2017〕64号)等文件,明确了合法合规标准和清理整顿要求。各省领导小组办公室(以下简称各省整治办)认真落实各项要求,

一、验收标准

1. 通过互联网开展资产管理业务的本质是开展资产管理业务。资产管理业务作为金融业务,属于特许经营行业,须纳入金融监管。非金融机构不得发行、销售资产管理产品,国家另有规定的除外。

依托互联网公开发行、销售资产管理产品,须取得中央金融管理部门颁发的资产管理业务牌照或资产管理产品代销牌照。未经许可,不得依托互联网公开发行、销售资产管理产品。

2. 未经许可,依托互联网以发行销售各类资产管理产品(包括但不限于"定向委托计划""定向融资计划""理财计划""资产管理计划""收益权转让")等方式公开募集资金的行为,应当明确为非法金融活动,具体可能构成非法集资、非法吸收公众存款、非法发行证券等。

三、分类处置

4. 对于网贷机构将互联网资产管理业务剥离、分立为不同实体的,应当将分立后的实体视为原网贷机构的组成部分,一并进行验收,承接互联网资产管理业务的实体未将存量业务压缩至零前,不得对相关网贷机构予以备案登记。各地应加强拟备案网贷机构的股东资质审核,对于存量违法违规业务未化解完成的互联网资产管理机构,不得对其实际控制人或股东投资设立的网贷机构予以备案登记。

7.《关于做好P2P网络借贷风险专项整治整改验收工作的通知》

（三）明确时间节点，严格政策界限

各省（区、市、计划单列市）对于辖内机构的具体整改验收，应当明确不同的时间节点，分类加以规制，具体包括：一是根据互联网金融风险专项整治领导小组有关要求，对于在《办法》发布之日（2016年8月24日）后新设立的网贷机构或新从事网络借贷业务的网贷机构，在本次网贷风险专项整治期间，原则上不予备案登记；二是对于自始未纳入本次网贷专项整治的各类机构，在整改验收期间提出备案登记申请的，各地整治办不得对此类机构进行整改验收及备案登记；三是对于《办法》规定的十三项禁止性行为及单一借款人借款上限规定，网贷机构应当自2016年8月24日后不再违反，相应存量业务没有化解完成的网贷机构不得进行备案登记；四是对于开展过涉及房地产首付贷、校园贷以及现金贷等业务的网贷机构，

P2P网络借贷风险专项整治工作领导小组办公室

网贷整治办函〔2017〕57号

关于做好P2P网络借贷风险专项整治整改验收工作的通知

各省（区、市、计划单列市）网络借贷风险专项整治联合工作办公室：

为扎实推进P2P网络借贷（以下简称"网贷"）风险专项整治工作，在分类处置工作基础上，进一步加强各省（区、市、计划单列市）辖内网贷机构的整改验收工作，根据《网络借贷信息中介机构业务活动管理暂行办法》（2016年第1号主席令，以下简称《办法》）、《关于印发〈P2P网络借贷风险专项整治工作实施方案〉的通知》（银监发〔2016〕11号）和相关工作部署精神，现将网贷风险专项整治整改验收工作有关要求及安排通知如下：

一、充分认识整改验收的重要意义

整改验收是本次网贷风险专项整治工作的关键核心环

应当按照《关于进一步加强校园贷规范管理工作的通知》（银监发〔2017〕26号）、《关于对"现金贷"业务进行规范整顿通知》（整治办函〔2017〕141号）的要求，暂停新增业务，对存量业务逐步压缩，制定退出时间表，对于相关监管要求下发后继续违规发放以上三类业务的机构不予备案；五是辖内各网贷机构应当与通过网贷专项整治领导小组办公室组织开展的网贷资金存管业务测评的，银行业金融机构开展资金存管业务合作；六是对于在规定时间内没有通过本次整改验收，无法完成备案登记但依然实质从事网贷业务的机构，各省（区、市、计划单列市）应当协调相应职能部门

予以处置，包括注销其电信经营许可、封禁网站，要求金融机构不得向其提供各类金融服务等。

8.《关于规范整顿"现金贷"业务的通知》

互联网金融风险专项整治工作领导小组办公室

P2P网络借贷风险专项整治工作领导小组办公室

整治办函〔2017〕141号

―――――――――――――

关于规范整顿"现金贷"业务的通知

各省（自治区、直辖市）互联网金融风险专项整治工作领导小组办公室、网络借贷风险专项整治联合工作办公室：

近期，具有无场景依托、无指定用途、无客户群体限定、无抵押等特征的"现金贷"业务快速发展，在满足部分群体正常消费信贷需求方面发挥了一定作用，但过度借贷、重复授信、不当催收、畸高利率、侵犯个人隐私等问题十分突出，存在着较大的金融风险和社会风险隐患。

为贯彻落实全国金融工作会议精神，依据《中华人民共和国银行业监督管理法》《中华人民共和国商业银行法》《非法金融机构和非法金融业务活动取缔办法》《关于小额贷款

二、统筹监管，开展对网络小额贷款清理整顿工作

（一）小额贷款公司监管部门暂停新批设网络（互联网）小额贷款公司；暂停新增批小额贷款公司跨省（区、市）开展小额贷款业务。已经批准筹建的，暂停批准开业。小额贷款公司的批设部门应符合国务院有关文件规定。对于不符合相关规定的已批设机构，要重新核查业务资质。

（二）严格规范网络小额贷款业务管理。暂停发放无特定场景依托、无指定用途的网络小额贷款，逐步压缩存量业务，限期完成整改。应采取有效措施防范借款人"以贷养贷""多头借贷"等行为。禁止发放"校园贷"和"首付贷"。禁止发放贷款用于股票、期货等投机经营。地方金融监管部门应建立持续有效的监管安排，中央金融监管部门将加强督导。

9.《中国金融业信息技术"十三五"发展规划》

第四章 "十三五"发展重点任务

一、完善金融信息基础设施，夯实金融服务基石

专栏五：加快互联网金融统计与监管信息基础设施建设

三、推动新技术应用，促进金融创新发展

加强金融科技（FinTech）和监管科技（RegTech）研究与应用。建立金融科技创新管理机制，明确创新管理准则、目标和流程，制定创新验证与风险评估规程，引导金融科技创新正确应用。研发基于云计算、应用程

序编程接口（API）、分布式账本技术（DLT）、密码技术等的金融监管平台和工具，应用数字化监管协议与合规性评估手段，提升金融监管效能，降低从业机构合规成本。探索基于大数据、人工智能等技术的穿透式监管方法，加强跨行业、跨市场交叉性金融产品的监管，提升金融风险甄别、防范与化解能力。健全与监管科技发展相匹配的金融监管体系。

稳步推进系统架构和云计算技术应用研究。

深入开展大数据技术应用创新。引导金融机构大数据技术和应用创新，探索金融与政府、医疗、教育、财税等领域的数据共享模式，提升金融公共服务能力。探索并制定包含银行、证券、保险、信托、租赁、基金、电商、互联网金融等行业在内的数据共享和交易模式。建立数据共享激励机制，促进数据互联共享。鼓励和引导金融机构结合自身实际，开展大数据应用创新，助力自身业务发展和管理模式创新。

规范与普及互联网金融相关技术应用。

积极推进区块链、人工智能等新技术应用研究。加强区块链基础技术研究，开展区块链技术在金融领域的应用研究。持续跟踪量子通信技术发展，适时开展量子通信在金融业的应用。探索借助人工智能技术，推动客户服务、经营管理、金融监管模式创新，推进机器人安全值守应用。持续跟进金融科技发展趋势，适时开展新技术在金融业的试点应用，促进业务创新。

10. 《中国银监会关于银行业风险防控工作的指导意见》

八、稳妥推进互联网金融风险治理，促进合规稳健发展

（二十七）持续推进网络借贷平台（P2P）风险专项整治。严格执行《网络借贷信息中介机构业务活动管理暂行办法》和备案登记、资金存管等配套制度，按照专项整治工作实施方案要求，稳妥推进分类处置工作，督促网络借贷信息中介机构加强整改，适时采取关、停、并、转等措施。

（二十八）重点做好校园网贷的清理整顿工作。网络借贷信息中介机构不得将不具备还款能力的借款人纳入营销范围，禁止向未满18周岁的在校大学生提供网贷服务，不得进行虚假欺诈宣传和销售，不得通过各种方式变相发放高利贷。

（二十九）做好"现金贷"业务活动的清理整顿工作。网络借贷信息中介机构应依法合规开展业务，确保出借人资金来源合法，禁止欺诈、虚假宣传。严格执行最高人民法院关于民间借贷利率的有关规定，不得违法高利放贷及暴力催收。

11.《网络借贷信息中介机构业务活动管理暂行办法》第二条第二款

12.《通过互联网开展资产管理及跨界从事金融业务风险专项整治工作实施方案》

二、整治重点

（一）具有资产管理相关业务资质，但开展业务不规范的各类互联网企业。重点查处以下问题：一是将线下私募发行的金融产品通过线上向非特定公众销售，或者向特定对象销售但突破法定人数限制。二是通过多类资产管理产品嵌套开展资产管理业务，规避监管要求。三是未严格执行投资者适当性标准，向不具有风险识别能力的投资者推介产品，或未充分采取技术手段识别客户身份。四是开展虚假宣传和误导式宣传，未揭示投资风险或揭示不充分。五是未采取资金托管等方式保障投资者资金安全，侵占、挪用投资者资金。

（二）跨界开展资产管理等金融业务的各类互联网企业。重点查处以下问题：一是持牌金融机构委托无代销业务资质的互联网企业代销金融产品。二是未取得资产管理业务资质，通过互联网企业开办资产管理业务。三是未取得相关金融业务资质，跨界互联网金融活动（不含P2P网络借贷、股权众筹、互联网保险、第三方支付、资产管理业务）。

（三）具有多项金融业务资质，综合经营特征明显的互联网企业。重点查处各业务板块之间未建立防火墙制度，未遵循禁止关联交易和利益输送等方面的监管规定，账户管理混乱，客户资金保障措施不到位等问题。

13.《关于进一步加强金融审判工作的若干意见》

二、以服务实体经济作为出发点和落脚点，引导和规范金融交易

7. 依法审理互联网金融纠纷案件，规范发展互联网金融。依法认定互联网金融所涉具体法律关系，据此确定各方当事人的权利义务。准确界定网络借贷信息中介机构与网络借贷合同当事人之间的居间合同关系。网络

借贷信息中介机构与出借人以居间费用形式规避民间借贷利率司法保护上限规定的，应当认定无效。依法严厉打击涉互联网金融或者以互联网金融名义进行的违法犯罪行为，规范和保障互联网金融健康发展。

8. 加强新类型金融案件的研究和应对，统一裁判尺度。高度关注涉及私募股权投资、委托理财、资产管理等新类型金融交易的案件，严格按照合同法、公司法、合伙企业法、信托法等法律规范，确定各方当事人的权利义务。发布指导性案例，通过类案指导，统一裁判尺度。

附录三　基于风险防控的金融科技与监管科技创新大事记

（素材来源：有关部门官网发布、主流媒体公开报道）

评选维度：

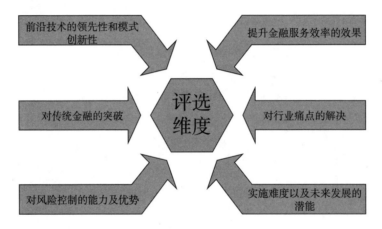

评选说明：

1. 前沿技术的领先性和模式创新性

金融科技的本质是金融与科技深度融合、创新的活动。"创新"是当下金融科技最热门的关键词之一。我们关注到，领先信息技术引领金融科技创新的观念已经深入人心，中国金融科技领域的各类企业正在不断积极探索，通过突破式创新推动金融行业的变革。本次评选上榜的大事记，大多是基于区块链、大数据、云计算、人工智能等科技技术的创新应用，为未来行业发展带来全新动力。中国在金融科技领域已经走在世界前列，未来创新空间巨大，随着创新技术的日趋成熟，必将给金融行业带来"突破性变革"。

2. 对传统金融的突破

近年来，随着新兴金融科技的蓬勃发展，传统金融机构开始积极探索金融科技转型之路。当下，各大国有银行陆续牵手互联网龙头企业 BATJ，进军金融科技领域。另外，也有不少金融科技公司陆续开始和地方金融监管局合作，助力推动监管科技的发展。这些现象都表明，诸多金融科技企业正与传统金融机构开展金融基因与科技基因的有机结合。本次评选上榜的大事记包括：中信和百度联手促成首家独立法人直销银行——百信银行的设立、北京市金融工作局联合金信网银特别开发"冒烟指数"和监测预警平台等，都是传统金融机构积极拥抱金融科技转型的关键体现。

3. 对风险控制的能力及优势

在金融科技普遍应用的今天，利用金融科技提升风险管理能力已经成为智慧时代进行风险管理的最大变革与创新。随着外部数据获取途径的增加，金融科技中以大数据、云计算、人工智能和区块链等为代表的领先信息科技的应用给金融机构的风险管理能力带来极大提升，能够帮助金融机构在交易前更好地甄别和计量风险，极大地降低交易的成本。

4. 对行业痛点的解决

互联网金融快速发展的今天，传统金融行业面临着诸多发展中的痛点，如金融服务中欺诈现象增多、金融资源对接实体经济不足等。利用云计算、物联网、大数据、区块链和人工智能等创新科技可以为金融业的发展提供突破性的技术方案，助力解决传统金融行业中的痛点。在本次上榜的大事记中，我们可以看到一系列以技术为引领的创新场景，例如，利用大数据技术打造的监测预警金融风险平台，实现了对金融风险的事前监测，助力防范金融风险；创新运用区块链技术的网络借贷监管系统，可对P2P网贷平台和投资者同时开展监测，兼顾平台的合规风险、组织管理风险以及用户的信用风险、道德风险。伴随着中国经济的发展，在大数据技术的支持下将引领和呼唤更加优质高效的金融服务。

5. 提升金融服务效率的效果

金融科技和监管科技在提升传统金融监管效率和降低成本方面有极大的优势。本次评选过程中，可以看到已经有不少金融科技企业作出了成功示范，转型为金融科技与监管科技服务集团。例如，金融科技企业和地方政府合作，运用大数据、人工智能、区块链等技术，创造"互联网大数据＋网格化系统数据"模式的监测防控系统，整合互联网海量信息对各类金融风险进行线上实时监测，实现风险监测、风险预警、风险处置等方面的先进功能，用科技解决传统金融的痛点，为传统金融提供高效的金融服务解决方案。

6. 实施难度以及未来发展的潜能

金融科技天生拥有创新基因，但插上科技翅膀的金融，便具有更强、更广和更快的易破坏性。只有在合理的引导和规范下，金融科技与监管科技的发展才有更好的前景，非规范引领的金融科技创新有可能会剑走偏锋。当前，金融科技创新在大数据运用、信息安全、金融消费者权益保护等方面都存在着一定的风险隐患，给现行监管带来了挑战。中国正在加快金融监管机构、法律法规等的建设，监管体系也正在构建促进创新探索的有效机制。中国人民银行已经成立金融科技（FinTech）委员会，旨在加强金融科技工作的研究规划和统筹协调。从总体上看，国家监管者对金融科技发展持开放态度，但同时对于金融科技风险的重视程度也在逐年增强。参与金融科技发展的各方应当及时跟进监管动态，与监管者保持良性互动，共同推动新创领域的立法立规，支持金融科技行业的创新发展。

一、科技创新防范化解金融风险

2018 年

2018 年 2 月 5 日，国内"保险智能风控实验室"正式成立，充分发挥大数据、人工智能、云计算等技术优势，为保险业欺诈风险的分析和预警监测提供支持，利用 AI 手段解决国内保险风控的痛点，进一步提升我国保险风险防控研究水平。

2018 年 4 月，上海金融监管局成立"新兴金融业态监测分析平台"，可以实现行业监测，推动各类信息平台和信用主体加强信息互动共享，助力防范金融风险，形成地方监管的全覆盖。

2018 年 4 月 24 日，梆梆安全发布国内首款"智能终端安全威胁系统"，使终端设备安全威胁可视、可管、可控。万物互联已成为技术发展和产业应用必然趋势，智能终端安全威胁系统有助于解决物联网终端信息面临的数据、攻防等安全问题。

2018 年 5 月 31 日，由北京市金融工作局（现北京市地方金融监督管理局）、中央财经大学和加拿大蒙特利尔银行联合筹建的全国首家专司金融风险管理研究的机构——北京金融风险管理研究院，在中央财经大学挂牌，该研究院将致力于金融风险管理创新以及金融风险理论研究、金融风险管理对策探索，为北京、全国乃至世界金融风险的管控和化解提供建议和智慧，深化防范金融风险攻坚战。

2018 年 8 月 21 日，上海金融法院正式揭牌成立。设立上海金融法院，目的在于完善金融审判体系，营造良好金融法治环境。上海金融法院将对金融案件进行集中管辖，迅速有效地化解金融纠纷，制裁金融违法犯罪行为，保护金融消费者合法权益。这是我国在司法审判领域中为防范化解金融风险作出的重大举措。同时，完善上海法院金融审判"大数据"系统，将有助于实现金融审判的智能化和自动化，为区域性、行业性、系统性金融风险的防范预警和重大决策提供相关信息支持。

2018 年 8 月 25 日，首家金融风险监测防控中心落地广州，率先实现监管业态全覆盖。广州金融风险监测防控中心是全国地方政府中第一家金融风险监测防控中心。广州金融风险监测防控中心利用区块链、人工智能等技术手段，对风险事件及时研判，防患于未然，可以更好地发挥平台的风险监测防控作用，提升金融风险监测防控信息化水平。

2018 年 8 月，玖富普惠入选最高人民法院中国司法大数据研究院与中国互联网金融协会战略合作试点单位，成为首家与法院执行失信系统曝光平台"易执行"实现对接的互金平台，标志着在信息共享、数据对接的执行措施中，司法部门、监管层、行业协会、网贷平台等多方不断尝试，逐步实现社会征信无缝对接，打通多方信息闭塞的最后一公里。

2018 年 9 月，华为推出基于大数据和人工智能的全网高级威胁防御和态势感知方案，助力解决一系列关键攻击链环节。华为利用大数据、人工智能和机器学习等高级安全分析技术，构建立体协同的安全防护体系，实现全天候全方位感知网络安全态势，成功对抗数据泄露事件、网络安全事件等关键攻击链环节。

2018 年 9 月 4 日，"粤港澳大湾区贸易金融区块链平台"在深圳正式上线试运行。平台运用先进的科技手段，为监管机构提供贸易金融监管系统，面对复杂多变的金融风险隐患可以实现对平台上各种金融活动的动态实时监测，对风险做到早识别、早预警、早发现、早处置。

2015—2017 年

2017 年 6 月 5 日，全国互联网金融登记披露服务平台成功上线，打造数字普惠互金登记披露基础设施。全国互联网金融登记披露服务平台的上线运行，为监管部门统一监测提供集中式的入口，为行业营造了统一规范、公平公开的信息披露环境，是对国务院关于互联网金融风险专项整治工作方案赋予中国互联网金融协会的工作职责的贯彻落实。

2016 年 12 月 8 日，网易旗下网易金融开发的北斗智能风控开放平台在浙江新昌正式上线。网易北斗是"新赋能"模式的智能风控开放平台，用大数据、人工智能、机器学习等科技智能驱动手段来助力金融机构的数字化转型，是网易金融布局金融科技的关键一环。

2016 年 12 月 20 日，招商银行自主研发的摩羯智投正式上线，这是一款以公募基金为数据库的智能投顾平台，这是国内商业银行首次引入智能投顾模式。招商银行自主研发摩羯智投，引入金融科技新功能，在基金筛选和风险预警的自动化运算等方面引领国内智能投顾行业的快速发展。

2015 年 3 月 29 日，BBD（数联铭品）成立大数据创新应用平台——浩格云信。通过其打非监测高风险企业全息画像，提供金融系统风险识别及预警。大数据监测预警平台，极大地延伸了监管者的监管能力和风险捕捉能力，有利于地方金融监管部门对风险进行实时跟踪和预警监控，实现降低成本、提高效率、维护金融安全稳定的目标。

二、金融科技创新

2018 年

2018 年 1 月 23 日，中国民生银行发布直销银行 2.0，创新推出了标准化、高效能的"4 朵云 +1 范式"模式，构建了线上金融服务新生态。"4 朵云"即"财富云""网贷云""支付云"和"数据云"，可以为客户提供更简单、更智慧、更易获得、更安全的线上金融服务。"科技赋能金融、金融普惠大众"，直销银行 2.0 的发布，标志着"互联网 + 金融"的全面升级与深度融合。

2018 年 3 月 15 日，全国首个互联网和金融审判庭在福田法院设立，将"互联网审判技术和方法"运用于金融审判，探索"互联网金融审判福田模式"，在全国率先初步实现了金融类案立案、审判、执行全流程在线办理。

2018 年 4 月 20 日至 21 日，全国网络安全和信息化工作会议召开。这次会议是以习近平同志为核心的党中央着眼于新时代党和国家事业发展全局，特别是网信事业长远发展而召开的一次十分重要的会议。关于依法治网，习近平总书记强调，要推动依法管网、依法办网、依法上网，确保互联网在法治轨道上健康运行。

2018 年 8 月 31 日，备受瞩目的《中华人民共和国电子商务法》经由第十三届全国人民代表大会常务委员会第五次会议表决通过，该法于 2019 年 1 月 1 日正式实施，全文共七章 89 条，主要对电子商务的经营者、合同的订立与履行、争议解决、电子商务促进和法律责任五个部分作出了规定，我国蓬勃发展的电子商务活动进入"有法可依"的时代。

2018 年 9 月 3 日，最高人民法院审判委员会第 1747 次会议通过了《最高人民法院关于互联网法院审理案件若干问题的规定》，旨在统一规范杭州、北京、广州三家互联网法院的线上诉讼活动，保护当事人及其他诉讼参与人的合法权益。

2018 年 9 月 9 日，北京挂牌成立互联网法院。新设的北京互联网法院集中管辖全市辖区内应当由基层人民法院受理的特定类型互联网案件，以"网上案件网上审理"为原则，提供诉讼风险智能评估、诉状自动生成、在线浏览卷宗材料等智能化服务。互联网法院作为科技创新的典型表现，可以为当事人带来高效便捷的诉讼体验。

2018 年 9 月 19 日，蚂蚁金服在云栖之际发布了涵盖六大产品体系的"数字金服技术解决方案"，能够低成本、高效敏捷地解决金融机构数字化转型最直接需求的解决方案能力。基于这套方案，蚂蚁金服可为不同类型的银行设计数字化转型的最佳实践路径，全面解决了数字银行转型所需要的核心问题。

2015—2017 年

2017 年 1 月 5 日，中国境内首家以独立法人模式运营的直销银行"百信银行股份有限公司"正式获批筹建。该银行由中信银行与百度公司合资设立。AI 能力使金融服务的边界进一步扩展，在国家政策的指引下，百信银行将代表着智慧金融的未来。

2017 年 5 月，中国人民银行成立金融科技（FinTech）委员会。新成立的金融科技（FinTech）委员会的定位侧重于加强金融科技工作的研究规划与统筹协调，将积极推进金融科技标准的研究，支撑和引领金融科技时代支付清算的有序发展。人民银行成立金融科技（FinTech）委员会之举，意味着已经开启金融科技应用实践的研究和监管框架设计。

2017 年 7 月，中国人民银行旗下的数字货币研究所正式挂牌成立，开始以研究机构的形态独立开展数字货币和区块链相关的研究。这是继人民银行 2014 年成立专家研究小组来论证国家发行法定数字货币的可行性的又一次实践。

2017 年 10 月 10 日，杭州上城法院正式上线其在建设"金融法庭"过程中研发的"金融纠纷一站式化解平台"。该平台针对金融科技运用下的金融创新发展问题及时作出精准判决，可以为金融纠纷当事人提供从立案、审判到执行的全流程线上服务，将有助于实现金融审判的智能化和自动化。

2017 年 10 月 18 日，中国在线消费分期平台——金融科技公司趣店在纽约证券交易所上市，开盘价为 34.35 美元，成功进入百亿美元市值行列。这是中国企业 2017 年在美国上市的最大规模交易。

2016 年 3 月，中国互联网金融协会正式揭牌。协会的主要职能为按业务类型制定经营管理规则和行业标准，推动机构之间的业务交流和信息共享；明确自律惩戒机制，提高行业规则和标准的约束力；强化守法、诚信、自律意识，树立从业机构服务经济社会发展的正面形象，营造诚信规范发展的良好氛围。政府监管和行业自律相互支撑，有利于降低监管和市场运行的成本，提高监管效率和互联网金融市场整体运行的安全性。

2016 年 7 月，根据埃森哲（Accenture）的数据，亚洲金融科技公司筹得 96 亿美元，中国金融科技公司筹资总额首超美国。在筹资额上赶超北美，是中国金融科技迅猛发展的有力佐证，这对加强国内以及国际投资者对中国金融科技产业的信心，具有巨大的助推作用。

2016 年 8 月 8 日，国务院发布《"十三五"国家科技创新规划》，规划中明确提出促进科技金融产品和服务创新，建设国家科技金融创新中心等。标志着金融科技的发展创新正式被提升至国家意志层面。

2016 年 12 月 20 日，招商银行自主研发的摩羯智投正式上线，这是一款以公募基金为数据库的智能投顾平台，这是国内商业银行首次引入智能投顾模式。招商银行自主研发摩羯智投，引入金融科技新功能，在中国银行业是一项创新与突破，开启了中国银行业迈向未来银行的进化之门。

2015 年 9 月，兴业银行与高伟达软件公司、深圳市金证科技公司、福建新大陆云商共同出资设立兴业数字金融服务股份有限公司，围绕云计算形成"四朵云"服务格局。兴业数金打造的金融行业云服务品牌"数金云"能够为银行合作用户提供包括人工智能云服务、区块链云服务、备份云服务等在内的全方位金融行业云服务。

2015 年 11 月，英国金融行为监管局开创性地提出对金融科技实施"监管沙盒"（Regulatory Sandbox）计划。"监管沙盒"作为平衡创新与风险的有效监管手段，是中国转变金融科技监管理念的有益借鉴。

三、监管科技创新

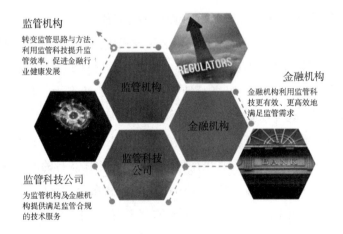

监管机构
转变监管思路与方法，利用监管科技提升监管效率，促进金融行业健康发展

金融机构
金融机构利用监管科技更有效、更高效地满足监管需求

监管科技公司
为监管机构及金融机构提供满足监管合规的技术服务

2018 年

2018 年 1 月 26 日，北京市金融工作局携手北京市阿尔山金融科技公司研发推出的"北京市网络借贷监管系统"正式投入使用。网络借贷监管系统创新运用区块链技术，可对 P2P 网贷平台和投资者同时开展监测，兼顾平台的合规风险、组织管理风险以及用户的信用风险、道德风险。

2018 年 4 月 19 日，金信网银打造的"大数据监测预警金融风险平台"获评"金融大数据创新应用优秀成果奖"。该平台以大数据、云计算为技术支撑，设计和持续优化"冒烟指数"，成功服务于北京市金融工作局、北京市互联网金融协会、工商、公安经侦部门等。该平台助力防范金融风险，实现了对金融风险的事前监测，维护首都金融安全稳定，是北京市打非办的重点合作监管科技企业之一。

2018 年 5 月 15 日，深圳金融风险防控实战预警系统上线暨"深圳经侦—腾讯公司金融安全实验室"揭牌仪式于深圳市公安局举行。深圳金融风险防控实战预警系统依托"AI + 新警务"大数据，将推动科技手段在金融风险防控中的运用，助力深圳警方打击防范各类经济犯罪，成为警企携手防范金融风险的样板。

2018 年 5 月 26 ~ 29 日，蚂蚁金服与贵阳市金融办于"数控金融分论坛"签署合作协议，双方将建立"贵阳市金融科技实验室"，共同推进贵阳地方金融风险防控及金融科技创新发展，以打造地方金融监管的"贵阳样本"，为防御地方金融风险提供了有力支撑和切入抓手。同时实现风险定性，为监管部门提供处置依据。

2018 年 6 月，按照 2018 年《政府工作报告》和国务院打击治理电信网络新型违法犯罪工作部际联席会议要求，工业和信息化部印发了《关于纵深推进防范打击通讯信息诈骗工作的通知》。这是深入贯彻落实习近平总书记在全国网络安全和信息化工作会议上的重要讲话精神的重要举措。

2018 年 7 月 6 日，宁波与国家互联网应急中心合作，创造"互联网大数据 + 网格化系统数据"模式，率先打造宁波市金融风险"天罗地网"监测防控系统。该系统运用大数据、人工智能、区块链等技术，整合互联网海量信息对各类金融风险进行线上实时监测，具备风险监测、风险预警、风险处置等方面的功能。"天罗地网"监测防控系统的建立，是央地合作、部门协同，推进地方金融风险防控的成功探索和创新实践，有利于构建现代金融监管框架、完善地方金融监管体系。

2018 年 8 月 24 日，最高人民检察院第 13 届检察委员会第 5 次会议正式通过《检察机关办理电信网络诈骗案件指引》（高检发侦监字〔2018〕12 号），该指引对电信网络诈骗犯罪进行了定义，即以非法占有为目的，利用电话、短信、互联网等电信网络技术手段，虚构事实，设置骗局，实施远程、非接触式诈骗，骗取公私财物的犯罪行为。

2018 年 8 月 25 日，首家金融风险监测防控中心落地广州，率先实现监管业态全覆盖。广州金融风险监测防控中心是全国地方政府中第一家金融风险监测防控中心。广州金融风险监测防控中心利用区块链、人工智能等技术手段，对风险事件及时研判，防患于未然，可以更好地发挥平台的风险监测防控作用，提升金融风险监测防控信息化水平。

2018 年 8 月 31 日，中国证监会正式印发《中国证监会监管科技总体建设方案》，详细分析了证监会监管信息化现状、存在的问题以及面临的挑战，提出了监管科技建设的意义、原则和目标，标志着证监会完成了监管科技建设工作的顶层设计，并进入了全面实施阶段。

2018 年 9 月 18 日，腾讯灵鲲金融安全大数据平台荣膺 2018 年网络安全创新产品优秀奖。腾讯"灵鲲"将大数据应用与反欺诈相结合，有效遏制新型金融风险，落实普惠金融发展。腾讯"灵鲲"助力政府、行业规范金融市场秩序，推动金融监管科技智慧升级，是富有价值的监管科技创新。

2018 年 11 月 8 日，原北京市金融工作局正式加挂"北京市地方金融监督管理局"牌子，成为北京市机构改革首批 10 家新挂牌组建的机构之一。新的北京市地方金融监管局将整合原北京金融工作局的职责，作为市政府直属机构存在，更好地引导金融产业服务首都经济社会发展，做好金融风险处置工作等。

2018 年 11 月 15 日，国家互联网信息办公室和公安部联合发布《具有舆论属性或社会动员能力的互联网信息服务安全评估规定》，旨在督促指导具有舆论属性或社会动员能力的信息服务提供者履行法律规定的安全管理义务，维护网上信息安全、秩序稳定。这是我国促进互联网企业依法落实信息网络安全义务的一项重要监管措施。

2018 年 12 月 25 日，最高人民法院发布 102～106 号依法严惩网络犯罪指导性案例，这五件指导性案例涵盖破坏计算机信息系统、网上开设赌场等犯罪行为。

2015—2017 年

2017 年 5 月，百度金融（现度小满金融）宣布，与贵州省政府金融办、大数据局联合推出"贵州金融大脑"，提供中小微企业综合评估系统、融资撮合、智能监管等功能。利用以"百度大脑"为代表的人工智能技术，"贵州金融大脑"可以大幅提高金融监管智能化水平，用于开展区域金融监管监测的全新探索。

2017 年 6 月 18 日，"6·18 金融科技安全节"暨"监管科技和网络安全"研讨会在北京房山区举行。会上举行了"监管沙盒"模式启动仪式，这标志着历经 4 个月的筹备，北京正式推出"监管沙盒"模式。

2017 年 7 月 14 日，全国金融工作会议上宣布设立国务院金融稳定发展委员会。国务院金融稳定发展委员会将打破"一行两会"相互间信息资源分割、监管协调不足的缺陷，消除分业监管方式存在金融监管盲点及监管套利现象，统领全国金融业的稳定、研究、规划与发展。

2017 年 9 月 4 日，中国人民银行领衔网信办、工业和信息化部、工商总局、银监会、证监会和保监会等联合发布《关于防范代币发行融资风险的公告》，对 ICO 定性为"涉嫌从事非法金融活动"且严重扰乱了经济金融秩序，启动了对 ICO 活动的整顿。公告要求已完成代币发行融资的组织和个人应当作出清退等安排，合理保护投资者权益，妥善处置风险。至此，ICO 被正式要求退出中国市场。

2016 年 10 月 13 日，国务院办公厅发布了《关于印发互联网金融风险专项整治工作实施方案的通知》，明确了整治目标、原则、重点问题和工作要求等具体内容。随后，中国人民银行公布了《非金融机构支付服务管理办法》及《通过互联网开展资产管理及跨界从事金融业务风险专项整治工作实施方案》，业界称 2016 年为"互联网监管元年"。该方案的提出体现了互联网金融践行普惠金融的理念，有助于净化网贷市场环境，推动中国的金融科技质量和规模领先全球。

2015 年 3 月 29 日，BBD（数联铭品）成立大数据创新应用平台——浩格云信。通过其打非监测高风险企业全息画像，提供金融系统风险识别及预警。大数据监测预警平台，极大地延伸了监管者的监管能力和风险捕捉能力，有利于地方金融监管部门对风险进行实时跟踪和预警监控，实现降低成本、提高效率、维护金融安全稳定的目标。

2015 年 6 月，北京市金融工作局联合北京金信网银金融信息服务有限公司对借贷平台进行常态化监测，特别开发了"冒烟指数"和监测预警平台，有效提升风险预警能力和案件前期核查研判效率。北京市金融工作局应急打非处敏锐把握互联网时代非法集资特征，在全国率先使用大数据手段加强监测预警，有效遏制非法集资高发频发态势。

2015 年 7 月，中国人民银行、工业和信息化部、公安部、财政部、国家工商总局、国务院法制办、中国银行业监督管理委员会、中国证券监督管理委员会、中国保险监督管理委员会、国家互联网信息办公室联合印发了《关于促进互联网金融健康发展的指导意见》，旨在鼓励金融创新，促进互联网金融健康发展，明确监管责任，规范市场秩序。揭开了中国金融科技监管的序幕。

参考文献

［1］安辉．金融监管、金融创新与金融危机的动态演化机制研究［M］．北京：中国人民大学出版社，2016．

［2］巴曙松，白海峰．金融科技的发展历程与核心技术应用场景探索［J］．清华金融评论，2016（11）．

［3］巴曙松，侯畅，唐时达．大数据风控的现状、问题及优化路径［J］．金融理论与实践，2016（12）．

［4］巴曙松．中国金融科技发展的现状与趋势［N］．21世纪经济报道，2017－01－20（004）．

［5］包爱民．互联网金融对传统金融的挑战与风险防范［J］．内蒙古金融研究，2013（12）：37－38．

［6］毕夫．全球金融科技与监管科技的新革命［J］．对外经贸实务，2017（9）．

［7］陈沛．我国金融科技的监管困境和路径选择［J］．电子科技大学学报（社会科学版），2018，20（4）．

［8］陈四清．坚决做好防范化解金融风险工作［J］．中国金融，2018（13）．

［9］杜宁，沈筱彦，王一鹤．监管科技概念及作用［J］．中国金融，2017（16）．

［10］杜杨．基于动态演化博弈的互联网金融创新路径与监管策略［J］．统计与决策，2015（17）．

［11］段敏芳．基于因子分析的我国金融风险研究［J］．中南民族大学学报（自然科学版），2005，24（3）．

［12］邓建鹏．互联网金融的风险与监管［J］．中国信息安全，2014

（11）.

[13] 邓建鹏，黄震. 互联网金融的软法治理：问题和路径 [J]. 金融监管研究，2016（11）.

[14] 费方域. 金融科技与监管科技：生态的视角 [J]. 新金融，2018（5）.

[15] 郭树清. 防范化解金融风险奋力跨越重大关口 [J]. 中国金融家，2018（7）.

[16] 胡滨，杨凯. 如何构建中国金融科技监管新范式 [J]. 当代金融家，2017（1）.

[17] 胡滨，杨楷. 监管沙箱的应用与启示 [J]. 中国金融，2017（2）.

[18] 胡滨，郑联盛. 金融科技倒逼监管改革 [J]. 中国经济报告，2017（9）.

[19] 黄震. 区块链在监管科技领域的实践与探索改进 [J]. 人民论坛·学术前沿，2018（12）.

[20] 黄震，张夏明. 监管沙箱的国际探索进展与中国引进优化研究 [J]. 金融监管研究，2018（4）.

[21] 黄震，王兴强. 第三方支付的法律风险及其防范机制构建 [J]. 南方金融，2014（11）.

[22] 黄震. 北京如何建设全球金融科技中心？ [J]. 金融世界，2018（7）.

[23] 黄震. 重新定义未来 [M]. 北京：北京联合出版公司，2018.

[24] 黄益平. 防控中国系统性金融风险 [J]. 国际经济评论，2017（5）.

[25] 黄余送. 金融科技发展分析 [J]. 中国金融，2017（5）.

[26] 黄润. 监管科技的挑战与对策 [J]. 中国金融，2018（5）.

[27] 黄文妍，段文奇. 互联网金融：风险、监管与发展 [J]. 上海经济研究，2016（8）.

[28] 洪娟，曹彬，李鑫. 互联网金融风险的特殊性及其监管策略研

究［J］．中央财经大学学报，2014（9）：42－46．

［29］龚明华．互联网金融：特点、影响与风险防范［J］．金融会计，2014（2）．

［30］郭品，沈悦．互联网金融加重了商业银行的风险承担吗？——来自中国银行业的经验数据［J］．南开经济研究，2015（4）：80－97．

［31］管清友，朱振鑫，杨芹芹．金融科技：一场静悄悄的革命［J］．金融研究院，2018（3）．

［32］关志薇，邵鲁文．构建金融科技监管新范式［J］．金融世界，2017（11）．

［33］韩克勇．互联网金融发展的长尾驱动与风险生成机理［J］．亚太经济，2018（1）．

［34］贾楠．中国互联网金融风险量度、监管博弈与监管效率研究［D］．长春：吉林大学，2017．

［35］孟娜娜，蔺鹏．监管沙箱机制与我国金融科技创新的适配性研究——基于包容性监管视角［J］．南方金融，2018（9）．

［36］孟永辉．让金融科技回归技术本身［J］．现代企业文化，2018（3）．

［37］李伟．监管科技应用路径研究［J］．清华金融评论，2018（3）．

［38］李文红，蒋则沈．金融科技发展与监管：一个监管者的视角［J］．金融监管研究，2017（3）．

［39］李国义．互联网金融中的信用风险形成机理研究［J］．哈尔滨商业大学学报（社会科学版），2017（3）：38－45．

［40］李杨，程斌琪．金融科技发展驱动中国经济增长：度量与作用机制［J］．广东社会科学，2018（3）．

［41］李树文．互联网金融风险管理研究［D］．大连：东北财经大学，2016．

［42］李耀东，李钧．互联网金融框架与实践［M］．北京：电子工业出版社，2014：458－460．

［43］廖岷．全球金融科技监管的现状与未来走向［J］．新金融，

2016（10）.

[44] 刘钰 . 大数据在金融风险管理中的应用研究 ［J］. 信息系统工程，2018（4）.

[45] 刘晓春 . RegTech：监管 Tech 还是监管 Fin ［J］. 清华金融评论，2018（3）.

[46] 苗永旺，王亮亮 . 金融系统性风险与宏观审慎监管研究 ［J］. 国际金融研究，2018（8）.

[47] 彭斯震 . 英国金融科技创新及对我国的建议 ［J］. 全球科技经济瞭望，2017（5）.

[48] 申嫦娥，魏恒荣 . 基于国际经验的金融科技监管分析 ［J］. 中国行政管理，2018（5）.

[49] 史智才，王宁 . 互联网金融风险管理浅析 ［J］. 财税金融，2018（25）.

[50] 孙国锋 . 从 FinTech 到 RegTech ［J］. 清华金融评论，2017（5）.

[51] 孙国锋 . 监管科技重构金融监管软实力 ［J］. 清华金融评论，2018（3）.

[52] 宋清华，胡世超 . 系统性金融风险防控的国际实践及其启示 ［J］. 武汉金融，2018（18）.

[53] 童藤 . 金融创新与科技创新的耦合研究 ［D］. 武汉：武汉理工大学，2013.

[54] 童道驰 . 当前金融风险的主要表现形式 ［N］. 学习时报，2018 - 06 - 29.

[55] 汤皋 . 规范互联网金融发展与监管的思考 ［J］. 金融会计，2013（12）：56 - 57.

[56] 佟金萍，陈国栋，曹倩 . 区域科技创新、科技金融与科技贸易的耦合协调研究 ［J］. 金融发展研究，2016（6）.

[57] 王仁祥，付腾腾 . 中国金融创新与科技创新的耦合模式研究——基于"监管沙箱"思想 ［J］. 金融理论与实践，2018（8）.

[58] 王仁祥，黄家祥 . 科技创新与金融创新耦合的内涵、特征与模式

研究［J］. 武汉理工大学学报（社会科学版），2016（5）.

［59］王仁祥，李雯婧. 科技创新因素耦合对科技金融风险的影响分析［J］. 财会月刊，2016（32）.

［60］王晓燕. 防范金融科技创新风险的思考［J］. 西部金融，2017（10）.

［61］王倩，吴承礼. 互联网金融风险生成机理分析［J］. 社会科学辑刊，2016（5）：86－91.

［62］魏伟，陈骁，张明. 中国金融系统性风险：主要来源、防范路径与潜在影响［J］. 国际经济评论，2018（3）.

［63］乌尔里希·贝克. 世界风险社会［M］. 吴英姿，孙淑敏译. 南京：南京大学出版社，2004.

［64］吴晓光. 大数据如何助力监管科技［J］. 银行家，2018（4）.

［65］伍旭川，刘学. 金融科技监管的方向［J］. 中国金融，2017（5）.

［66］伍旭川，刘学. 监管科技的作用及应用［J］. 清华金融评论，2018（3）.

［67］蔚赵春，徐剑刚. 监管科技 RegTech 的理论框架及发展应对［J］. 上海金融，2017（10）.

［68］欧阳资生，莫廷程. 互联网金融风险度量与评估研究［J］. 湖南科技大学学报（社会科学版），2016（3）：173－178.

［69］许黎彬. 金融科技助力智能风控构筑信用卡安全防火墙［J］. 中国信用卡，2018（9）.

［70］徐琳. RegTech 的起源及动因分析［EB/OL］.［2017－06－02］. http：//www. sohu. com/a/145497435_774221.

［71］徐忠，孙国锋，姚前. 金融科技：发展趋势与监管［M］. 北京：中国金融出版社，2017.

［72］尹振涛，郑联盛. 构建金融科技监管的新范式［J］. 金融博览，2017（8）.

［73］杨东. 监管科技：金融科技的监管挑战与维度建构［J］. 中国

社会科学，2018（5）.

[74] 杨东. 防范金融科技带来的金融风险 [J]. 红旗文稿，2017（16）.

[75] 杨东. 金融科技的核心是防范金融风险 [J]. 现代商业银行，2018（5）.

[76] 杨涛. 金融科技时代的变革方向与监管探索 [J]. 中国银行业，2017（8）：53 – 54.

[77] 杨涛. 理解新形势下的金融监管体制改革 [J]. 金融经济，2018（5）：11 – 13.

[78] 杨群华. 我国互联网金融的特殊风险及防范研究 [J]. 金融科技时代，2013（7）：100 – 102.

[79] 杨宇焰. 金融监管科技的实践探索、未来展望与政策建议 [J]. 西南金融，2017（11）：22 – 29.

[80] 姚前. 区块链研究进展综述 [J]. 中国信息安全，2018（3）.

[81] 俞林，康灿华，王龙. 互联网金融监管博弈研究：以 P2P 网贷模式为例 [J]. 南开经济研究，2015（5）：126 – 139.

[82] 易宪容. 金融科技的内涵、实质及未来发展 [J]. 江海学刊，2017（2）.

[83] 易宪容. 关于中国金融风险防范与控制重大理论问题的研究 [J]. 浙江社会科学，2017（11）.

[84] 钟慧安. 金融科技发展与风险防范研究 [J]. 金融发展研究，2018（3）.

[85] 钟秀湘. 金融科技风险防范实证与对策 [J]. 金融科技时代，2014（12）.

[86] 卓娜，昌忠泽. 金融风险的成因、传导与防范：国内外研究述评 [J]. 技术经济，2015（3）：112 – 122.

[87] 卓耀，马义玲. "监管沙箱"的金融科技风险与防控 [J]. 青海金融，2017（9）.

[88] 朱太辉. 我国 FinTech 发展演进的综合分析框架 [J]. 金融监管研

究，2018（1）.

［89］朱太辉 . 以监管沙箱破解监管困局［J］. 中国金融. 2018（13）.

［90］中国人民银行开封市中心支行课题组 . 基于服务主体的互联网金融运营风险比较及监管思考［J］. 征信，2013（12）：11 - 12.

［91］邹静，王洪卫 . 互联网金融对中国商业银行系统性风险的影响——基于 SVAR 模型的实证研究［J］. 财经理论与实践，2017（1）：17 - 23.

［92］周皓，陈湘鹏，何碧清 . 2017 年度中国系统性金融风险报告［R］. 清华大学国家金融研究院，2018.

［93］周振海 . 把金融科技的"野性"关进风险管控笼子［J］. 中国金融家，2017（6）.

［94］曾刚 . 金融科技勾勒银行业未来生态图景［J］. 现代商业银行，2018（5）.

［95］Abbey Stemler，"The Myth of the Sharing Economy and Its Implications for Regulating Innovation"，67 Emory L. J. 197（2017）.

［96］Andy Haldane，Chief Economist，Bank of England.，Speech at the Maxwell Fry Annual Global Finance 94Lecture：Managing Global Finance as a System，Birmingham University 10.

［97］Andrew Schmulow，"Financial Regulatory Governance in South Africa：The Move towards Twin Peaks"，African Journal of International and Comparative Law 25. 3（2017），pp. 393 - 417.

［98］Anne Matthew，"Crowd - Sourced Equity Funding：The Regulatory Challenges of Innovative Fintech and Fundraising"，36 U. Queensland L. J. 41（2017）.

［99］Anton Didenko，"Regulating FinTech：Lessons from Africa"，19 San Diego Int'l L. J. 311（2018）.

［100］Basel Committee on Banking Supervision，"Implications of Fintech Developments for Banks and Bank Supervisors"，February 2018.

［101］Brummer，Christopher J. and Yadav，Yesha，Fintech and the Innovation Trilemma, Georgetown.

[102] Caelainn Carney, "Robo – Advisers and the Suitability Requirement: How They Fit in the Regulatory Framework", 2018 Colum. Bus. L. Rev. 586 (2018).

[103] Charles W. Jr., "Money, Fintech and Secured Transactions Systems of the Future", 81 Law & Contemp. Probs. 1 (2018).

[104] Christopher G. Bradley, "FinTech's Double Edges", 93Chi. – Kent L. Rev. 61 (2018).

[105] Dave Ramsden, "The Bank of England – Open to Fintech", Remarks given by HMT's International Fintech Conference, London 22 March 2018.

[106] Dirk A. Zetsche, Ross P. Buckley, Douglas W. Arner and Janos N. Barberis, "From Fintech to Techfin: The Regulatory Challenges of Data – Driven Finance", 14 N. Y. U. J. L. & Bus. 393 (2018). 104. Dirk A. Zetzsche, Ross P. Buckley, Janos N. Barberis and Douglas W. Arner, "Regulating a Revolution From Regulatory Sandboxes to Smart Regulation", 23 Fordham J. Corp. & Fin. L. 31 (2017).

[107] Douglas W. Arner, Janos Barberis, Ross P. Buckey, "FinTech, Regtech and the Reconceptualization of Financial Regulation", 37 Nw. J. Int'l L. & Bus. 371 (2017).

[108] Douglas W. Arner, Jànos Barberis, Ross P. Buckley, "Fintech and Regtech in a Nutshell, and the Future in a Sandbox", The CFA Institute Research Foundation, 2017.

[109] Dr Lerong Lu, "Bitcoin: Speculative Bubble, Financial Risk and Regulatory Response", Butterworths Journal of International Banking and Financial Law, March 2018.

[110] Dr Lerong Lu, "Black swans and grey rhinos: demystifying China's financial risks and the financial regulatory reform", Butterworths Journal of International Banking and Financial Law, October 2018.

[111] Deloitte, "Reimagining the Risk Intelligent Enterprise: Leveraging

risk intelligence for competitive advantage".

[112] Dmytro V. Onopriienko, "Features of Financial Monitoring during Financial Crisis", J. E. Eur. L. 103 (2016).

[113] Financial Conduct Authority (FCA), "Call for Input: Supporting the Development and adoption of Regtech", https://www.fca.cuk/publication/call − for − input/Regtech − call − for − input. Pdf, November 2015.

[114] Financial Conduct Authority (FCA): Sandbox Tools, https://www.fca.org.uk/firms/regulatory − sandbox/sandbox − tools, 15/12/2017.

[115] Financial Conduct Authority (FCA), "Call for Input: Using technology to achieve smarter regulatory reporting", https://www.fca.org.uk/publication/call − for − input/call − for − input − smarter − regulatory − reporting. pdf, February 2018.

[116] Financial Stability Board (FSB), Financial Stability Implications from FinTech: Supervisory and Regulatory Issues that Merit Authorities Attention, Research Report, 27 June 2017.

[117] Financial Stability Board (FSB), "Opening remarks at the BIS AGM panel on key financial regulatory developments" Remarks by Dietrich Domanski, Secretary General.

[118] Gai, Qiu and Sun, "A survey on Fintech", Journal of Network and Computer Applications, 2017, 102 (2018).

[119] G. Buchak et al., "Fintech, regulatory arbitrage, and the rise of shadow banks", Journal of Financial Economics (2018), https://doi.org/10.1016/j.jfineco.2018.03.11.

[120] Hauser, A, "The Bank of England's FinTech Accelerator: what have we done and what have we learned?".

[121] HM Treasury, "Regulatory Innovation Plan", April 2017.

[122] Hannah Augur, "Regtech: The 2016 Buzzword is Turning Heads", Dataconomy (May 3, 2016).

[123] Hong Kong Regulator to Launch Fintech "Sandbox", Thomson Reu-

ters, Sept. 5. 2016.

[124] In Lee, Yong Jae Shin, "Fintech: Ecosystem, business models, investment decisions, and challenges", Business Horizons (2018) 61, pp. 35 –46.

[125] IIF, "Deploying Regtech against financial crime", a report of the IIF Regtech Working Group, March 2017.

[126] Kenneth A. Bamberger, Technologies of Compliance: Risk and Regulation in a Digital Age, 88 Tex. L. Rev. 669 (2010).

[127] Kristin N. Johnson, Managing Cyber Risks, 50 Ga. L. Rev. 547 (2016).

[128] Mark Fenwick, Wulf A. Kaal and Erik P. M. Vermeulen, "Regulation Tomorrow: What Happens When Technology Is Faster than the Law", 6 Am. U. Bus. L. Rev. 561 (2017).

[129] Marco Bodellini, "From Systemic Risk to Financial Scandals: The Shortcomings of U.S. Hedge Fund Regulation", 11 Brook. J. Corp. Fin. & Com. L. 417 (2017).

[130] Mary Dowell – Jones, Ross Buckley "Reconceiving Resilience A New Guiding Principle for Financial Regulation", 37 Nw. J. Int'l L. & Bus. 1 (2016).

[131] Media Release, Monetary Authority of Singapore, MAS Proposes a "Regulatory Sandbox" for FinTech Experiments (June 2016).

[132] Michele Finck, "Blockchains and Data Protection in the European Union", 4 Eur. Data Prot. L. Rev. 17 (2018).

[133] M. Todd Henderson, James C. Spindler, "Taking Systemic Risk Seriously in Financial Regulation", 92 Ind. L. J. 1559 (2017).

[134] M. W. Taylor, "Twin Peaks: A Regulatory Structure for the New Century", No. 20, Centre for the Study of Financial Innovation, No. 20 (December 1995), pp. 77.

[135] Mahdi Attia Jubouri, "The Impact of Credit Risk Management in Financial Market Indicators —Analytical Study in the Iraqi Market for Securities", Journal of Financial Risk Management, (2018) 7, pp. 254 –277.

［136］Nathan Cortez, "Regulation by Database", 89 U. Colo. L. Rev. 1 (2018).

［137］Nizan Geslevich Packin, "Regtech, Compliance and Technology Judgment Rule", 93 Chi. – Kent L. Rev. 193 (2018).

［138］Press Release, FINMA, FINMA Reduces Obstacles to FinTech (Mar. 17, 2016).

［139］Schan Duff, "The New Financial Stability Regulation", 23 Stan. J. L. Bus. & Fin. 46 (2018).

［140］Weick, K. E., "Educational Organizations as Loosely Coupled Systems", Administrative Science Quarterly, 1976 (21), pp. 1 – 19.

［141］Wei Song, Chao Yan, Xiaobao Peng, Shanshan Zheng, "A Study of Coupling Relationship between Financial Supervision and Innovation: Based on the Data of China's Commercial Bank Listed in the Form of A Shares", Journal of Financial Risk Management, 2015 (4), pp. 1 – 10.

后 记

当前，全球风险社会背景下各种危机交织重叠，尤其是金融风险渐趋加大。本书在分析金融风险成因的基础上，梳理金融科技表现形式、金融监管发展脉络，针对我国正在建立、完善的金融风险防控体系及其多层次结构，提出了构建多方协同的金融监管发展路径。

2018 年，金融科技的发展重点逐步从开拓市场转向防范风险，开启了金融科技发展的下半场。监管科技则从合规管理转变为主动防控，监管科技创新层出不穷，一系列的金融科技公司也通过服务地方金融监管部门，推进金融风险防控架构的完善和创新。值得一提的是，全球都在对"监管沙盒"这一制度设计进行积极的探索，其在承担着促进金融科技发展任务的同时还发挥着"将风险装进盒子里"的作用。

基于此，本书从风险防控的视角，在对比分析国内外金融科技与监管科技发展状况的基础上，对金融科技与监管科技的联动进行了梳理与分析，并结合中央、地方金融科技与监管科技联动的探索实例，分析了金融科技与监管科技的联动与耦合。希望本书能为从业者启迪思路有所裨益，为投资者了解行业现状提供参考，为监管部门打赢防控金融风险攻坚战提供建议。

本书在延续 2016 年、2017 年成书体例的基础上，增加了三个附录：一是基于风险防控角度的金融科技与监管科技相关文献综述；二是中国互联网金融安全发展相关政策法规速览；三是基于风险防控的金融科技与监管科技创新大事记。希望通过附录，能够进一步充实课题研究的内容，完善本系列报告的体例。

本书的出版得到了多方面的支持，是多方共同努力的结果。在此特别感谢北京市地方金融监督管理局、北京市互联网金融行业协会的指导，感谢北京金融安全产业园、蚂蚁金服研究院、玖富科技集团为课题组的调研工作提供了大力支持，感谢中国经济信息社新华财经专业终端为课题研究提供了数据支持，感谢中国金融出版社在本书出版阶段提供了相关建议和支持。同时，宜信集团、京东数科、天创金融科技、中金云（北京）大数据科技、成都数联铭品科技、北京金信网银、梆梆金服（北京）科技、百融金服、北京阿尔山金融科技、恒昌财富等单位也提供了丰富的案例资料，在此一并表示感谢！

本书凝聚了中央财经大学金融法研究所所长黄震教授及其团队多年来对金融科技与监管科技的研究探索。杨兵律师、李金蔓老师、朱曦济老师、李英祥分析师，以及薛伟程、张夏明、吕蓓、占青、苏润林、刘仪曼、李彤等十多位研究生也在本课题调研和报告撰写中作出了积极的贡献；金融时报、中国互联网金融创新研究院、中国互联网金融安全技术专家委员会对于本课题也给予了诸多技术与资料的支持，在此对以上单位和相关个人的辛勤付出表示衷心的感谢！

由于课题组组织经验不足，本书难免存在疏漏及不足之处，敬请广大读者朋友批评指正。读者朋友们有何对于本书的修改意见或对于 2019 年报告的建议，请发送邮件至 hzhlwjr@126.com，我们将认真吸取、及时改进，不断优化课题组的工作成果。